王夫之의 內在的 氣 哲學

王夫之의 內在的 氣 哲學

천 병 준

한국학술정보㈜

책머리에

현재 우리는 서세동점(西勢東漸)시대에 살고 있다. 여기에서 '서세동점'이란, 우리는 서구의 제2물결에 밀려 그들 세력에 충격을 받고 제도와 문물 그리고 기술, 철학과 종교 그리고 사상을 배우며 받아들이고 있다. 그러함에서 오는 반향들, 즉 서양의 것이라면 무조건 수용하고 그것을 거부하거나 배척한 적이 거의 없다. 그러는 반면에, 우리 것이라면 그들의 것과 비교해서 폄하시키고 진부한 것으로 여겨온 것 또한 부정할 수 없는 사실이다. 그러는 사이에 우리는 점점 서구화 되어가면서 우리도 모르는 사이에 서세(西勢)에 사로잡히고 예속화 되어가는 과정을 말함이다. 어느 민족이든 간에 그들 나름대로의 문화적 특성을 지니고 있다. 그러므로 전통과 관습이 없는 문화란 있을 수 없다. 자기의 전통문화도 모르고 남의 문화를 거론하고 평가하며 세계화를 운위한다는 것은 정말 웃음거리가 되지 않을 수 없다. 이 점에서, 우리는 쉽게 간과(看過)할 수 없는 철학자 한 분이 있다.

그는 중국 명말청초(明末淸初)에 멸망해가는 중화 조국을 직시하고 이민족(夷民族)의 중화지배로부터 오는 경험적 고통에 비분강개(悲憤慷慨)하면서, 중원이 짓밟힌 뼈아픈 상황을 초래한 원인이 과거 '학문체계'에 있다고 여기고, 현실을 타개할 수 있는 유일한 방안은 송(宋)·원(元)·명(明)으로 이어지는 이학(理學)과 심학(心學)의 학문체계를 다시 점철하지 않으려 했고, 명조의 멸망에 대한 통탄, 그리고 중화의 문화적 우월성에 대한 자부심을 극복할 수 있는 길은 오직 진리성과 유효성을 검증받을 수 있는 '기 철학체계'(氣 哲

學體系)에 있다고 주장하였다. 이 분이 바로 중국이 산생한 대철학자 왕부지(1619-1692, 본명: 王夫之, 호: 船山)이다.

왕부지의 방대한 저작은 그가 활약한 당시나 그 이후 중국은 줄곧 이민족의 지배로 계속되어왔기 때문에 인적이 드문 석선산(石船山)에 매몰되어 세상에 빛을 보지 못했다. 그러자 1962년 호남성 장사에서 열린 왕부지 270주년 학술대회를 계기로 하여 중국철학자들은 그의 사상을 '소박(素朴)한 유물론자(唯物論者)'로 규정하였다. 그리고 20년 후 1982년 11월 9일에서 11월 16일에 호남성 형양시 사회과학원 사회과학연합회 주최로 열린 왕부지 290주년 학술대회에서도 그를 '소박(素朴)한 변증법적 사유(辨證法的 思惟)의 기 일원론자(氣 一元論者)' 규정하고, 이데올로기적 왜곡을 가했던 것이다. 그러나 그들이 부여한 새로운 관점이나 연구 자료를 제공한 것은 금상첨화이지만, 필자는 그들이 주장한 이데올로기적 왜곡을 바로 잡고, 왕부지 사상의 체계와 진의(眞意)를 밝히는데 목적을 두었던 것이다. 이 과제를 수행하기 위해 청대의 방대한 자료와 왕부지의 원전 그리고 중국철학자의 주장을 우선 수용하면서 전면적인 재평가 작업을 감행한 것이 이 책이 세상에 드러난 동기가 되겠다.

필자는 왕부지 철학적 체계를 전통적 이학(理學)에 대한 비판적 계승으로 '내재적 기철학(內在的 氣哲學)'으로 규정하려 한다. 왜냐하면, 왕부지는 이(理)와 기(氣)에서 이재기선(理在氣先)의 논리를 인정하지 않고 있다. 그리고 그는 송대의 성리학과는 달리 이(理)를 기(氣)의 통제자(統制者)나 주재자(主宰者)로 보지 않고, 이(理)는 기(氣)에 내재(內在)하는 조리(條理)혹은 기(氣)의 법칙성으로 보았으며, 이(理)와 기(氣)는 언제나 떨어질 수 없이 하나(一)로 보는 점과, 인성론에서도 기질지성 속에 본연지성을 유기적 통일체로써 내재시키고 있기 때문이다.

그리고 그의 기 본체론은 기(氣)를 두 가지로 나누고 이것을 인온이기(絪縕二氣) 즉, 음양(陰陽)이라고 주장한다. 이 인온(絪縕)은 '자연의 생성력의 근원'(The origin of generative force of nature)으로써 형체를 이루고 있는 현실태(Actuality)가 아니고 가능태(Potentiality)로써 우주 내 천·지·인·물(天地人物)의 내재적 조화를 이루고 있다는 논리는 중국철학사에서 정말 특이한 독창성이 아닐 수 없다. 그뿐만 아니라 그는 인성론(人性論)에서 중원(中原)이 이민족의 지배하에 들어간 것은 바로 성론(性論)있다고 주장한다. 그리하여 그는, 송대의 주희(朱熹)와 정이천(程伊川)은 천리(天理)를 성(性)으로, 인욕(人欲)을 정(情)으로 이원화(二元化)하고 이것은 서로 공립할 수 없는 적으로 여기고, 결국은 천리만을 보존하고 인욕을 버려야하는 즉, 생기발랄한 생명력을 외면하는 정적인 수양이 바로 "존천리멸인욕론"(存天理滅人欲論)이라고 극구 배격한다. 그리하여 그는 천리를 인욕 속으로 끌려내려 인욕 속에 천리를 밝히고 선도조절(善導調節)하려는 소통방식으로 "성은 날마다 생하고 날마다 이룬다."는 성일생일성론(性日生日成論)을 제창하고 그것을 그는 기(氣)의 유행(流行)하는 기능(機能)에서 찾았던 것이다. 그리하여 그는 이러한 인욕은 사람마다 모두 있는 것이므로 절멸시킬 수는 없다고 강변하고, 인욕은 사람마다 제각기 얻는 것으로 이것은 "천리(天理)의 대동(大同)"이라고 주장하였다. 그는 당시의 억압당하고 고통당했던 국민들에게 인욕의 긍정적인 심원(心願)을 대변해주었던 것이다. 그러자 인욕의 긍정으로 말미암아 공상(工商)에 종사하는 국민들은 자발적으로 이윤추구의 높은 기치를 들었으며, 근대 시민사회의 인권보장의 의지도 크게 제고(提高)하게 되었다. 그리고 그것은 실사구시(實事求是)의 실용주의(實用主義)의 토대를 천착(穿鑿)하는 획기적인 계기가 되었다.

필자는 이 기회에 왕부지가 기(氣)를 골격으로 한 실재론(實在論)

의 입장을 강조하고 있는 것은 결코 이(理)의 관념론(觀念論)의 과정에서 파생된 것이 아님을 강조하고 싶다. 그의 주된 실재론의 입장에서 보면, "수레가 없다면 어떻게 탈 것이며, 그릇이 없다면 어떻게 담을 것인가? 그러므로 體(乘, 탐)로써 用(수레)을 이루게 한다. 담을 수 없는 것은 그릇이 아니고, 탈 수 없는 것은 수레가 아니다. 그러므로 기능(用, Function)으로써 체(體, 탐)를 갖추는 것이다."(주역외전 권5)라고 하여 본체(體)가 작용(用) 속에 내재(內在)되는 "체용상함설(體用相函說)"을 고수하고 있다. 그리고 그는 또, "도(道)라는 것은 '기(器)의 도(道)'라고는 말할 수 있으나 기(器)라는 것은 '도(道)의 기(器)'라고는 말할 수 없다."라고 주장하여 실재론의 입장을 분명하게 못 박고 있는 것이다.

끝으로 이 책의 출판으로 사업상 어려운데도 쾌히 승낙해 주신 한국학술정보(주) 채종준 사장님의 경영철학에 깊은 존경을 표하며 감사드린다. 아울러 한국학술정보(주)의 설립취지를 실현하려고 외롭게 뛰고 있는 출판사업팀 박주선님께도 감사드린다.

2006년 3월에
저자 천 병 준

차 례

I. 들어가는 말

명말청초(明末淸初)의 대유(大儒)였던 왕부지(王夫之)(1619-1692, 호: 선산船山)의 사상이 주목받기 시작한 것은 비교적 최근에 이르러서이다. 명조(明朝)의 멸망과 그리고 수많은 개인적인 간난(艱難) 속에서도 방대한 저술을 남긴 대 사상가였음에도 불구하고, 왕부지의 저술들은 거의 200여 년이라는 오랜 시간 동안 황량한 벽지와 인적이 막힌 산야에 매몰되어 세상에 알려지지 않았다. 이처럼 소외되다시피 한 왕부지에 대한 연구가 새롭게 조명되기 시작한 것은 중국의 '왕부지학' 연구에 힘입은 바 크다. 특히 중국의 악록서사에서『선산전서』가 간행된 것은 왕부지학 연구에 새로운 전기를 마련하였다. 또 1962년 호남성 장사에서 개최된 '왕부지 서세 270주년 학술 토론회'는 왕부지학 연구의 성과를 집대성하고 있다는 점에서 커다란 의의를 갖고 있다. 이처럼 왕부지에 대한 최근의 연구는 중국학자들에 의해 주도되어 왔다고 해도 과언이 아니다. 왕부지로부터 중국 유물론적 사상의 맹아(萌芽)를 발견하려는 이들 중국학자들은 왕부지를 소박(素朴)한 유물론자로 규정하고 있다. 이들 중국학자들은 왕부지 연구의 신기원(新紀元)을 열었다고 할 정도로 왕부지 사상에 대한 새로운 관점을 제공하고 있고, 풍성한 연구 자료를 제공하고 있는 것은 사실이지만 다른 한편으로는 왕부지 사상에 대해 일정한 왜곡을 가하고 있다. 따라서 이러한 이데올로기적 왜곡을 수정하고 왕부지 사상의 진면목(眞面目)을 밝혀야 하는 것은 우리의 과제이다. 필자는 이러한 과제를 수행하기 위해 중국학자들에 의해 이루어진 방대한 연구 성과를 충분히 활용하면서도 왕부지 사상에 대한 전면적 재평가를 감행하고자 한다. 필자가 파악하는 한 왕부지 철학의 근본적 성격은 내재철학이다. 좀 더 구체적으로 말한다면, 그는 내재적 기일원론의 철학체계를 수립한 철학자이다. 왕부지 철학의 본질은 바로 '자연'과 '인간'이 상수(相須)하고자 하는 천인지온(天人之蘊)에 있는 바, 이는 한마디로 '일기'(一氣)의 사상으로 요약될 수 있다. 따라서 본 연구는 왕부지 철학의 근본적 성격을 내재적 기일원론이라고 규정하는 관점 위에서 그의 철학의 전모를 체계적으로 개관하려 한다.

II. 연구사적 검토와 문제제기

1. 종래 연구경향에 대한 반성적 검토

왕부지 사상의 근본적 성격과 관련하여 현대의 연구자들 사이에 가장 중요한 쟁점은 그를 '유물론자'로 볼 것인가 아니면 '관념론자'로 볼 것인가 하는 평가의 문제였다. 먼저 가장 전통적인 평가는 왕부지를 관념론자로 보는 견해이다. 예컨대, 혜문보는 『왕부지철학논총』에서 왕부지를 관념론자로 평가하고 있다.

"왕부지를 어떤 학자들은 '무신론자'로 보는데, 내가 보기엔 그의 주장이 범신론자라고 말함이 더 타당할 것이다. 그는 유가 인정(仁政)사상의 전통을 한번도 벗어나지 않는 관념론자이다. 이것에 대한 실례로 왕부지의 저작 『장자정몽주』권1, 「태화편」에서 기(氣)의 이면에는 선, 악, 치(治), 란(亂)으로 나누고 '선기'(善氣), '악기'(惡氣), '치기'(治氣), '난기'(亂氣)로 말한 데서 발단한다. 선악치란과 상설무뇌(霜雪霧雷)를 서로 서로 병론(竝論)하고 있다. 이것은 왕부지가 분명히 인사현상과 자연현상을 사회범주와 자연범주를 혼동시키고 있다. 여기에서 요순지신(堯舜之神)은 선기와 치기로 대표하고, 걸주(桀紂)의 기(氣)는 악기와 난기로 대표한다고 한다. 이러한 것들은 영원히 인온(絪縕) 불가상(不可象)과 태허 중에 있다고 결론짓고 있다. 이것은 '정신불멸'과 '물질불멸'의 어느 쪽을 말함에 있는가? 어떻게 자연을 진실로 선기, 악기, 치기, 난기로 말할 수 있는가하고, 왕부지의 기(氣) 이면에 숨겨진 신비의 성질을 포함한 데서 관념론자로 지적하였다."[1]

이러한 혜문보의 관점은 비록 현대 중국학자의 관점이기는 하지만

---

1) 嵇文甫, 『王夫之學術論叢』, 生活讀書新知三聯書店, 1978, p.54.

대만에서도 1973년 7월 30일 양한조와 소천석에 의하여 '중국 선산
학회'가 발족되어 연구가 계속되고 있음은 왕부지 연구가들에게 이
와 유사한 관점을 취하고 있다고 말할 수 있다. 이러한 관점은 왕부
지에 대한 전통적 시각을 형성하고 있다. 그러나 왕부지학에 대한
이러한 보수적 시각은 현대 중국에서 진행된 이데올로기적 변화에
의해 좌우되기 시작하였다. 1962년 호남성 장사에서 개최된 '왕부지
서세(逝世) 270주년 학술 토론회'에서는 왕부지학에 대한 종래의 연
구 성과를 전면적으로 재검토하고 이를 통해서 왕부지의 사상적 성
격을 소박한 유물론으로 평가하기에 이르렀다. 20년 후인 1982년 11
월 9일에서 11월 16일까지 호남성 형양시 사회과학원 사회과학연합
회 주최로 '왕부지 서세 290주년 학술토론회'가 열렸는바, 여기에서는
왕부지의 철학 형태와 논리 구성 체계, 그리고 송명 이학(理學)과의
관계 및 왕부지 철학의 역사 작용과 역사적 지위 등이 종합적으로
비판을 받기에 이르렀다. 그런데 이 비판의 요지는 왕부지가 과연
계몽적 철학가인가, 아닌가 하는 점에 있었다. 즉 왕부지가 낡은 예
학을 사수(死守)한 누유(陋儒)로서 낙후된 전통적 계승자가 아닌가
하는 역사관 평가 면에 논의가 집중되었다. 아울러 이 학술회의에서
는, 왕부지의 철학세계관을 기일원론의 체계에서 해명하고자 하였다.
이처럼 왕부지를 유물론자로 규정하려는 시도는 현대 중국의 대표적
학자 중 한 사람인 임계유에 의해서 보다 확고해진다.

> "왕부지의 세계의 진정한 통일성은 그것의 물질성에 있다는 유물
> 론사상과 태허본체(太虛本體)로 대립을 포함할 뿐만 아니라 자연의
> 일체사물은 모두 대립 통일 중에 있다. 천·지·물의 운동 근원은
> 모두 기(氣)의 이면(裏面)에 있다는 것에서 왕부지를 전통적 유물주
> 의 및 소박한 유물변증법 사상가로 명명하였다. 그리고 왕부지는 기
> 일원론의 구체세계의 통일은 불가피 형이상학의 국한성을 면할 수

없고, 그의 소박한 변증법은 대립에서 반드시 화해적인 결과로 일관하고 있기 때문에 형이상학적 착오에 빠져들었다고 한다. 그리고 인식론에서 그는 비록 인식과정 중에 작용상의 체계적 흐름을 중시할 수밖에 없고 소위 인간행위는 개개인의 특수적 천이(踐履)를 초월할 수가 없었다. 그래서 감성세계에서 폭넓은 이성세계를 해결할 길이 요원하고 인간의 실재적 정황에서 이성 사유에 머물려고 할 때 능동적 비약이 있을 수 없다. 이것이 유물론이 갖는 실유객관의 철학적 한계점이다."[2]

사실 이러한 관점은 임계유 뿐만 아니라 대부분의 현대 중국학자들에 의해서 공유되고 있는 관점이라고도 할 수 있다. 예컨대, 풍계는 왕부지를 소박한 유물론자로 평가하면서 아울러 그를 소박한 변증법적 사상을 지닌 "기일원론자"(氣一元論者)[3]로 평가하고 있다. 또한 소삽부와 이금전도 왕부지를 "소박한 유물론의 이론 체계를 일관하고 있는 변증법적 사유의 철학자"[4]로 평가하고 있다. 특히 현대 중국의 대표적 사상사가인 후외려는 왕부지의 철학을 극도로 존중하면서 다음과 같이 언급하고 있다.

　"왕부지의 인식론과 논리학의 수립은 가치 있는 중국의 문화유산이며, 그 중에서도 특히 유물론과 변증법의 요소는 위대하고도 특별한 가치를 갖는다고 하지 않을 수 없다. 그러므로 '기'(氣)를 물질로 보는 왕부지의 관점에 따라 그를 유물론자로 평가할 수 있다."[5] 라고 하였다.

그러나 이처럼 왕부지를 유물론적으로 규정하는 것은 지나치게 일면적이며 작위적이어서 왕부지 사상의 정합성과 전체성을 심각하게

2) 任繼愈, 『中國哲學史』(第四册), 人民出版社, 新華書店發行, 1996, p.79.
3) 馮契, 『中國古代哲學的邏輯發展』(下册), 上海人民出版社, 1995, p.937. 參照.
4) 蕭萐父, 李錦全, 『中國哲學史』(下卷), 人民出版社, 1997, p.252. 參照.
5) 侯外廬, 『中國思想通史』(第五卷), 人民出版社, 1995, p.121.

훼손하는 것을 피할 수 없다. 사실 왕부지는 정주학(程朱學)의 '공허한 이'(理)를 강조하는 입장에 대해서는 비판적 태도를 취했으나 정주학적 요소를 계승하거나 수용하는 바도 적지 않았다. 예컨대 이규성이 지적한 것처럼, "왕부지의 『독사서대전설』은 주자학적 주석의 결집인 『사서집주대전』에 의거하여 주기론(主氣論)의 맥락에서 씌어진 것이다. 따라서 왕부지가 사용하는 제 주요 개념들은 주희에 의해 개발되거나 주목된 것이 대부분이다. 선산의 형이상학적 사유는 사실 주희의 사유 맥락에서 수정으로 이루어진 것이라 할 수 있다."[6] 그리고 장대년은 "왕부지의 저서 『예기장구』에 포함된 『중용』과 『대학』 두 편은 주희의 『중용장구』와 『대학장구』를 채록하였고, 그 위에 자신의 생각과 글을 보완하고 '부연하였다'는 점을 지적한 바 있다.[7] 이러한 평가는 후외려에 의해서도 계속되는 바, 그는 『왕부지학안』에서 "왕부지는 유가경전의 전주자(箋注者)이며, 이정(二程)과 주희의 계승자이다"[8]라고 평가하였던 것이다. 또한 Alison Harley Black도 "왕부지는 송대철학(특히 주희철학)을 계승하고 재구성하였다"[9]라고 평가하고 있다.

이처럼 왕부지에게 있는 전통적 계승의 요소를 강조하는 것은 전통적 견해로 후퇴하는 것이 아니라 부당하게 취해진 왜곡에 대한 당연한 교정이다. 사실 이 점과 관련하여 현대 중국의 학자들 사이에서도 이데올로기적 왜곡을 교정하고 전통적 견해와 절충을 시도하는 견해도 등장하고 있다. 예컨대, 장대년은 왕부지의 학문적 태도를 다

---

6) 李圭成, 『王夫之氣哲學體系研究』, 서울大學校 大學院 哲學博士學位論文. 1989. P.16.
7) 張岱年, 『中國哲學史研究』, 「王夫之歷史地位」, 中國哲學史學會, 1983年 三期, p.3. 參照.
8) 侯外廬, 『王夫之學案』, 長沙: 岳麓書社出版, 1982. P.7.
9) Alison Harrley Black, *Man and Nature in the Philosophical Thought of Wang Fu-Chih*, University of Washington Press, 1989, p.47.

음과 같이 개괄하고 있다.

"그는 송명이학 속의 유물론 전통을 자각하고 계승하였다. 그는 육왕(陸王)의 주관적인 관념론에 대해서는 심도(深度)있게 비판하였고 반면 정주학에 대해서는 비판과 수용의 입장을 겸하고 있다."[10]

그러나 장대년의 견해는 비록 정주학에 대한 수용적 측면을 인정했다고 하더라도 여전히 왕부지를 송명이학의 유물론 전통의 계승자로 파악하고 있다. 이처럼 어정쩡한 절충은 왕부지에 대한 인식을 더욱더 불구(不具)의 것으로 변모시키고 만다. 비록 왕부지의 사상 체계 중에서 약간의 유물론적 경향성이 발견된다고 하더라도 그것을 보다 엄밀하게 분석한다면 경험론적 경향성 이상의 것은 아니다. 그리고 전통적 성리학에 대한 태도에 있어서도 왕부지는 주희 철학체계 중의 일부분을 과감히 비판하고 수정한 것은 사실이라고 하더라도 그것은 어디까지나 성리학의 범주를 벗어나서 행해진 것이라고 보기는 어려운 것이다. 따라서 필자는 왕부지를 전통적 이학에 대한 비판적 계승자로 보고자 한다. 왕부지가 전통의 성리학자들에 비해 상대적으로 다른 점은 그가 이학의 한계성을 극복하고자 했으며, 이학(理學)과 기학(氣學)의 대립에서 있어서 기학(氣學)을 강조했다는데 있다. 오히려 왕부지 철학의 특성은 관념론이나 유물론과 같은 어떤 한 극단적 관점에 의해 철학을 조직하였다고 하기 보다는 정신과 물질을 '유기적 일원론'으로 설명했다는 데 있다. 그는 이러한 유기적 일원론을 통해 정주학의 이학적 세계관을 비판하고 중국 철학사에서 내재철학의 전통을 새로운 형태로 제시하였다. 바로 이 점이야말로 왕부지 철학의 가장 큰 특징이자 중국 철학사에 대한 크나큰 공헌이라고 하겠다.

---

10) 張岱年, 『中國哲學史研究』, 「王夫之歷史地位」, 中國哲學史學會, 1983年 三期, p.3.

2. 내재철학(內在哲學)의 정의와 연구과제

왕부지는 일기의 개념을 매개로 정신과 물질의 이원성을 하나로 통일하는 유기적 일원론의 체계를 구축하였다. 그런데 과연 이러한 일원론적 통일성은 어디에서 말미암고 있는 것일까? 임계유는 왕부지의 기 철학 체계에 있어서 운동은 음양이기(陰陽二氣)의 대립에서 생겨나며 이러한 운동은 물질 내부의 내재성과 필연성에 기인한다고 보고 있다.[11] 또 중국의 현대 철학자 소삽부는 왕부지 철학의 정수가 바로 장재(張載)의 "내인론(內因論)"[12]에서 계승되었다고 주장하면서, 장재가 언급한 "운동은 반드시 자체의 기미(幾微)가 있고 운동은 밖으로부터 온 것이 아니다"[13]는 표현으로 '내인'(內因)의 개념을 제시한다. 유명종 교수는 이러한 왕부지 철학의 성격을 '내재철학'(內在哲學)이라고 규정한 바 있거니와,[14] 필자는 '내재철학'이라는 술어가 왕부지 철학의 근본적 성격을 규정하기에 매우 적합한 용어라고 생각한다. 따라서 필자는 유명종 교수의 용어에 입각해서 필자 자신의 내재철학에 대한 관점을 피력하고자 한다. 그러면 먼저 내재철학의 개념부터 정의해보기로 하자. 일반적으로 주기론의 특징은 다음과 같이 네 가지로 서술될 수 있다.

(1) 이(理)는 기(氣)를 초월하거나 기(氣)에 선행해서 존재할 수 없다. 즉 이재기선(理在氣先)의 논리는 인정될 수 없다.
(2) 이(理)는 기(氣)의 통제자(統制者)나 주재자(主宰者)가 아니다. 즉 이(理)는 기(氣)에 내재(內在)하는 조리(條理) 혹은 기(氣)

---

11) 任繼愈, 『中國哲學史』(第四冊), '淸代近代部分', 1996, pp.49~50. 參照.
12) 蕭萐父, 李錦全, 『中國哲學史』(下卷), 人民出版社, 1997, p.231.
13) 張載, 『張載集』, 「參兩篇第2」, 中華書局出版社, 1978, p.11.
14) 劉明鍾, 『淸代哲學史』, 「王夫之」, 大邱: 以文出版社, 1989, pp.52~68. 參照.

의 법칙성(法則性)에 불과하다.

(3) 이(理)와 기(氣)를 별개의 것으로 보지 않고 하나(一)로 본다.

(4) 성(性)과 정(情)은 불가분(不可分)의 혼일체를 형성하며, 기질지성(氣質之性)은 곧 본연지성(本然之性)을 내포하고 있다. 즉, 정(情)으로부터 분리된 성(性)이나, 기질지성과 분리된 본연지성이 별도로 존재하는 것은 아니다.

엄밀히 말한다면 전통철학에서 이러한 네 가지 특징들이 주기론자(主氣論者)에 의해서만 주장되었다고는 볼 수 없다. 왜냐하면, 이(理)와 기(氣)의 관계 설정에 있어 불상리(不相離)와 불상잡(不相雜)은 주리론자(主理論者)와 주기론자(主氣論者)에게 모두 적용되는 범주였다. 그러나 주리론자(主理論者)에게 있어 불상리(不相離)는 다만 형식적으로 주장되고 있다. 따라서 이(理)와 기(氣)가 불가분(不可分)의 혼일체를 형성한다는 주장은 오직 주기론자들에게만 진정으로 해당될 뿐이다. 즉 이(理)와 기(氣)가 서로 불가분리(不可分離)의 관계를 형성하고 있다는 것은 주희와 같은 주리론자도 승인하고 있는 것이지만 주희는 어디까지나 그것을 '재물상간(在物上看)의 관점'(觀點)에서만 허용하고 있는 것이며 '재리상간(在理上看)의 관점'(觀點)에서는 인정하고 있지 않다. 그렇다면 기(氣)가 이(理)를 완전하게 상호 포섭되어 기질지성(氣質之性)이 본연지성(本然之性)을 완전히 내포하는 관계는 오직 주기론자에게만 인정되는 진리라고 할 수 있다. 우리가 송명이학(宋明理學)에서 명말청초 이후 철학으로의 전개 과정을 주리론(主理論)의 지배로부터 점차적으로 주기론(主氣論)이 강화되어 가는 과정이라고 볼 수 있다면 그것은 부분적으로만 적용되던 내포의 범주가 전면적으로 확대되어 나가는 과정에 다름 아니다. 즉 송명대의 주기론자들은 내포의 범주를 주로 (1),

(2), (3)의 범위에만 국한되어 적용하고 있었기 때문에 내포의 범주를 완전히 충족적으로 적용시켰다고 보기는 어려운 반면에 왕부지와 같은 명말청초의 주기론자(主氣論者)에 이르면 내포의 범주는 보다 완전하게 현상 전반에 침투하고 있다고 하겠다. 그런데 이처럼 내포의 범주가 전 존재에 확대될 때 그것이 의미하는 철학적 함의는 과연 무엇인가? 기(氣)의 범주가 이(理)의 범주를 자기 충족적으로 포섭할 때, 존재는 유기적 통일체의 성격을 띠게 될 것이며, 존재 자체의 운동성은 기(氣)의 자율성에 의해 발생할 것이다. 즉 세계는 정신과 물질이 분리되지 않는 전일적(全一的) 세계이며, 이 전일적 세계는 외부의 원인에 의한 충격에 의해서가 아니라 존재의 내인(內因)에 의해서 스스로 운동하게 될 것이다. 이처럼 내재(內在)의 개념(槪念)은 왕부지 철학체계에 있어 존재와 운동의 개념을 설명하는 데 있어 충분한 효용 가치를 지닌다고 하겠다. 그러면 필자는 이러한 내재의 개념을 근저에 두고 그의 철학적 체계의 이론적 구조를 해명하고자 한다. 그에 대한 예비적 작업으로서 먼저 왕부지가 전통 철학에 대한 비판적 성찰을 통해 어떻게 자기 자신의 철학적 체계를 구성해 나갔는가를 살펴보기로 한다. 왕부지가 전통 철학을 승계한 측면에 대해서는 장재철학의 영향 관계를 집중적으로 조명할 것이며, 전통 철학의 비판적 재검토의 측면과 관련해서는 주희와 왕양명, 그리고 불가비판을 주로 다룰 것이다. 그리고 그 다음으로 왕부지 철학체계의 이론적 구조에 대해서는 먼저 그의 철학이 역학(易學)에 대한 깊은 연구를 토대로 하고 있다는 점과 그것을 기반으로 한 인식론적 토대를 다룰 것이다. 그리고 왕부지 철학의 중심 부분인 본체론과 화생론을 다루고, 마지막으로 그의 실천론과 관련해서는 인도(人道)와 역사에 대한 견해를 서술할 것이다.

III. 전통철학에 대한 비판적 계승

1. 장재 기철학(氣哲學)의 계승과 발전

1) 장재의 정학(正學) 계승

중국 고대철학에 있어서는 "사유하는 주체와 대상의 객체가 분리되지 않는 사유 구조를 이루어 왔다."[15] 그러나 송명이학에 이르러 주희 철학은 "본체와 현상의 이(理)로 일관된 이일이분수(理一而分殊)"[16] 체계를 이루었으며, 또한 "이(理)가 천(天)의 본체라는 이본론(理本論)"[17] 체계를 확립하였다. 이에 반해 북송의 철학자 장재(張載: 1020-1077, 호: 횡거)는 "태허무형(太虛無形)은 기(氣)의 본체(本體)라고 주장하며, 본체가 현상이요 현상이 바로 본체라는 일물양체설(一物兩體說)"[18]을 건립하였다.[19]

명말청초에 이르러 장재철학을 계승한 왕부지는 기존의 철학을 넘어서서 기철학적 대전환을 가져왔다. 왕부지는 자신이 처한 역사적 증험과 명조의 멸망에 대한 치욕과 반성 끝에 한족(漢族)이 이민족(夷民族)에게 수모를 당할 것에 분개하고, 인의·도덕의 유가 문화가 설 바탕은 관념 세계가 아닌 구체 세계이라고 강조하였다. 즉 왕

---

15) 張尙仁, 『哲學硏究』, (第4期), 「思惟與存在的關係是總體性槪念」, 哲學硏究編輯部, 北京: 人民出版社, 1982, p.17.
16) 『二程全書』, 卷40, 「粹言」, p.42.
17) 朱子, 『周易本義』, p.148.
18) 張載, 『正蒙』, 參兩篇, p.46.
19) 張閏洙, 「張載 氣哲學의 理論的 構造」, 慶北大學校大學院 博士學位論文, 1993, pp.74-81. 參照.

부지는 "일이분수(一而分殊)"20)를 제일의로 삼고, 장재의 "정학(正學)"21)을 흠모한 것이다. 왕부지는 자제묘명에서 자신이 "유월석(劉越石)"22)의 고독한 비분을 품었으나 좇아 이룰 수 있는 목숨이 거기

---

20) 王夫之, 『尙書引義』, 卷4, 泰書上, 長沙: 嶽麓書社, 1992, p.323.

21) 필자도 왕부지의 '정학'(正學)의 취지를 그의 원전과 동일하게 간주하고자 한다. 왕부지는 전통학문을 계승하려는 의도에서 자신의 학문을 네 가지로 분류한다. 첫째로, 경학을 6경으로 삼고, 둘째로, '正學'(강재문집유보薑齋文集補遺, p.228.)은 장재 학문으로 자신이 계승하고자 노력하였으며, 기철학의 전형으로 여겼다. 그리고 셋째로, 속학과 이학(異學)의 부류는 도가와 불가, 육왕 그리고 그 후학으로 삼았다. 왕부지의 저작 강재문집에서 나타난 '정학'(正學)이란 개념은 오직 왕부지 만이 사용한 독창적인 개념으로 보이며, 왕부지가 정학을 주장하는 동기는 불가와 도가를 공허한 학설로 위유(僞儒)라고 칭하고, 이 위유를 벗어나는데 전통학문은 회복되는 길이라고 생각하였다. 왜냐하면, 그는 중국 사상사에서 볼 때, 중국은 장구하게도 관념론체계의 공허한 사변에만 일관해 온 나머지, 자신의 훌륭한 중화 의식을 가진 명조(明朝)가 야만인의 이민족(夷民族)에게 나라를 송두리째 넘겨준 결과는 공허한 관념론에 있다고 자각하고, 실제의 학문을 추구한 것은 바로 장재의 진정한 학문인 기철학체계의 '정학'에 있음을 깨우치고, 이것이야말로 전통유학의 본질이며 학습의 표준이며 그리고 이것은 명조(明朝) 유신(遺臣)의 정신적 지주가 된다고 보았다. 그리하여 정학을 유가철학의 본의로 삼아 발현하고 흠모하였던 것이다.

22) "劉越石(271~318)은 건무(建武) 304년 서진(西晉)시대 사람으로 이름은 유곤(劉琨)이다. 쓰러져 가는 나라를 세우려고 충절을 다해 보려 했지만, 그의 힘은 이적에 미치지 못했다. 이적은 선비족으로 본래 믿을 수 없는 야만족이다. 이 야만족의 장령 단필제라는 인물과 연합하여 석륵을 토벌하려 하였다. 석륵의 진영에서는 단필제의 무리들이 이미 포로로 잡혀 있었다. 포로로 잡힌 무리들이 단필제에게 작전의 비밀이 누설되고 말았다. 유곤은 싸워 보지도 못하고 투옥되었다가 억울하게 죽음을 당하고 말았다. 정작 이적을 토벌하는데 자신의 입지도 펴 보지 못하고 비명에 간 유곤의 고분을 왕부지는 동정했다. 이것에 비유한 말이 승냥이가 이리 굴에서 먹이가 된 꼴이 되었고 유곤은 입지를 펴 보지도 못하고 비참하게 죽고 말았다. 군자는 그 어리석음을 애석하게 여긴다. 유곤(劉琨)은 한 방편으로 단필제의 힘을 빌려 유총과 석륵을 제압함으로써 진(晉)의 종사에 대한 복수를 시도했으나 처음부터 불가능했던 것이다. 이러한 유곤의 죽음을 왕부지는 이민족의 중원지배로부터 받은 명조의 멸망을 자신의 일생에 빗대고 유곤의 어리석음을 애석하게 여기고 있다.", 王夫之, 『讀通鑑論』, 卷13,

에 미치지 못했고, 장재의 정학을 흠모하였으나 능력이 부족하였다. 다행히 이곳에 온전히 묻히나 가슴 가득 근심을 안고 세상을 떠나노라"[23]고 했다. 그리고 그는 명말청초 역사적 풍운 속에서 이민족의 중원 지배로부터 나라를 잃은 치욕을 철저히 반성하며 이러한 시대 배경을 자신의 학문적 동기로 여겼다. 그리고 그는 고전적 유가학문을 아낌없이 답습하고 『주역』과 장재의 정학을 자기 철학의 전형으로 삼았다. 이러한 정황을 왕부지 자신의 말을 통해 살펴보자.

"장재의 바른 학문은 위로는 공·맹의 뜻을 잇고, 아래로는 앞으로 잘못을 구제하였으니, 밝은 해가 하늘에 걸려 있어 어두운 곳을 밝히지 않음이 없는 것과 같다. 성인이 다시 나와도 그것을 바꿀 수 있는 자는 없을 것이다"[24]

그리고 우리는, 왕부지가 왜 그토록 장재의 학문을 정학이라 여기며 계승하고자 흠모했던가 하는 것을 『송사·장재전』의 기록을 통해 장재의 학문적 열정을 짐작해 보도록 한다.

"송나라 강정 (1040년)에 서북 변방의 서하세력이 강성하여 국경을 자주 침범해 오니 송나라 군사가 전쟁에서 완전히 패하자, 인종은 당시 대학자이자 명재상인 범중엄(范仲淹)(987-1052)을 협서경략안무부사陝西經略安撫副使 겸지연주사兼知延州事에 직책을 위임하였다. 그 때 장재의 나이는 21세였다. 연주에 도착하여 범중엄에게 편지를 올려 변방 국경 지역에 병사를 쓰겠다고 건의하였다. 범중엄은 장재를 한 번 보고 큰 인물임을 깨닫고 이에 놀라서 말하기를 '선비란 명교'(名敎: 인륜 도덕에 대한 가르침)를 즐거움으로 하는 법인데 어찌하

劉琨託於段匹磾爲夷滅. pp.466~467.

23) 王夫之, 『薑齋文集補遺』, 「自題墓石」, "抱劉越石之孤憤而命無從致, 希張載之正學而力不能企. 幸全歸於玆丘, 固銜恤以永世.", p.229.

24) 王夫之, 『張子正蒙注』卷12, 「序論」, "張子之學, 上承孔·孟之志, 下救來玆之失, 如皎日麗天 無幽不燭, 聖人復起, 未有能易焉者也.", p.11.

여 병법을 일삼으려 하는가 하고 꾸짖으며『중용』읽기를 권했다. 장
재는『중용』을 여러 번 읽은 후에 비록 좋아했지만『중용』에서 만족
을 얻지 못했다. 그리고 불가와 도가의 학설을 수년간 탐구하였으나
깨달음을 얻지 못하고 다시 유가 경전인『육경』을 연구하였다.『행장』
에서 장재는 철학을 연구하고 지식을 탐구하며 진리를 찾는 과정에서
우여곡절을 겪으면서도 유가, 도가, 불가 경전을 섭렵해 왔으나 최후
로 유가 경전인『육경』에서 마지막 철학적 귀착점을 찾았다. 장재가
육경 중에서도 가장 깊이 마음속에 영향을 받은 책은 아마『주역』이
었다."25)

왕부지는 장재의 학문이『주역』에 기초하고 있기 때문에 유가철학
의〈천天・지地・인人〉삼재를 강유(綱維)하였다고 생각하였다. 그래
서 그는『주역』이 현상의 계기를 연구하는 기준이 되는 적전(嫡傳)
이라 믿었다. 이에 대한 왕부지의 언급을 들어보도록 하자.

"장재의 말은『역』이 아님이 없다. 천・지・인을 세우고,『역』의
근본에 되돌아가면서도 현상 세계의 계기를 연구하였다. 의리 역학
을 정밀히 살피고 기의 자기 원인으로 있는 신묘함을 보존함으로써
천・지・인 삼재를 하나로 강유(통일)하였으며 삶에는 진실하게 살
아왔고, 죽음에 이르러서는 편안히 하도록 하였으니 장재가 아니면
그 누가 성인의 경전에로 복귀했겠는가!"26)

---

25) 石訓外 七人,『中國宋代哲學』, 河南人民出版社 1992, "宋仁宗 康定元年(1040
年), 西夏入侵宋軍戰敗, 仁宗委任范仲淹爲陝西經略安撫副使, 兼知延州事. 這
時年僅二十一歲的張載來至延州, 上書謁見范仲淹, 建議於邊境用兵, 范仲淹一
見知其遠器, 乃警之曰: '儒者自有名教可樂, 何事於兵! 因勸讀『中庸』.『宋
史・張載傳』張載讀了『中庸』之後, 雖愛之, 猶未以爲足也, 於是又訪諸繹老之
書, 累年盡究其說, 知無所得, 反而求之『六經』.『行壯』可見, 張載在研究哲學,
探究知識, 尋找直理的過中所走的道路是迂會曲折的, 是在儒・釋・道三家中轉
來轉去, 最後從儒家『六經』中找到了歸宿, 而對他影響最大, 最深的則是『周易』",
p.263.
26) 王夫之,『張子正蒙注』, 卷12,「序論」, "而張子言無非『易』, 立天, 立地, 立人,
反經硏幾, 精義存神, 以綱維三才, 貞生而安死, 則往聖之傳, 非張子其孰與
歸!", p.12.

왕부지는 장재의 학문에서 총괄적 철학체계가 완성된 대표적 저술
이 『정몽(正蒙)』이라고 생각하였다. 왜냐하면 여기에서 장재의 기철
학적 개념과 형이상학이 집약되어 있기 때문이다. 왕부지는 『정몽』
에 대해 다음과 같이 언급하고 있다.

> "정몽은 '음양 고유의 운동성'과 '굴신의 필연성'을 특별히 드러냄
> 으로 중도를 확립하였다. 그리하여 지극히 당연하고 만사가 순응하
> 는 위대한 근본으로 모두가 이를 따름으로써 성립되는 것이다. 그리
> 고 성을 따르는 것을 도라고 한다. 천 밖에 도가 없으며 기 밖에 신
> 묘한 작용이 없고, 신묘함 밖에 변화는 없다."27)

왕부지는 장재가 의리역학을 중심으로 하여 자신의 철학 체계를
확립하였고, 또한 '본체'와 '현상'의 일원적 종합 체계로 '중도'中道를
확립하였다고 여겼다. 왕부지는, 본체와 현상의 양자 통일 체계는 주
대(周代)에 형성된 『주역』, 그리고 공자의 인,『맹자』의 사단에 나타
난 내재적 본질이 장재의 저작인 『정몽』에 그대로 이어졌다고 보며,
그렇기 때문에 『정몽』이야말로 유가의 근본정신을 그대로 담고 있다
고 생각하였다. 그러므로 『정몽』은 유가철학의 적경(嫡經)이며 다른
경전과는 비할 바가 못 된다고 강조하였다. 그러므로 여기에 대한
관련 구절을 살펴보도록 하자.

> "동주(東周)에 이르러 사특함이 일어났다. 그리하여 공자가 『주역』
> 을 저작하여 형이상의 도를 천명하여 인(仁)에서 드러내고, 작용에서
> 간직하였다. 맹자는 사물을 생성시키는 내재적 근본원리로 전제하고
> 측은, 수오, 사양, 시비의 발생하는 바를 극명하였다. 그러나 한위 이
> 후로 유자들이 부정이 지나치지 않음이 없었는데, 만일 그 '생기가 발

---

27) 王夫之,『張子正蒙注』, 卷12,「序論」, "故 『正蒙』持揭陰陽之固有, 屈伸之必
然, 以立中道, 而至當百順之大經皆率此以成, 故曰率性之謂道. 天之外無道,
氣之外無神, 神之外無化.", p.11.

현하는 약여지장(躍如之藏)을 드러내지 않았다면, 의미로 본다면 차
이가 기장(黍)이나 쌀과 같이 작을지라도, 이미 외적 차이는 하늘과
땅의 차이만큼이나 되었을 것이다. 이것이 바로 『정몽』과 다른 경전간
의 비교에서 다를 수밖에 없는 이유이다."[28)]

왕부지는 장재철학을 '정학'(正學)으로 계승하는 입장에서, 주돈이
와 정이, 정호 그리고 주희로부터 발단된 송대 철학을 비판하였다. 즉
이들 철학은 한 측면만 유별나게 부각시켜 편협성을 면치 못하기 때
문에 『중용』의 '중도'(中道), 『논어』의 '일관지리'(一貫之理), 『맹자』의
'일본지리'(一本之理)의 철리를 벗어날 수밖에 없었다고 비판하였다.

"송대에 주돈이가 출현한 이래로 성인의 도가 영원하다고 발현했는
데, 모두 태극, 음양, 인도, 생성, 변화의 시종이 이 하나의 통일성에서
나온 것이다. 두 정자가 그것을 끌어와 전개하여 고요한 내재적 통일
성 그리고 성실성과 경건성의 공적을 실현하였다. 그러나 유초와 사
양좌의 무리가 갈라져 나와 불가와 같은 맥락으로 나아갔다. 그러므
로 주희는 격물궁리로써 기초적 가르침으로 삼고, 학자들을 모두 뚜
렷한 도에로 집중하도록 바로 잡았다. 그것이 한 두 번 전해진 이후
에는 요쌍봉과 태물헌 등의 모든 선비가 지말적(枝末的) 흔적을 좇고
그림자를 밟아 훈고에 탐닉하는 데로 흐르게 되었다. 다시 진헌장
(428-1500)이 일어나 그것을 싫어하여 버렸으나 결국은 왕수인이 겉
으로는 유가이고, 속으로는 불가적 학문 역할을 함으로써 성인을 속
이는 사악한 학설을 열게 되었다. 그것은 종국에 가서 형벌에 처할
백성이 되었고 환관과 도적의 무리가 되어, 다투어 거기에 달라붙게
되었다. 그리하여 무선무악과 보편과 개별이 원만하여 막힘이 없다고
하며, 망령되어 이치에 맞지 않음으로 가득 채웠다. 유해가 서로 격렬
하여 중도가 확립될 리가 없었고 굽은 것을 바로 잡다가 오히려 올바
름을 넘어 버리게 된 그러한 학문의 길을 열게 된 것이다."[29)]

---

28) 王夫之, 『張子正蒙注』, 卷12, 「序論」, "支於東周而邪慝作矣. 故夫子贊易而闡
    形而上之道, 以顯諸仁而藏諸用, 而孟子推生物一本之理, 以極惻隱, 羞惡, 辭
    讓, 是非之所繇生.(…) 而自漢, 魏以降, 儒者無所不淫, 苟不抉其躍如之藏,
    則志之搖搖者, 差之黍米而已背之霄壤矣, 此正蒙之所繇不得不異也.", p.10.

왕부지는 장재의 학문 체계가 엄정하다고 주장하며, 그래서 장재의 정학이야말로 인간들에게 이바지하는 진정한 학문이며 또한 세상 만사의 법도와 규율이 된다고 말하였다. 그리고 그는 장재학문이 "큰물의 지류를 소통하게 하였고, 사람들로 하여금 편협성의 어두움에 빠지는 것에서 떠나 평평하고 안전하게 길을 밟게 하였다. 정확하기로는 장인의 줄자이고, 활 쏘는 자가 활시위를 당기는 '올바른 표준'이다"[30]라고 하였다.

우리는 이제 장재와 왕부지의 기 철학 관점에서 일반과 특수, 그리고 본체와 현상, 즉 본체와 작용면에서 상이점이 무엇인가를 좀 더 논의해 보고자 한다.

2) 왕부지와 장재의 체용론(體用論)

장재는 기(氣)가 '천(天)의 본질'을 이룬다고 생각하였으며, 그는 기일원론의 입장에서 중국 철학사의 일대 전환을 이루었다.

장재는 기가 본체와 발용 양 측면을 갖는다고 보았다. 그래서 그는 '하나이면서 둘인 것이 바로 기(氣)이다.'라고 하였으며, 하나(一)이므로 신묘하고, 둘(二)인 고로 변화라고 하는 기일원론의 철학을 개진하였다. 그럼에도 불구하고 종래 상당수 학자들은 장재가 『정몽』

---

29) 王夫之, 『張子正蒙注』, 卷12, 「序論」, "宋自周子出, 而始發明聖道之所繇, 一出於太極陰陽人道生化之終始, 二程子引而伸之, 而實之以靜一誠敬之功, 然游, 謝之徒, 且岐出以趨於浮屠之蹊徑, 故朱子以格物窮理爲始敎, 而繁括學者於顯道之中, 乃其一再傳而後, 流爲雙峯, 勿軒諸儒, 逐跡躡影, 深溺於訓詁, 故白沙起而壓棄之, 然而遂啓姚江王氏陽儒陰釋誣聖之邪說, 其究也. 爲刑戮之民, 爲閹賊之黨皆爭附焉, 而以充其無善無惡, 圓融理事狂妄, 流害以相激而相成, 則中道不立, 矯枉過正有以啓之也.", p.10.
30) 王夫之, 『張子正蒙注』, 「序論」, "疏浲水之岐流, 引萬派而歸墟, 使斯人去昏墊而履平康之坦道哉! 是匠者之繩墨也, 射者之彀率也.", p.12.

에서 이원적 철학논리를 나타낸 곳이 많다고 장재의 기철학적 문제
점을 지적하고 있다.[31] 즉 정호(程顥, 1032-1085)와 같은 학자는 장
재철학이 기일원론을 주장하면서도, 역설적으로 기 하나로써 '본체'와
'발용'을 통일하지 못했다고 비판한다. 우리는 이제 『이정유서』에서
정호가 장재의 논리적 부정합성을 비판하는 글을 살펴보도록 하자.

> "청허일대(淸虛一大)를 세워 만물의 근원이라 하기에는 타당성이
> 결여된 것 같다. 모름지기 '청(淸)과 탁(濁)', '허(虛)와 실(實)'을 겸
> 해야 신(神)이라 할 수 있다. 도는 현상 사물에 대한 어느 것 하나
> 남김없이 체가 되나 〈장재의 논리로는〉 응하지 않아서 '기의 국한된
> 부분'이 있게 된다."[32]

> "기(氣) 밖에 신(神)이 없고 신(神) 밖에 기(氣)가 없다. 그런데
> 아무개 〈장재〉처럼 청허일대(淸虛一大)를 신(神)이라고 한다면 탁한
> 것은 신(神)이 아니란 말인가?"[33]

정이(程頤, 1033-1107)는, "흩어져 다르게 형상을 이루는 것은 기
(氣)이고 청통(淸通)하여 형상을 이루지 못하는 것을 신(神)이다"[34]
라고 하는 장재의 입장이 청허일대라는 본체에 무게를 싣고 현상의
국한된 '탁한 것', '형상이 될 수 있는 것'을 본체 속으로 끌어 들여
내재시키지 못하였다고 지적한다. 그리고 정호는 청허일대의 청기로
써 만물의 근원으로 보기에는 미흡한 감이 있다고 하고, 물질 존재
의 국한된 부분을 하나도 남김없이 참여시킬 때만이 본체는 주재로

---

31) 張閏洙, 「張載 氣哲學의 理論的 構造」, 慶北大學校大學院 哲學博士學位論
文, 1993, pp.89~92, 139~146. 參照.
32) 『二程全書』, 卷2, 「遺書」, "立淸虛一大爲萬物之源, 恐未安須兼淸濁虛實, 乃
可言神 道體物不遺, 不應有方所.", p.11.
33) 『二程全書』, 卷11, 「明道語錄」, "氣外無神 神外無氣 或者謂淸者神則 濁者非
神乎.", p.4.
34) 張載, 『正蒙』, 太和篇, "散殊而可象爲氣 淸通而不可象爲神.", p.4.

인정받게 된다고 생각하였다. 그리고 이러한 비판은 장재 철학에 다음 주희의 비판에서 그 요지가 좀 더 분명하게 드러난다.

"장재의 청허일대설(清虛一大說)은 청과 탁, 허와 실, 하나와 둘, 대와 소는 서로 서로 겸하고 있다. 여기에서 장재는 본래 형이상을 말하려는 의도였으나 오히려 형이하가 되어 버렸다. 이 점이 장재가 분명히 말하지 못한 점이다."[35]

주희는 본체란 '이(理)를 총괄하는 개념'으로 보아 형이상이라고 본다. 그리고 이가 기를 주재함에서 청탁, 허실, 대소를 겸할 수 있지만, 장재의 청허일대는 시공에 국한되는 기이기 때문에 탁과 실을 겸할 수 없다고 함에서 모순점을 찾을 수 있다고 한다. 한편, 중국 현대 철학자인 주백곤 또한 물질일반과 개별물체 간의 차별성에 관한 장재의 이론을 다음과 같이 비판한다.

"세계의 본체로 간주되는 태화의 기, 태허의 기는 천지 만물에 초월해 있는가? 아니면 천지 만물에 내재해 있는가? 이 문제에 대한 해석으로 장재는 해답이 미약하고 적중되지 못한 해명을 해주었다고 하고, 『정몽』태화 편에서 '무릇 천지는 상을 본 받고' 구체현상계는 다 '신묘한 변화의 찌꺼기'일 뿐이라고 한 것에서 기가 천지 만물을 여의고 독립 자존하는 존재로 여겼다. 장재는 물질일반과 개별물체 간의 그 차별성을 간파하지 못했다고 한다."[36]

---

35) 『朱子語類』, 卷99, 「張子之書」, "橫渠有淸虛一大之說 又要兼淸濁虛實 曰橫渠初云 淸虛一大爲伊川詰難, 乃云淸濁, 虛兼實, 一兼二, 大兼小, 橫渠本要說 形而上, 反成形而下是於此處不分明.", p.8.
36) 朱伯崑, 『中國哲學史論文集』, 哲學硏究編輯部編, 王夫之論本體和現象, 北京: 中華書局 1965. 6, "作爲世界本體的太和之氣或太虛之氣是在天地萬物上, 還是在天地萬物之中? 對這個問題的回答張載就顯得一分軟弱無力了 『正蒙, 太和』凡天地法象, 皆神化之槽粕這些論點又意味着, 氣是可以脫離天地萬物, 而獨立存在的, 看不到物質和個別物質之間的差別.", p.83.

　주백곤은 장재의 태허와 기가 동일성에서 다양성의 모습으로 드러내는 데 그치려 하지 않고, 청·탁 중에서 청의 우월성에 가치를 부여한 것이라고 한다. 그리고 장재의 설에서 기가 맑고 신화한 태허로 돌아간다고 한다면, 태허와 맑고 신묘한 것은 진유가 된다고 한다. 또한 현상의 탁한 것들을 '찌꺼기'로 평가 절하시킨다면, 그들이 귀일하는 본체인 태허는 찌꺼기를 초월하는 존재가 되는 셈이다. 그래서 장재의 태허적 성격은 현상의 어느 하나를 우월하게 간주하고 그것에 본래성을 부여한 것은 장재의 기 관점에서 볼 때 오류라고 할 수밖에 없다는 것이다. 왜냐하면 사실 가치적 성격을 현상계 내에서 추구하고자 했을 때, 본체론적 의미의 '전체적 총괄'은 모순이 되며 구체론 세계를 극복할 수 있는 길은 요원한 것이 되기 때문이다. 따라서 장재의 기일원론에 대해서 '본체가 작용에 내재하고', '작용이 본체에 내재한다.'는 의미에서 본체라는 논리는 서기 어렵게 된다고 하였다.

　그렇다면 왕부지는 '태허'와 '현상사물' 간의 관계를 어떻게 보았는가? 왕부지는 현상 사물이 모두 기에 의해서 생겨난다고 하는 철저한 기일원론을 주장하였다. 기(氣)는 기(器)를 형성시키고 이(理)는 기의 흐름 속에 일반법칙과 조리로 규정되며, 그리고 도는 개별 사물에 내재되어 기 운동법칙의 조리로써 이(理)·도(道)가 존재한다는 것이다. 그리고 도를 현상 사물 속에 일반법칙으로 내재시킴으로써 태허는 기로 충만하고 현상사물 내외에도 기가 아닌 것이 없게 된다. 그러므로 이(理) 아닌 것도 없다. 그래서 태허와 현상 사물은 본체와 현상이라는 관계가 성립된다. 그리고 왕부지의 기는 이(理)를 존재하게 하는 형질이 되고, 이는 기속에서 기를 발동할 수 있게 하는 실행력을 주는 셈이다. 여기에서 이는 기를 주지하고 기는 이로 인해서 분제함의 관계로 규정지우고 있다. 왕부지는 인간의 삶이

실유·실사함에서, 태허 또는 태극은 항구적으로 단절함이 없이 생
동하고 변화하는 본체의 움직임으로 간주하여 "태허본동론(太虛本動
論)"37)을 제시하였다. 즉, 태허란 본래 생동하는 것이다. 생동하기
때문에 생동 속으로 들어가니 잠시도 쉬지 않고 지체하지도 않는다.
본체 상에서 만사 만물의 본원은 쉬지 않고 지체하지 않는 자체가
바로 생동하는 태허의 기로 간주된다. 만약에 왕부지가 주장하는 우
주 만물이 고정된 실상이라면, 자기가 주장하는 기 철학은 성립될
수 없으며 생동하는 기 내부의 자기 원인으로 운동한다는 점도 부정
될 것이다. 왕부지는 다음과 같이 언급한다.

　　"태극이 생동하여 양을 낳는다. 이것은 생동하는 움직임이다. 정하
여 음을 낳는다. 이것 또한 생동의 정이다. 쓸모없이 꼼짝하지 않고,
정하기만 하면 음이 어디서 생겨나겠는가? 한 번 동(動)하고 한 번
정(靜)함이란 닫히고 열림을 말한 것이다. 닫혔다가 열리고, 열렸다
가 닫힌다. 이것은 생동하는 것이다. 쓸모없는 정이란 생동이 꺼져
버린 것이다. 지극한 성(誠)은 쉬지 않는다. 하물며 천지는 어떠하겠
는가? 오직 하늘의 명은 정함에서 그치지 않으니 어떻게 정지가 있
겠는가?"38)
　　"정(靜)은 고요한 움직임으로써 움직이지 않는 것이 아니다."39)

---

37) 筆者는 太虛者와 本動者의 두 개 名詞를 同格으로 보고 太虛가 곧 움직임
　　의 現象이고 움직이는 自體가 太虛이기 때문에 同一한 狀況에서 同一한
　　本體이므로 本論에서는 太虛本動論이라는 用語로 계속 使用할 것이다. 王
　　夫之는 太虛는 根本的으로 自體가 生動하여 太虛絪縕作用으로 闔闢, 聚散,
　　出入, 往來, 屈伸, 幽明의 天命이 날로 내리고 人間은 性을 날로 받고 쉬지
　　않는 운동을 통해서 '천지의 덕은 변하지 않고'(天地之德不易) '天地의 변
　　화는 날로 새로워 지기'(而天地之化日新) 때문이라고 본다. 王夫之, 『周易
　　外傳』, 「繫辭下傳」, 5章, p.1044.
38) 王夫之, 『思問錄』, 內篇, 卷12, "太極動而生陽, 動之動也, 靜而生陰, 動之靜
　　也. 廢然無動而靜, 陰惡從生哉! 一動一靜, 闔闢之謂也. 絪闔而闢, 絪闢而
　　闔, 皆動也. 廢然之靜, 則是息矣. 至誠無息, 況天地乎! 維天之命於穆不已,
　　何靜之有!.", p.402.
39) 王夫之, 『思問錄』, 內篇, 卷12, "靜者靜動, 非不動也.", p.411.

왕부지의 음양 동정이론은 합벽도 생동의 한 양상이고 정지도 생동의 한 형태이며, 일동일정도 생동의 한 표현이다. 절대적 정지는 있을 수 없음을 강조한다. 왕부지가 이러한 기의 생동 관점에서 발전시킨 독창적인 이론이 바로 '변화일신발전관'(變化日新發展觀)이다.

"천성(天性)이란 삶의 이치이다. 날마다 생겨나서 날마다 이루어진다. 그렇다면 천명이란 어찌 다만 처음 태어날 때 잠깐의 명뿐이겠는가? (…) 대체로 하늘이 만물을 생성하는 그 변화는 멈추지 않는다."[40]

그리고 왕부지는 구체 세계의 기화(氣化) 유행하는 질적 변화에서 현상계는 부단히 생하며, 그리고 물질 운동은 나날이 새롭게 변화한다는 발전적 관점에서 사물의 표면적 현상에서 사물의 내재적 변화를 파악해야 한다고 강조하고 있다. 왕부지는 다음과 같이 천명한다.

"냇가에 흐르는 물은 지금과 옛날이 같아 보이나 지금의 흐르는 물이 옛날에 흐르던 물이 아니다. 등불이 어제와 오늘이 같으나 어제의 불빛은 오늘의 불빛이 아니다. 가까이 있는 물불은 쉽게 알지만, 멀리 있는 해와 달은 살피지 못할 뿐이다. 손톱과 털은 날로 생겨나고 오래된 것이 없어지는 것은 사람들이 알지 못한다. 그래서 지금의 해와 달이 먼 옛날의 해와 달이라 하고, 지금의 피부가 처음 태어났을 때의 피부라고 생각하니, 어떻게 날로 새로워지는 변화를 더불어 말할 수 있겠는가?"[41]

---

40) 王夫之, 『尙書引義』, 卷2, 太甲二, "天性者生理也, 日生則日成也. 則夫天命者, 豈但初生之頃命之哉. (…)夫天之生物, 其化不息.", p.299.
41) 王夫之, 『思問錄』, 外篇, "江河之水, 今猶古也, 而非今水之卽古水. 燈燭之光, 昨猶今也, 而非昨火之卽今火. 水火近而易知, 日月遠而不察耳. 爪髮之日生而舊者消也, . 人所知也, 肌肉之日生而舊者消也, 人所未知也. 人見形之不變而不知其質之已遷, 則疑今玆之日月爲邃古之日月, 今玆之肌肉爲初生之肌肉, 惡足以語日新之化哉.", p.454.

왕부지는 현상계에 나타나는 외적 변화과정은 쉽게 인식할 수 있
으나 그 속에 내재한 변화는 쉽게 느낄 수 없다고 한다. 그리고 그
것은 모두 변화하고 있는 과정 중에 있으며 변하지 않는 것은 없다
고 생각하였다. 그리고 그것에서 비록 변화하는 것을 느끼지 못한다
고 하더라도 실질적으로는 이미 변한 것이다. 만물은 여전히 날마다
새롭게 변화하고 있다. 이것은 기의 필연성으로 있는 영원한 존재
발전 과정이다. 이 과정은 취산, 출입, 왕래, 굴신, 합벽의 종합체로
아직 한 번도 그침이 없는 태화인온(太和絪縕) 작용의 끝없는 생동
태를 이루고 있다고 한다. 사실 장재는 태허를 본체로 간주하면서도,
태허 자체의 원활한 운동에 연달아 인간의 가시적 구체 세계의 기작
용의 운동을 언급한 부분이 적은 편이며, 오직 기의 운동 범위를 신
화로만 규정하고 신묘한 성질로 묘사했을 뿐 이었다. 그래서 유정동
은 장재의 우주론을 언급하면서, 장재는 "질료적인 기에서 왜 천차
만별의 다양태가 산출되지 않았는가의 이유를 밝히지 못했다고 한다.
그러므로 이것이 장재의 우주론이 갖는 최고의 약점이다"[42]고 정확
하게 지적하였다. 이와는 반대로 왕부지는 본체를 태극으로 간주하
고, 태극을 태허인온지기의 영원한 운동 속에 내포하고 태허 자체도
변함없이 동한다는 태허 본동론을 주장한다. 그리고 여기에서 출발
하여 발전시킨 이론이 바로 기화일신(氣化日新) 발전관의 변역론(變
易論)이다. 왕부지는 '이(理)는 기(氣)에 의존한다.'고 하며, "천하는
오직 기(器)일 뿐이다. 그리고 '도(道)는 기(器)의 도(道)'요, '기(器)
는 도(道)의 기(器)'라고는 말할 수 없다"[43]라고 하여 특수에 의하
여 보편을 말하고, 특수에 의해 보편이 존재하고 근거하는, 즉 특수

---

42) 柳正東, 『程朱의 太極論』, 韓國東洋哲學會編, 서울: 延世大學校出版部, p.99.
43) 王夫之, 『周易外傳』, 卷5 「繫辭上傳」, 第5章, "天下惟器而已矣. 道者器之道,
   器者不可謂之道之器也.", p.1027.

와 보편의 연계관계에 있다고 단언하였다. 여기에 입각해서 우리는 이제 왕부지의 도기론(道器論)을 살펴보도록 한다. 그 요지는 '기체도용'(器體道用)의 입장이다.

3) 도기론(道器論)

왕부지는, 사물은 자신의 법칙에 따라 운동하지 않음이 없다고 한다. 다시 말해서 왕부지는 구체 사물의 기(器)와 그것의 법칙적인 도(道)의 관계에서 도와 기가 서로 분리되지 않고 유기적 통일체로 환원시키는 관계에 있다고 보았다. 이 점에서 장재와 왕부지의 도기관(道器觀)이 동일한 관점을 보이고 있다. 우리는 왕부지의 도기론(道器論)을 언급하면서 먼저 그의 도(道)·기(器) 개념을 이해해야 할 것이다. 그러하다면 그가 주장하는 도는 이미 형기(形器)를 낳는 소이(所以)가 되며 존재 근거이고, 사물이 받아야 할 당연법칙이다. 그리고 형기를 발생하게 하는 공능역할을 하지만, 그와 달리 기(器)라는 개념은 볼 수도 있고 인간이 감지할 수도 있는 구체 세계의 객관사물이다. 본체인 도의 법칙은 구체적 형상이 없고 형체 중에 감추어지고, 형기(形氣)로 말미암아 도의 존재를 나타내 보인다. 형기는 감지할 수 있는 존재 형상이지만, 도를 싣고 있으며 형기는 도로 인하여 자신의 양능을 체현시키고 그것의 공효가 시공에 정해진다. 그래서 도와 기의 연계성으로 끊임없이 生하는 유가철학의 본질을 이룬다. 왕부지는 형이하자인 기(器)와 형이상자의 도(道)는 서로 떠날 수 없고 이 둘의 관계는 상호 의존적이며 필연적이라고 하였다. 그러므로 왕부지는 "일음일양(一陰·一陽)의 화합을 이루지 않음이 없고, 기(器)를 다한 즉, 도(道)는 그 가운데 내재해 있다"[44]라고 하

---

44) 王夫之, 『思問錄』, 內篇, 卷12, "統此一物, 形而上則謂之道, 形而下則謂之器,

36

였다. 장립문은 왕부지의 도·기의 관계를 다음 세 가지로 분류하고
그 논거를 일목요연하게 제시한다.

> "첫째로, 기(器)는 도 자체로 사물을 낳는 질료이다. 둘째로, 도는
> 음·양의 기(器)를 주지(主持)하고 분제(分劑)하는 것이다. 셋째로,
> 기와 도는 상호 자체가 되며 서로 떨어질 수 없는 관계에 있다."[45]

왕부지의 도는 구체 사물로부터 떨어진 절대 정신 개념이 아니고,
음양에 근원한 기(器)로써 물질성 본질의 개괄이다. 도가 천지 만물
을 떠나면 '허공에 의탁되어 고립된' 도가 되고 도는 기 중에 있고
기와 도는 서로 떠날 수 없는 상즉불리(相卽不離)관계에 있다. 그는
장재의 도를 계승하여 도를 실유로 간주하고 상위 범주와 하위 범주
로 구분한다. 전자는 자연의 기(氣)와 이(理)의 범주로, 후자는 구체
적 사물과 존재 법칙성, 즉 기(器)와 도(道)의 범주이다. 기(器)는
기(氣)의 흐름에 따라 형성된 구체적 사물 또는 현상이며, 기(器)와
도(道)의 범주는 기(氣)와 이(理)의 대전제 하에 전개되는 하위 범
주라고 할 수 있다. 왕부지는 하위 범주에서 출발한 경험적 영역의
견문지지 인식을 선천적인 덕성지지 인식보다 높이 평가하고 상달하
고 하학하는 것이 아니고 하학하고 상달하는 인식 체계를 세워서
'천하유기설'(天下惟器說)의 명제를 제기하고 기(器)에 대한 도(道)
의 관계를 자세히 해명한다.

> "위지(謂之)라는 것은 일컫는 관점에 따라 세우고 이름 붙인 것이
> 다. 상하라는 것은 처음부터 정해진 경계가 없고 논의하는 관점에
> 따라 일컫는 것이다. 그렇다면 상하에 특수한 경계란 없으며 도(道)
> 와 기(器)가 서로 몸이 다르지 않다는 것이 명백하다. 천하에는 오

無非一陰一陽之和而成. 盡器則道在其中矣.", p.427.
45) 張立文, 『理』, 中國哲學範疇精粹叢書, 道與氣理器的關係, p.280.

직 기(器)뿐이다. 도(道)라는 것은 '기(器)의 도'(道)이며 기(器)를
'도(道)의 기'(器)라고 일컬어서는 안 된다"[46]

왕부지는 구체 사물의 기(器)와 그에 따르는 법칙의 도(道), 즉
'기(器)의 도(道)'로 일관시켜 내재론(內在論)의 체계를 엄격히 구분
하고 있다. 그는 노장의 허(虛)와 무(無), 불가의 적(寂)과 멸(滅)[47]
을 부정하고 정주(程朱)의 이일(理一)을 비판하고 '기(器)에 의거할
때 도는 존재하고 기를 떠난 도는 허물어진다.'라고 하였다. '도(道)
와 기(器)는, 시공에는 분리되지 않으며', 도는 천의 위대한 작용이
유행함에 있어서 반드시 준수하게 될 필연성이다. 왕부지는 『역』 전
체가 통 시공의 추상적 원리를 내재시키고 시공의 제한을 받는 구체
적 실체성에 밀착하여 사물 본성이 유동적인 생성구조에 근거한 내
재적 기 철학 체계를 확립하였다.

2. 왕부지의 주자학 비판과 수용

1) 이일이분수(理一而分殊)와 일이분수(一而分殊)

주희(1130-1200)는 세계의 본질 원리와 구체 세계를 주리적 관점
에서 종합하고자 하였다. 그리고 그는 '존재론'에서는 기보다 이에 우
월성을 두고 자신의 철학, 즉 주리론을 전개하였고, '존재'의 입장에
서는 현상적 기의 국한으로 인해서 이원론에 부딪혀 세계를 이일이

---

46) 王夫之, 『周易外傳』, 卷1, 「繫辭上傳」, 12章, "謂之者, 從其謂而立之名也. 上
下者, 初無定界, 從乎所擬議而施之謂也. 然則上下無殊畛, 而道器無異體, 明
矣. 天下惟器而已矣. 道者器之道, 器者不可謂之道之器也.", p.1027.
47) 王夫之, 『周易外傳』, 卷1, 「繫辭上傳」, 12章 p.1028.

분수설(理一而分殊說)의 구조를 세우고, 이(理) 중심의 유가철학체
계를 확립하였다. 주희의 세계는 우주 만물의 본원이 태극이고 이
(理)이다. 이 이(理)는 형이상자로서 중정(中正)이며, 기와는 완전히
구별되며 완전 자족이다. 이것은 인간에 의한 감정도 없고, 정의도
없고, 조작할 수도 없는 자신의 독립성과 순수성을 갖는다. 그런데
주희는 이 이(理)에 대한 기(氣)의 질료성(質料性)을 나타내는 데는
상당히 어려움에 놓이게 되어 부득이 이기이원론(理氣二元論)을 형
성시키지 않으면 안 되었다. 다시 말해서, 본체로서 구체 세계를 현
시하지 않으면 그의 철학 자체는 공활하며 무의미하게 되기 때문에,
구체 세계의 기(氣)를 통해서만이 이(理)는 자존하고 자기의지를 실
현하게 되며 또한 본체로서 자격이 주어지게 된다. 우리는 주희가
이 점에 대하여 기(氣)의 국한성을 어떻게 처리하였는가를 검토해보
고자 한다.

　주희에 있어서 현상의 구체 세계는 이(理)와 기(氣)를 공유하고
있으며, "반드시 이(理)를 품수함으로써 존재의 본성이 있게 되고,
기(氣)를 품수함으로써 형태가 갖추어지는 것이다"[48]라고 하였다.
그러므로 이(理)는 자체에 자족하고 있는 보편성만으로 인정되는 것
이 아니고 기(氣) 속에 받아들여져 통합할 수 있는 내재조건을 구비
해야 한다고 한다. 예컨대, "대황(大黃)은 부자(附子)가 될 수 없고
부자는 대황이 될 수 없다"[49]고 한 의미에서 '대황'이 '대황'되는 까
닭은 바로 대황이 지닌 성(性) 때문이다. 그리고 성(性)은 본래 음
양이기가 응결된 것이기 때문에 유별로 사물들의 성질과 개체가 각
각 다를 수밖에 없다. 이것은 천리(天理)가 이미 형질에 내재해 있
기 때문에 성(性)을 말한 까닭이다. 이점에서 주희는 이(理)가 하나

---

48) 朱子, 『性理大全』, 卷26, "必禀此理然後有性, 必禀此氣然後有形."
49) 朱子, 『性理大全』, 卷29, "大黃不可爲附子, 附子不可爲大黃."

(一)라고 함에서 통체(統體)에 적용시키고 개체의 다른 성(性)에서 각구(各具)로 적용시켜 분수(分殊)를 고수하였다.

> "사람마다 하나의 태극(太極)을 갖추고 사물마다 하나의 태극(太極)이 있다. 합(合)에서 말한다면, 만물이 통체일태극(統體一太極)이고 분(分)에서 말한다면, 일물이 각구일태극(各具一太極)을 갖추고 있다."[50]

그러면 주희가 '보편원리'와 '특수원리'를 세우는 근거는 어디에 있는가? 태극의 보편원리는 순수세계라는 점에서 가능할지 몰라도 일물에 보편원리를 제시함은 논리상 타당성이 결여되어 있다. 그러므로 주희는 '통체일태극'을 만물의 보편원리로 삼고 또한 '각구일태극'은 구체사물의 특수원리에 배당시켰다. 하나의 태극 즉 이(理)를 '통체'(統體)와 '각구'(各具)로 배당시키고 부득이 이일이분수설을 드러내지 않으면 안 되었던 것이다. 주희의 주리론 체계는 이(理)의 무한성 때문에 통합적 과정은 순조롭게 수행될 수 있지만, 이(理)를 각구일태극의 특수원리로 적용하는 데는 기(氣)의 국한성(局限性) 때문에 이러한 난점을 안고 이일이분수설(理一而分殊說)의 이원적 정체성을 드러낼 수밖에 없다. 그러하다면, 주희의 언급에 주목해 보도록 하자.

> "소위 이(理)와 기(氣)는 결코 이물(二物)이다. 다만 재물상간(在物上看)에서 말한다면, 이물은 혼륜하여 분개할 수 없고 각각 일처에 있다. 이물은 서로 서로 훼방하지 않고 일물이 된다. 재리상간(在理上看)에서 말한다면, 비록 실재의 사물이 존재하지 않아도 물의 이치는 있었다. 다만 이미 실유(實有)하는 물이 있지 않아도 그 이는 있었을 뿐이다."[51]

---

50) 朱子, 『朱子語類』, 卷94, "人人有一太極, 物物有一太極, 合而言之, 萬物統體一太極, 分而言之, 一物各具一太極.", p.2371.
51) 『朱子集』, 卷46, 「答劉叔文」, "所謂理與氣決是二物, 但在物上看 則二物渾淪

바로 이러한 점에서 명대의 유학자 나흠순(1465-1547)은 주자학의 이(理)가 기(氣)에 대한 통제성이 완벽하지 못하다고 비판하였다. 즉 나흠순은, "이(理)와 기(氣)가 분명히 두 개의 다른 존재라 하고 둘로 갈라 버리는 오류는 주자철학의 통일적 세계 원리상에서 가장 큰 맹점이다"[52]라고 비판하였다.[53] 보편자의 이일(理一)이 현상계의 다양한 모습으로 분수되는 것은 구체세계에는 다양한 층 차가 있기 때문이고, 참차부제(參差不齊)하다고 함은 기(氣) 형질의 제약으로 인해서 오는 것이다. 기가 스스로 가지고 있는 청탁이라는 이(理)와 기(氣)의 구성 요소로 현상계의 기(氣)가 이의 공효를 실현시킬 수도 있고, 엄폐할 수 있는 독자성을 갖기도 한다. 이 점에서 통제원리가 되는 "주희의 이(理) 개념이 위협받게 되며, 이(理)와 기(氣)의 유기적 관련성을 갖지 않고는 주희 철학의 논리성은 보장받기 어렵게 된다."[54] 그리고 이 점과 관련해서, 조선후기 유학자 율곡 이이(李珥, 1536-1584)는 "만약 주희가 진실로 이(理)·기(氣)가 상호 발용(發用)하여 상대적으로 각각 발현된다면 주희 또한 오류를 범한 것이 되니 어찌 주희일 수 있겠는가."[55]라고 하며, 또한 "발하는 것은 기(氣)이고 발하게 하는 소이(所以: 까닭)가 이(理)이다. 기(氣)가 아니면 발할 수 없다"[56]라고 하여 주희의 이(理)에 대한 추상성과 비실체성만으로는 세계의 통일적 통제 원리에 정합성이 상실된다

不可分開 各在一處, 然不害二物之各爲一物也, 若在理上看, 則雖未有物而有物之理, 然亦但有其理而已未嘗實有是物也."p.114.

52) 羅欽順, 『困知記』, 卷上, 北京: 中華書局, 1990, p.15.
53) 金得晩, 「明儒氣論探微: 羅欽順의 氣論을 中心으로」, 『哲學研究』(第63輯), 大韓哲學會, 1997, pp.2~7, 參照.
54) 崔英辰, 『東洋哲學研究』, (一輯), "奇蘆沙의 理一分殊說에 關한 考察, 1980.
55) 『栗谷全書』, 卷10, 書2, "若朱子眞以爲理氣互有發用 相對各出則是朱子亦誤矣, 何以爲朱子乎.", p.202.
56) 『栗谷全書』, 卷10, 書2, "大抵發之者氣也, 所以發者理也, 非氣, 則不能, 發非, 則無所發.", p.198.

고 비판하였다. 그리고 이이(李珥)는 이러한 주자학의 맹점을 보완하기 위해 '이통기국설'(理通氣局說)을 주장하게 된다. 정주철학에서 본체론, 존재론이 이본론(理本論)으로 전개되어 왔음은 주지의 사실이다. 이(理) 자체에 우월한 가치가 부여되어 이(理)는 상존되고, 거기에 응하는 기(氣)의 존재는 이(理)의 부수적 '지게미'(조粗), 그리고 '찌꺼기'(사재渣滓)로 평가 절하시키는 등 순수하지 못한 하등의 물질로 폄하시켰다. 이점에서 왕부지는 장재의 일물양체설을 계승하여 본질 세계와 구체 세계의 무리 없는 통일관을 제시하고, 『역』의 형이상을 도(道)라 하고 형이하를 기(器)라 하는 입장에서 주희가 주장한 이(理)를 도(道)로, 기(氣)를 기(器)의 개념으로 전환시키고 본질 세계를 구체 세계 속에 통일시킨다.

"형이상은 형태가 형성되지 않아 숨겨져 있지만 어길 수 없는 천칙(天則)이다. 이 천칙은 화하고 사람은 마음의 작용으로 삼으며 형체가 저절로 생겨나는 것이니 드러나 보이지 않는다. 형체가 이미 이루어진 뒤에 형체를 볼 수 있다. 그러나 형체의 쓰일 수 있는 바는 당연히 그 양능을 공효로 하는 것이다. 예컨대 '수레에 실을 수 있음'과 '그릇의 담을 수 있음'과 '부자 사이에 효도와 인자함이 있음', 그리고 '군신 사이의 충과 예' 등은 형체 속에 숨어서 드러나지 않는다. 이 두 가지는 이른바 당연지도이며 형이상자이다. 형이하는 형체가 이미 구체적 개별자들에 이루어져 볼 수도 있고, 만질 수도 있다. 형이상의 도는 드러나지 않지만 반드시 형체가 있는 것이니 그런 뒤에 앞서 그것을 이룬 까닭으로 양능이 드러나며, 뒤에 그것이 쓰이게 될 소이로서 공효가 정해진다. 그러므로 형이상은 형태로부터 분리되지 않는다. 도(道)와 기(器)는 서로 여의지 않는다.(…) 사람들이 사용하는 것은 기(器)이며 그들을 고무시켜 사업을 일으키는 것은 도로서 성인의 의지가 담겨 있다. 그러므로 '도(道)'와 '기(器)'를 합하여 상하의 이치를 다하면 성인의 의지는 드러난다."[57]

57) 王夫之, 『周易內傳』 卷5, 下, 「繫辭上傳」, 第12章, "形而上者, 當其未形而隱然有不可踰之天則, 天以之化, 而人以爲心之作用, 形之所自生, 隱而未見者也.

　왕부지 철학에 있어서의 '형이상'의 개념을 우리는 어떻게 이해할
수 있을까? 그것은 대략 두 가지로 분류될 수 있다.

　첫째로, 그것은 구체 사물이 존재하기 이전 하늘의 법칙, 즉 시공
에서 국한되지 않은 천속에 모든 구체 사물을 하나(一)로 보는 법칙
이고, 둘째로 현상에 형태가 존재하고 난 뒤 그것에 내재하여 개개
사물들이 각각 재료의 역할을 공효로 드러낸다. 다시 말해서 구체
사물에 숨어서 드러나지 않는 단계에서 그것을 실유토록 해 주는 타
고난 양능과 구체 세계에 존재되어 '보편성이 특수성 속에 깃들어'
하나의 통일체를 이룰 때 사용하는 것의 공효로 드러나는 바로 그러
한 존재이다. 왕부지가 주장하고자 하는 형이상은 비록 드러나지는
않지만 반드시 존재하고 있는 형태에 내재해 있음으로, 형이상으로
는 실유(實有)인 바 "원리와 형체는 분리될 수 없다."[58] 그리고 형
이상은 실유로 바탕을 이룬 형이하자로 환원되어 각각 형태 속에
"동시 동존하는 합일 체"[59]이기도 하다. 그리고 그는 도를 형이상자
로 이해하는 데는 추상적이고, 비현실적이며 허구성을 갖는다는 철
저한 유물론의 입장에 서 있었다. 이 점에서 "도의 위대한 근원은
'천(天)'에 있고, 만물의 위대한 근원은 오직 '천지'에 둔다."[60]고 하
였다. 그는 천을 실유로, 천지를 구체세계의 만물근원으로 하여 논리
를 전개시킨다. 이것은 도가 기(器)에 의거할 때 세계의 통일적 해

及其形之旣成而形可見, 形之所可用以功其當然之能者, 如車之所以可載, 器之
所以可盛, 乃至父子之有孝慈, 君臣之有忠禮, 皆隱於形之中而不顯. 二者則當
然之道也, 形而上者也. 形而下, 卽形之已成乎物而可見可循者也. 形而上之道
隱矣, 乃必有其形, 而後前乎所以成之者之良能者, 後乎所以用之者之功效定,
故謂之形而上, 而不離乎形. 道與器不相離(…) 民用, 器也. 鼓舞以興事業者,
道也, 聖人之意所藏也. 合道, 器而盡上下之理, 則聖人之意可見矣.", p.568.

58) 王夫之,『周易內傳』, 卷5, 下,「繫辭上傳」, 第12章, "道與器不相離" p.568.
59) 王夫之,『讀四書大全說』, 卷7,「論語」, 陽貨篇, "而氣以函理" p.857.
60) 王夫之,『尙書引義』, 卷4,「泰誓上」, "道之大原惟天, 萬物之大原惟天地.", p.323.

명이 가능해 진다는 것이다. 주희의 이(理)는 순수하고 실유성이 없는 공활한 세계이다. 그러므로 그는 이일이분수의 논리를 주장한다. 주희에게 있어서 이(理)는 태극과 동의어이다. 이일이분수(理一而分殊)의 이론에 대해 좀더 살펴보자.

접속사 '이'(而)의 자원(字源)에는 대략 두 가지 역할이 있다. 하나는 '순접'의 접속사이며 또 하나는 '역접'의 접속사로 사용한다. 주희의 '이일이분수'에서의 '이'(而)는 순접 접속사에 해당되나, 왕부지의 '일이분수'(一而分殊)에서의 '이'(而)는 역접 접속사의 역할에 속한다.

주희는 태극·이의 관점에서 통체일태극(統體一太極), 즉 순수세계에서 비롯하여 순접의 접속사 '이(而)'로 연결시켜 만사 만물이 분수되는 논리 구조를 세웠다. 주희의 일차적 관심은 태극과 이에 있고 이차적으로는 분수에 있다. 반면, 왕부지는 본체의 도 차원에서 일이분수(一而分殊)의 논리를 주장한다. 도 자체가 공허하고 비구체적 세계로 보는 입장에 있기 때문에, 천지를 실유(實有)·실사(實事)·실물(實物)에서 본원으로 삼아 이일(理一)은 원리로서 이차적이고 오히려 중심이 분수 쪽에 놓이게 된다. 그러므로 왕부지에 있어서 분수를 떠난 일이란 존재하지 않는다. 이 점이 바로 주희와 왕부지의 상이점이다.

주희는 '이일'(理一)의 원리 속에 분수의 구체 세계를 포괄하고 있지만, 왕부지는 '일의 원리'를 구체물 속으로 끌어내려 분수 속에 내재하도록 하고 보편과 특수를 동시에 갖고, 도(道)가 기(器)를 떠나는 것은 용납하지 않음으로 기존의 주리적 유가철학과는 여실히 다른 점을 보이고 있다. 왕부지는 주희 식의 이에서 떨어진 기의 입장을 부정하고, 실유인 기에서 떨어진 이는 허라 하고 천지는 실(實)로 간주되어, 허(虛)는 나눌 수 없고 실은 나눌 수 있다고 본다. 구체적 천지는 실유하는 기이기 때문에 나눌 수 있고 분수할 수 있다

44

는 내재조건을 형성시킨다. 주희의 '이일이분수설'에 대한 왕부지의 비판을 통해 우리는 왕부지 내재적 기 철학의 목적이 현상세계 '실유성(實有性)의 해명(解明)'에 있다는 것을 확인할 수 있다. 왕부지는 다음과 같이 주장한다.

> "선유는 달이 만천에 비취는 것으로 견주는 것은 잘못이다. 냇물에 비친 달은 진실한 달이 아니다. 달에서 떠난 그림자다. 냇가에는 본래 달이 없다. 냇물에 비친 달을 자식으로 보고, 하늘에 있는 달을 부모로 본다면 천월(川月)은 그림자가 되어 버린다. 자식은 본래 그림자로 존재하는 것이 아니다."61)

이것은 하늘에 실유(實有)하는 달이 냇가에 그림자인 달을 허구(虛構)로 만들어 내는 격이 된다. 주희에 있어서 일(一)과 다(多)는 보편과 특수의 관계인데 추상적인 이일(理一)이 실유의 만천에 분수된다는 것은, 이원화된 환영의 논리로 자신의 논리를 전개하는 주희철학의 부정합성을 잘 드러낸다. 따라서 왕부지에 있어서 기(器)란 특수자로써, 그는 예제(禮制), 정형(政刑), 제도(制度), 문장(文章)도 역사발전의 추세로 보아서 관념적인 도와 실유의 기(器)로 구분될 수 있다고 보고 '기(器)를 실현하면 도(道)는 거기에 관통하지 않음이 없다'고 주장한다.

> "도(道)가 없으면 기(器)가 없다는 것을 인류는 쉽게 말한다. 비록 그러기는 하지만 진실로 기(器)는 있는 것이니 도가 없음을 어찌 고민하겠는가? 군자가 모른 바를 성인이 알고 성인이 할 수 없는 것을 필부 필녀가 할 수 있는 경우도 있다. 그것은 진리(誠然)인 것이다. 태고의 미개 시대에는 '읍양(揖讓)의 도'(현인에게 왕위를 양위

---

61) 王夫之, 『尙書引義』, 卷4, 「泰書上」, "先儒之以月落萬川爲擬者, 誤矣. 川月非眞, 離月之影, 而川固無月也. 以川月爲子, 以月爲父母, 則子者父母之幻影也. 子固非幻有者也.", p.325.

함)가 없었고 요순시대에는 '조벌(弔伐)의 도'(백성을 구제하기 위해 폭군을 정벌함)가 없었다. 한당 시대에는 '오늘날의 도'가 없었다. 그렇다면 오늘날에는 '다음 시대의 도'가 없는 것이 많다. 활과 화살이 없다면 사도(射道)가 없고, 수레와 말이 없다면 어도(御道)가 없다. 희생물(소, 양, 돼지)과 술, 구슬, 폐백, 편종, 편경, 관악기, 현악기 등이 없다면 '예악의 도'가 없다. 자식이 없다면 어버이의 도가 없고, 동생이 없다면 형의 도가 있을 리 없다. 물론 도는 있을 수 있지만 실제로 없는 것이 많다. 그러므로 기(器)가 없다면 도(道)가 없다는 것은 확실한 말이다. 다른 사람들이 세밀히 살피지 못하고 있을 따름이다."[62]

왕부지는, 다스림의 대상은 형이하자의 기(器)에 근원하며 형이상자의 추상관념의 이(理)는 아니라고 한다. 기가 있어야 기로 인해 도는 성립된다. 왕부지는 공효로 드러난 도를 터득하여 인간 개인의 수양으로 삼아야 하고, 또한 다양한 구체세계의 지식과 하학의 천형(踐形)함에서 본질을 구현해야 한다고 주장한다. 또한 그는, 인간은 어느 한 세계를 정해 놓고 목표에 도전하는 것이 아니고 구체세계에서 기(器)의 본질을 궁구할 때, 본질적 상달의 지식과 분리할 수 없는 통일체에서 활연관통의 경지로 나아간다고 보았다.

사실, 왕부지는 주자학적 주리론의『사서집주대전』을 주기론적 입장에서 수정하여『독사서대전설』을 저술하였고,『역전』과 장재의『정몽』을 발전시켜『장자정몽주』를 편집하였으며, 또한 이를 통해 자신의

---

62) 王夫之,『周易內傳』, 卷5,「繫辭上傳」, 第12章, "無其道則無其器, 人類能言之. 雖然, 苟有其器矣. 豈患無道哉! 君子之所不知, 而聖人知之, 聖人之所不能, 而匹夫匹婦能之, 人或昧於其道者, 其器不成, 不成非無器也. 無其器則無其道, 人鮮能言之, 而固其誠然者也. 洪荒無揖讓之道, 唐虞無弔伐之道, 漢唐無今日之道, 則今日無他年之道多矣. 未有弓矢而無射道, 未有車馬而無御道, 未有牢醴璧幣, 鐘磬館絃而無禮樂之道, 則未有子而無父道, 未有弟而無兄道, 道之可有而且無者多矣. 故無其器則無其道, 誠然之言也, 而人特未之察耳.", p.1028.

방대한 내재적 기 철학구조를 완성시킬 수 있었다. 이러한 작업은 바로 실유를 바탕으로 통일적 원리에 대한 정확한 목표 하에서 이루어진 것이다. 그는 만상에 관통하기 위해 배우고, 묻고, 생각하고, 분별하는 것이 모두 도에 수렴된다고 보았다. 그러므로 우리는 왕부지 철학에 있어서 도(道)와 기(器)의 일원적구조가 바로 '기(器)'에 대한 도(道)', '기(氣)에 대한 이'(理), '원리는 실유에 내재한다.'는 내재적 기 철학으로 특징 지워진다는 사실을 알 수 있다.

2) 왕부지와 주희의 인식론

서양철학에 있어서 '인식론'은, 인식에 대한 일관성, 확실성, 한계성이 뛰어난다. 그리고 서양철학자들은 이 인식론을 본체론이나 존재론과 분리시켜서 자신의 철학 논리를 철저히 해 왔다. 그러나 이와는 반대로 동양철학에서는 인식론을 다른 철학 분야와 독립시켜 서술하지 않고, 본체와 발용을 겸해서 '도덕적 수양'으로 지식론의 과정에서 통합적으로 발전시켰다. 이 지식론은 경험세계 속에 광범위하게 존재하는 특수영역과 합하게 됨으로서, 인간이 어떻게 한계성을 극복하고 절대에 도달할 수 있는가를 설명한다. 이것은 인식주체의 인간 내면에 선천적 능력을 갖고 영지(靈知)한 마음을 통해 사물에 들어있는 이치를 깊이 궁구해 감으로써 가능해진다. 주희는 인식성립이 인식주체와 인식대상의 관계로 인해, 대상에 있는 이치는 마음이 바르게 사물과 연관된 상황과 더불어 하나의 획일 처에 도달할 때만이 활연관통을 얻을 수 있다고 생각하였다. 주희의 인식론은 '치지(致知)는 격물(格物)에 있다'는 말로 요약된다. 그리고 그는 대상과 주체 관계를 설명하면서, "치지와 격물이 다만 한 가지 일일뿐이니, 오늘 격물하고 내일 다시 치지하는 것이 아니다. 격물은 이(理)

를 말하고 치지는 심(心)을 말한다."[63]라고 하였다. 그리고 주희는, 인식주체는 단일체임으로 일사(一事)의 극지(極至)함에서 바로 이(理)의 궁구함이 심(心) 내면에 확증되고, 확증된 것은 다시 사유관계의 논리 단계를 형성한다고 보며, 이것이 이른바 치지라고 생각하였다. 그리고 주희는 『대학』경문을 해설하면서, '격'(格)을 '지'(至)로 풀이하고 또한 '물'(物)은 '사'(事)와 같다고 하였는데, 이러한 이해 방식에 있어서 심(心)은 물(物)과 필연적 감응관계에서 설정된다. 이것은 인간의 주체가 대상 속에서의 본질을 궁구하고 대상 본연에 접근해야 할 때, 비로소 '즉물 내면의 이치는 궁구 된다'는 의미이다. 주희는 다음과 같이 자신의 논지를 전개한다.

> "『대학』에서 격물만 말하고 궁리를 말하지 않는 까닭은 이치를 궁구함이 허공에 매달린 것 같아 근거할 것이 없음으로 '격물'이라 말한 것이니 먼저 형이하의 기(器)에 나아가 나중에 형이상의 '도(道)'를 탐구하는 것이다."[64]

물지(物至)와 극지(極至) 그리고 '지극함에 이르러 추구함'은 주희 인식론의 특징인데, 이것은 구체 세계에서 비롯하여 본질 세계의 은밀한 이치를 추구하려는 인간의 '성'(誠)을 강조하는 것이다. 그는 이러한 인간의 성실성이 도(道) 자체를 그 내면에 포함하고 있다고 생각하였다. 한편 주희는 인식주체에서 "마음이란 신령스런 밝음이니 상(象)과 이(理)를 갖추는 까닭으로 만사에 응한다."[65]라고 하였다. 여기에서 그는 마음을 주체와 발용으로 나누고 주체측면에서는 성

---

63) 『朱子語類』, 卷15, "致知格物只是一事, 非是今日格物, 明日又知致知格物, 以理言也, 致知而心言也.", p.185.
64) 朱子, 『朱子語類』, 卷62, "大學所以說格物却不說窮理 蓋說窮理則似懸空無捉摸處 只說格物則只就那形而下之器 上便尋形而上之道也."
65) 孟子, 『孟子』, 「盡心章注」, "心者人之神明, 所以具象理而應萬事."

48

(性: 인간에게는 성(性)이며 사물에서는 이(理)로 구별됨)이라고 하며, 발용 측면에서는 정(情)이며 감(感)이라고 하였다. 그리고 성(性)은 무형, 무위하지만 고요함을 잃지 않는다고 보았으며, 반면 정(情)은 발용 할 수 있고 언제나 사물과 동적인 감응관계를 이룬다고 보았다. 그래서 주희는 이 두 부류의 〈성(性)과 정(情)〉, 〈은(隱)과 현(現)〉, 〈체(體)와 용(用)〉은 서로 상대적이어서 "심(心) 주체는 성(性)과 정(情)을 통섭해야 한다."[66]라고 주장하였다.

"영처(靈處)는 마음인가? 아니면 성(性)인가? 영처(靈處)는 다만 심(心)이요, 성(性)이 아니다. 성(性)은 이(理)일 뿐이다."[67]

"빈듯하며 신령스럽고 어둡지 않고 궁극을 깨달을 때까지 막힘이 없음이 곧 마음이다."[68]

주희는 인식주체와 인식대상을 종합하여 말하는 가운데 체(體)와 용(用)중에서 용(用)보다는 체(體)에 비중을 두고 있다. 이와 관련한 주희의 주장을 들어보자.

"『대학혹문』에서 말하기를, 심(心)의 체(體)는 이(理)를 갖추고 있고(…) 심(心)의 발용(發用)은 실제로 인간의 마음을 벗어나지 않는다.(…) 요컨대 이(理)는 물(物)에 있거나 나의 몸에 있거나 동일한 것이다."[69]

주희는 인식주체를 영처(靈處)라 하고 이 영처에는 이미 만리(萬理)를 갖추고 있다고 믿었다. 그래서 그는 인식주체는 '이(理)를 수

66) 孟子, 『孟子』, 「公孫丑注」, "心統性情者也."
67) 朱子, 『朱子語類』, 卷5, "問靈處是心抑是性, 曰: 靈處只是心, 不是性, 性只是理."
68) 『大學』, 經, 一章, 小注, "虛靈不昧便是心."
69) 『朱子語類』, 卷18, 第5章, "大學或問云 心雖主乎一身 (…) 然其用實 不外乎人心 (…) 要之理在物與在吾身只一般.", p.416.

용하는 요체'이고, 인식대상은 '심(心)의 발용'(發用)이라고 보았다. 그러므로 주희는 '주체와 대상'이 모두 심(心)에 의해 통괄되며 심(心)중에서도 오직 주체가 대상을 통일시킨다고 생각하였다. 주희의 지행론(知行論)은 겉으로 보기에는 지(知)·행(行)의 상응관계에 있어 보일지라도 인식주체를 지(知)의 극지처(極至處) 또는 요처(要處)로 위치 지움을 볼 때, 이것은 단연히 '선지후행'(先知後行)하는 객관적인 관념론의 연결선 상에서 인식론을 주장하는 것이라 볼 수 있다.

갈 영진은 왕부지의 인식론에 대해, "자연과 인간관계를 자연유물론과 변증법의 소박한 형태로 결합시켜 '자연을 인간이 다스리고,' '인간이 자연을 창조하는' 실사실유(實事實有)의 탁월한 논점을 제기시켰으며, 중국 고대철학에서 여러 차례 토의되어 왔던 천인지제설(天人之際說)로써 과학적 방법으로 접근하였다"[70]라고 평가하였다. 한편 왕부지는 이렇게 말하고 있다.

"인간이란 자연에 근원하고 객관 법칙성에 순응하여 형기(形氣)에 응취하니 오상(五常)과 백행이치(百行理致)를 알 수 없는 것이 없고, 인식이 가능하지 않음이 없다. 이에 그것을 일컬어 성(性)이라 한다. 인간이 성을 갖고 사유 기관에서 함유하고 사물과 감하여 관통하게 되니 사물의 형상이 드러나고 '숫자가 베풀어지고', '개념이 서고', '의미가 발생'하며 까닭을 학습하니 그것이 기관·사유·대상이다. 이 세 가지가 서로 만나 인식이 발생한다고 한다. 이러한 연유로 성(性)은 인식되고 지각하니 이것이 서로 함취하는 가운데 사유가 통일된다고 한다. 이를 일컬어 정신 사유라고 한다."[71]

70) 葛營晉, 『中國哲學範疇史』, 黑龍江人民出版社, 1985, pp.163~183.
71) 王夫之, 『張子正蒙注』, 卷1, 太和篇, "原於天而順乎道, 凝於形氣, 而五常百行之理無不可知, 無不可能, 於此言之則謂之性. 人之有性, 函之於心而感物以通, 象著而數陳, 名立而義起, 習其故而心喩之, 形也, 神也, 物也, 三相遇而知覺乃發, 故緣性生知, 以知知性, 交涵於聚而有問之中, 統於一心, 緣此言之則

왕부지는 인간의 인식이 발생하려면 세 가지 통일성이 있어야 된다고 하였다. 그리고 그는 인간의 감각 기관(形), 사유 활동(神) 및 객관 대상(物)이 하나로 통일될 때, 비로소 인식은 발생되지만 만약에 세 가지 중 하나라도 결여된다면 인식은 발생할 수 없다고 강조하였다. 그리고 그는 인식이란 인식주관과 인식대상, 즉 주관과 객관의 상호 관계에 있다고 주장한다. 그리고 사유의 반복과 주관에서 일어나는 표상들을 체계화하고 개념(立名)·판단(起義)·추리(習故) 과정을 거쳐 사유의 객관세계에서 이법에 도달하게 될 때, 주체로서의 인간은 천인무간(天人無間)의 세계에 우뚝 설 수 있다고 보았다. 또한 왕부지는 감각기관의 주체적 능동성을 말살하면 인식 활동이 존재할 수 없다고 보았다. 주희는 주관과 객관이라는 구조에서 심(心)과 물(物)에 대한 관계를 심(心)과 이(理)의 관계로 전환하여 사물의 이치를 궁구해 내는 인식으로 해명하였다. 이와는 달리, 왕부지는 인식주관과 인식대상이 합치하고 분리되며 그리고 소멸되고 성장할 때, 비로소 구체 세계에 나타나는 가시적 실용의 공효에서 사물 속의 이(理)는 궁구된다고 주장한다. 그의 논지를 일목요연하게 확인할 수 있는 구절을 살펴보도록 한다.

"만물이 이루어지는 것은 주체와 객체의 착종관계(錯綜關係)에서 성립된다.(…) 쇠는 불을 얻고 나서 그릇을 이룰 수 있고, 나무는 부시 돌과 어울려서 불이 일어나기 마련이다. 오직 천하의 대상은 인간의 인식작용과 합치하고, 분리하며, 소멸하고, 성장되어, 나의 인식작용을 성취한다. 그렇지 않으면 사물은 각각 스스로의 사물로서, 나의 작용을 얻지 못하면 인식대상의 물로 간주 할 수 없다."[72]

謂之心.", p.33.

72) 王夫之, 『張子正蒙注』, 卷3, 動物篇, "萬物之成, 以錯綜而成用.(…) 金得火 而成器, 木受鑽而生火, 惟於天下之物知之明, 而合之, 離之, 消之, 長之, 乃成 吾用. 不然, 物各自物, 而非我所得用, 非物矣.", p.106.

왕부지는 주체와 객체의 관계에서 주체는 객체에 의존하고, 객체
는 주체를 기다리는 대대관계에서 서로 '이루고'(成之) '쓰임'(用之)
으로 말미암아 인식은 착종(錯綜)을 이룬다고 보았다. 즉, 이것을 그
는 인식대상들이 서로 화합하고, 여의고, 소멸하고 성장하는 가운데
인간은 자연개조의 활동에서 인식주체가 인식대상과 응사 접물할 때
이(理)는 체득하게 된다고 믿었다. 주관과 대상이 만나지 않으면 '사
물은 스스로 사물'(物自物)이며, 인식주관과 관여한 전일(全一)된 사
물이 아님을 밝히고 있다. 왕부지의 인식론은 인간의식 속에 대상과
주체가 인식되는 그러한 주관관념이나 혹은 객관관념과는 분명한 차
이가 있다. 왕부지의 인식론은 '삶을 두텁게 하고'(厚生), '작용하여
이로움을 주는 것'(利用), 즉 "추상성과 허구성이 배제된 인간 성실
성에 바탕"73)을 한 그러한 인식론으로서, 그에게 있어서 인식과 실
천은 분리되어 있는 것이 아니고 상호 전화하는 통일 상태에 있다.

3. 왕부지의 불가(佛家) 비판

1) 능(能)과 소(所)

불가에서는 일반적으로 '외부 대상을 단절'(絶物)하고 심지어는 '인
식 주체까지도 단절'(絶己)해야만 돈오(頓悟)의 경지에 도달할 수
있다고 주장한다. 그리고 일체는 공관(空觀)에 입각한 본체(本體)를
세워야 한다고 보며, 또한 구도자는 그 스스로가 체험하고 인식한
그러한 깨달음을 인식의 원천으로 삼아야 한다고 주장한다. 여기에

---

73) Alison Harley Black, *Man and Nature in the Philosophical Thought of
Wang Fu-Chih*, University of Washington Press 1989, pp.52~53.

대해 왕부지는, 불가에서는 일체 대상을 '환색(幻色)'으로 보고 본체를 실현하는 수단으로 대상이 절물(絶物)됨으로 따라서 본체도 자동적으로 상실되는 완멸(完滅)의 세계관(世界觀)이 되고 만다고 강력하게 비판한다.

왕부지는, 인간의 제반 활동은 물(物)과 연계되어 사고하고 삶을 영위하며 그것에서 발생하기 때문에 문제의식들은 사물과 관여해서 갈등을 겪기도 하고 해결하기도 함으로 그는 일상생활은 결코 환상이 될 수 없으며 인간의 삶 자체는 실재적 기반 위에서 이루어져야 한다고 보았다. 그리고 그는 유가철학의 본질이 '객관성'(客觀性)에 있으며, 인간도 기(氣)측면에서 보면, 자연의 일부에 속하고 자연과 떨어질 수 없는 존재이라고 생각하였다. 그의 이러한 주장은, 불가에서처럼 인간이 현실(現實)과 절연(絶緣)하고서야 진리에 도달할 수 없음을 강조하는 것이다. 그는 유가의 실유적(實有的) 세계관(世界觀)에서 불가를 비판한다.

　　"대저 인간이 물(物)을 단절할 수 없다. 인식주관이 물로 구성되어 있기 때문에, 물의 단절을 용납하지 않으니 물에 자기가 있기 때문이다. 자기에게 물이 있는데도 물을 단절한다면, 안으로 인식주체를 손상시키는 격이 되고 물에 자기가 있는데도 단절한다면 밖으로 물을 헤치는 것이 된다. 물과 내가 서로 손상과 혜침을 받으면 피해가 천하에 이르게 된다고 한다. 하물며 물을 단절하려 함은 원래 단절을 성립시킬 수 없음에 있으랴! 수면도 취하고 음식도 섭취하는 것이 모두 물과 함께하는 것이니 활동하기도 하고 언어를 구사하는 것은 반드시 물에 의지해서 일어난다. 단절을 성립시킬 수 없는 데도 단절한다면, 물 또한 앞으로 멋게 되어 자기를 곤궁에 빠지게 하고 자기도 물과 어긋나서 스스로 곤궁해진다. 그리하여 피해가 자기로부터 일어나서 자기에게 되돌아온다."[74]

---

74) 王夫之, 『尙書引義』, 卷1, 「堯典一」, "且夫物之不可絶也, 以己有物, 物之不容絶也, 以物有己.己有物而絶物, 則內戕於己, 物有己而絶己, 則外賤乎物. 物

왕부지는, 인식주관은 인식대상인 외부 사물과 떨어질 수 없는 관계에 있다고 주장한다. 그리고 우리의 삶은 구체적 현실과 연계 상황에서 이루어지고 있음을 이해해야 한다고 주장한다. 그는 감성인식으로 인해서 이성적 진리 세계에 도달할 수 있다고 보았기 때문에, 구체 현실을 단절하려는 불가의 '단절'이 과연 가능할 수 있는가 라고 격렬하게 비판한다. 또한 그는 불가의 이러한 논리가 대상과 주체를 어긋나게 하므로 결국 인간은 곤궁에 빠지게 되고 내외를 모두 손상시킨다고 비판하였다. 그는 대상을 멸할 수 없음을 주장하고, 한유의 주장과『주역』,『중용』그리고 공자학설을 인용하여 능과 소를 비판한다.

"능과 소의 이름을 달리 부른 것은 불가가 드러낸 것이다. 실제로 불가는 밝게 이것을 이해하지 못했다. 소위 능(能)이란 것은 용(用)을 말하며, 소(所)라는 것은 체(體)이다. 이는 한대 유가들이 이미 말했다. 소위 능이란 것은 사(思)이고 소라는 것은 위(位)이다. 이는『주역』에서 말한 바 있다. '능이란 인간이 도를 선양한다는 것이며 소위 소란 도가 사람을 선양시키지 못함의 뜻이다. 이미 공자가 말한 바 있다."75)

왕부지는 용(用)을 폐기하고 체(體)를 세운다는 불가의 이론을 부정하는데, 그는 그 근거를 한유의 '체용설'(體用說)과『주역』의 '사위설'(思位說) 그리고『중용』의 '기물설'(己物說)과 공자의 '인간은 도

我交受其戕賊 而害乃極於天下. 況夫欲絶物者, 固不能充其絶也. 一眠一食, 而皆與物俱, 一動一言, 而必依物起. 不能充其絶而欲絶之, 物且前却而困己, 且齟齬而自困, 則是害由己作, 而旋報於己也.", pp.239~240.
75) 王夫之,『尙書引義』, 卷5,「召誥無逸」, "夫能, 所之異其名, 釋氏著之, 實非釋氏昉之也. 其所謂能者卽用也, 所謂所者卽體也, 漢儒之已言者也. 所謂能者卽思也, 所謂所者卽位也, 大易之已言者也 所謂能者卽己也, 所謂所者卽物也,「中庸」之已言者也. 所謂能者人之弘道者也, 所謂所者道之非能弘人者也, 孔子之已言者也.", p.377.

54

를 널리 선양한다. 그러나 도는 인간을 널리 선양시키지 못한다.'는 사상에 핵심을 두고 있다. 그리고 그는 유가경전에 연원할 때, 불가 가 주장하고 있는 실체의 부정적 이해는 자연히 극복될 수 있을 것 이라고 보았다. 왕부지는 '대상'과 '주체'에 대해 다음과 같이 좀더 자 세히 설명하고 있다.

> "대상이 주체의 작용을 기다리는 것을 소(所)라고 하고, 작용이 대상에 가해져 공효를 드러내는 것을 능(能)이라고 했다. 능소의 구 분은 원래 있었던 것인데, 불가가 나누어 명칭을 붙였으니 역시 거 짓은 아니다. 작용을 기다리는 것을 소로 삼는다면 '반드시 실재로 실체가 있어야 한다.' 작용을 기다림에서 작용하는 것의 공효가 있는 것을 능으로 간주한다면, '반드시 작용이 있어야 한다.' 실제적 대상 이 주체작용을 기다린다면 '소에 의거해서 능은 실현되며', 작용이 실재 대상에 작용한다면, '능은 소를 따를 수밖에 없다.' 실제적으로 대상과 작용은 실재성에 의거해야 하고 자신의 본래 성격에 위배되 지 않기 위해서 '주체와 작용'은 서로 서로 부합한다."76)

왕부지의 인식론은 현실을 직시한 실재적 입장에 놓여 있다. 그는 인간과 자연은 독립해서 실재하는 사실이지만 인간과 대상간의 인간 의식 측면에서 고려 해본다면 용을 기다리며, 용의 측면에서는 인간 의 경험적 의식이 내재해서 통일적 실제 관계를 이룬다고 생각하였 다. 그리고 이러한 점에서 대상으로 말미암아 인간의 인식활동은 활 발히 전개된다고 보았다. 왕부지 인식론의 특징은, 인간주관의 역동 적 능동성이 인식대상과 만나서 발전적 통일성을 찾는다는 점에 있 다. 이에 반해 불가적 인식론의 특징은, 자연의 실재성은 배제되고

---

76) 王夫之, 『尙書引義』, 卷5, 「召誥無逸」, "境之俟用者曰所, 用之加乎境而有功 者曰能. 能所之分. 夫固有之, 釋氏爲分授之名, 亦非誣也. 乃而俟用者謂所, 則必實有其體. 以用乎俟用而可以有功者爲能, 則必實有其用. 體俟用, 則人所 以發能, 用乎體, 則能必副其所. 體用一依其實. 不背其故, 而名實各相稱矣.", p.376.

무위로써 실로 삼는 유심(唯心)·유식(唯識)의 소박한 자연관에 있다. 왕부지의 현실적 인식과 실천적 실유의 입장에 비교해 볼 때, 불가의 유식론은 자기모순 속에 비친 궤변이라고 하지 않을 수 없다고 한다. 이러한 점을 왕부지는 다음과 같이 지적한다.

"불가는 유(有)를 환상으로 여기며 무(無)를 실(實)로 간주한다. 그러나 유심유식의 교설은 자체가 모순으로 되어 스스로를 논박하기 때문에 세워지기에는 부족할 것이다. 이의 궤변으로 불가가 주장하기를, 아집(我執)을 공(空)으로 하면 능(能)이 없고, 법집(法執)을 공(空)으로 하면 소(所)가 없다고 한다. 마음으로써 도에 합하는 것이기 때문에 거기에는 능이 있고 소가 있게 된다. 그런 즉 본래 그것에 밝지 않을 리 없다. 이런 까닭으로 능과 소가 없다는 교설도 성립할 수 없게 된다. 그리하여 이제 소를 능으로 하고 능을 소로 하며, 소를 소멸시켜 능에 들어가게 하고 능이 소가 된다고 하여 교설을 세웠으니, 이것으로 유식교설(唯識敎說)이 성립되었다고 한다. 그러므로 불가는 세 번 입장을 변화시켜 능을 소로 간주하는 교설을 성립시킨 것이다."[77]

왕부지는 불가가 구체세계의 외부 사물을 거부하고 유(有)를 환상(幻相)으로 보았으며, 무(無)까지도 실재(實在)로 보는 경향이 있다고 주장한다. 그러나 왕부지의 인식론과 불가의 인식론적 설법이 그 시초에 있어서는 차이가 나지만, 종국에 가서 대자유의 경지인 각처(覺處)에서 통일 점을 찾는다고 볼 때는 동일하다고 할 수 있다. 왕부지에 있어서 불가적 비판의 근본 의도는, 불가에서 나타난 논리적 체계의 모순점을 지적하려는 것이 아니고 다만 불가가 의도하는 〈유

---

77) 王夫之, 『尙書引義』, 卷5, 「召誥無逸」, "乃釋氏以有爲幻, 以無爲實, 唯心唯識之說, 抑矛循自攻而不足以立, 於是詭其詞曰: 空我執而無能, 空法執而無所. 然而以心合道, 其有能有也, 則又固然而不容昧. 是故其說又不足以立, 則能其所, 所其能, 消所以入能, 而謂能爲所, 以立其說, 說斯立矣, 故釋氏凡三變, 而以能爲所之說成.", p.377.

有・무無〉、〈능能・소所〉의 세계관을 비판하는데 진정한 목적이 있다. 바로 이러한 점에서 중국 현대철학자인 왕무는 "불가가 이러한 한 단계 한 단계 심입하는 논리적 방법으로 '소를 멸하여 능에 진입하며' 그리고 '본체가 대상을 삼켜버린' 주관적 수의성(隨意性)을 제시한 점에서 보면, 왕부지 기 철학에 있어서 사물의 실유성이 불가의 주관적 수의성보다 (그 논리구조가) 훨씬 분명해 보인다."라고 평가한다.

2) 자성(自性)과 실성(實性)

불가철학에서는 '자성'이란 본질을 수양 면에서 '총체'라고 한다. 선불교에서는 '직접 인간의 마음에서 성(性)을 깨닫는다.'라고 하여 '성'자를 강조한다. 우리는 여기에서, 불가에서 말하는 자성의 의미와 유가철학에서 말하는 본성으로서의 성이 어떻게 다른가를 비교해 보고자 한다. 당군의는 『중국철학원론: 원성편』에서 불가의 '자성'(自性)의 의미를 비교적 소상하게 풀이하고 있다.

> "자성이란 사물에 잠복되어 '미 현실의 본질' 혹은 '최초 원인의 본체로서 자성(自性)이라고 한다. 이것은 인도철학에서 유행되어 온 자성은 하나의 관념이다. 이 관념의 기원은 처음부터 인간으로 말미암아 관득(觀得)되는 사물 표현의 성상(性相)이며, 추상적 일 관념이 형성된 이후에 사물 내부 혹은 후면에서 추구되는 형성자라고 논술하고 있다."[78]

우리는 당군의의 설명을 기초로 하여 불가에서 말하는 자성의 의미를 우선 이해하며, 이제 다시 그것을 유가철학, 특히 왕부지에 있

---

78) 唐君毅, 『中國哲學原論』, 原性篇, 臺灣學生書局印行, 1972, p.521.

어서의 실성의 의미와 어떻게 다른가를 비교해 보고자 한다. 우선 왕부지의 관련 언급을 들어보도록 하자.

"불가는 구체 세계를 직접 끊고, 돈오한다는 하나의 주장을 가지고 있기 때문에 '큰 일이 있음을 알면 곧 쉬어라'고 한다. 술을 마시고 멋대로 하며 규율은 지나쳐도 깨달음의 지위가 아님이 없으며 단 한번 손가락을 누르기만 해도 해인발광(海印發光: 지혜의 뛰어남)한다. 그로 말미암아 일체의 모든 것을 파괴하고자 하지만 파괴할 수 있는 실재는 없는 법이다. 단지 자기 자심만을 파괴한다면 파괴하지 못할 것이 없게 된다. 그러므로 고립하여 자기 본성만을 지키고 외부 인연을 전부 끊어 버린다고 한다."[79]

"직접 인간의 마음에서 성(性)을 깨닫는 것은 천성(天性)을 멋대로 생각하여 도심(道心)을 모르고 위태로운 인심(人心)을 성(性으로 삼는 것이다."[80]

왕부지는, 불가철학에서는 구체 세계의 온갖 개별자들의 성(性)이나 유가에서 말하는 인의도덕이나 인간의 당위존재에 대해서 언급하지 않았고, 심(心) 내부에서 밖으로 나타내는 작용에서 성(性)을 이해하였다고 하면서, 그는 불가의 성을 심 내부의 의식적인 자연성으로 보았으며, 그리고 불가철학에서 말하는 형상들은 구체 사물이 아닌 환상(幻相)으로 간주되어 연기에 의해 파괴되지 않으면 안 되는 것들이라고 주장하였다. 그는, 불가철학에서는 자성만을 지키며 외부 인연을 끊어 버리고 관념세계만이 허용된다고 보았다. 그러므로 왕부지는 불가가 "인륜을 폐기하고 물리를 파괴하여 무감각한 공허를

---

79) 王夫之, 『讀四書大全說』, 卷5, 「論語」, 泰伯篇, "唯佛氏有直截頓悟之一說, 故云知有大事便休, 而酒肆淫坊, 無非覺位, 但一按指, 海印發光, 緣他欲壞一切, 而無可壞之實, 則但壞自心, 卽無不壞, 故孤守自性, 總棄外緣.", p.720.

80) 王夫之, 『張子正蒙注』, 卷4, 大心篇, "其直指人心見性, 妄意天性, 不知道心, 而以唯危之人心爲性也.", p.154.

58

잡고, 죽음의 길을 밟으면서도 나는 편한 곳에 안거하고 있다고 말하니 이는 다름이 아니라, 사물을 끊을 수 없다고 하는 것조차도 이해하지 못했다"[81]고 격렬하게 비판하였다.

왕부지가 주장하는 성(性)은 작게는 곤충에서부터 크게는 영특한 인간에 이르기까지 기(氣)로 일관되어 형질을 이루고 변화해 가는 성(性)이다. 이 성에 관한 왕부지의 언급을 들어보도록 하자.

"천하에 풍부하게 존재하는 사물은 모든 신이 유행하고 이(理)가 융결한 것이다. 크게는 산택(山澤)이고 작게는 곤충과 초목이며 영특하여 사람이 되고 완고하여 물(物)이 된다. 갖가지 형색(形色)이 있는 것마다 무겁고 혼탁하고 응체한 질(質)인데, 기가 모두 그 가운데 스며들어 그것들과 함께 굴신한다. 대개 천(天)은 지(地) 밖에서 포용하고 지(地) 가운데에 들어가니 중천의 단단한 돌도 천은 꿰뚫어 변화시키지 않음이 없으니 형상에 의거하여 신묘함을 탐구 할 수 있으며, 구체 세계의 형색에서 천성(天性)을 본다."[82]

왕부지는 천하의 사물은 다 신(神)이 유행하고 이(理)가 '융결'(融結)(譯註: 융화하여 응결되다. 왕부지의 고유어)된 것이라고 하며, 대상물은 천지 현상계에 존재하는 총체의 존재자라고 보았다. 그리고 이(理)가 형질에 내재할 때 이것이 성(性)이며, 이 성은 갖가지 형색을 이루고 응체하고 감응하여 질을 이룬다고 한다. 왕부지에서의 성은 음양의 동정에 의한 사물이 반드시 갖추지 않으면 안 되는 건순지성(建順之性)이며, 천(天)은 강건하고 지(地)는 순응하는 본

81) 王夫之, 『尙書引義』, 卷1, 「堯典1」, "乃以廢人倫, 壞物理, 握頑虛, 蹈死趣, 而曰吾以安於所安也, 此無他, 不明於物之不可絶也.", p.239.
82) 王夫之, 『張子正蒙注』, 卷9, 可狀篇, "此言天下富有之物, 皆神之所流行, 理之所融結, 大 山澤, 小而昆蟲艸木, 靈而爲人, 頑而爲物, 形形色色, 重濁凝滯之質氣皆淪浹其中, 與爲屈伸. 蓋天包地外而入於地中, 重泉確石, 天無不徹之化, 則卽象可以窮神, 於形色而見天性.", p.359.

성이다. 그러므로 왕부지가 주장하는 본성은 기로 인해 형체는 드러나고 이는 그 속에 내재되어 상호 감응지리(感應之理)로 꿰뚫어 변화시키지 않음이 없는 성(性), 즉 건순지성으로 이해되어져야 한다.

불가는 인간의 마음에서 깨닫는 성을 '인심현성(人心見性)'이라 하였다. 이 점에서 왕부지는 불가의 성(性)이 대상을 멸하여 인식주관에 진입하고, 외부사물을 거부하고 용(用)을 폐기하고 체(體)를 세우는 주관적 수의성(隨意性)이며, 스스로 의지를 나타내는 마음의 성일뿐이라고 평가하였다. 그리고 왕부지에 있어서 성은 『역』을 기반으로 한 유가적 본류로서, 그는 천지의 음양 작용으로 말미암아 변화하고 있는 천도의 본성을 강조하였으며, 그는 유가철학의 토대 위에서 성(性)을 천지의 음양이기의 통일적인 조화로 형성된 건순지성의 의미로 풀이하여, "성실이란 하늘의 실유(實有)하는 이치이다. 그리고 드러나서 밝음은 성(性)의 양능(良能)이다. 그리고 성의 양능은 하늘의 실유(實有)하는 이치에서 나온다."[83)]라고 하였다.

4. 왕부지의 양명학(陽明學) 비판

1) 대상(對象)에 대한 관점

일반적으로 송명 유학은 '정주학'과 '육·왕학' 두 가지로 크게 구분된다. 그러나 왕부지는 〈주·정·주자학 계열〉과 〈육·왕학〉 그리고 〈장재학〉의 3파로 나누었다.[84)] 왕부지는 장재를 종사(宗師)로 삼았

---

83) 王夫之, 『張子正蒙注』, 卷9, 可狀篇, "誠者, 天地實理, 明者, 性之良能. 性之良能出於天之實理.", p.372.
84) 王夫之, 『張子正蒙注』, 「序論」, pp.11~12 參照.

으며, 정주학은 수정하는 태도를 보였고, 육 왕학에 대해서는 격렬하게 비판·배격하였다. 즉 왕부지는 그만큼 장재철학을 존숭하였으며 또한 그가 찾고자 하였던 기론에서 자신의 철학체계를 세웠다고 할 수 있다. 그러나 그는 장재의 기 철학(氣 哲學)을 단순히 유가철학의 전통적 답습에 머물지 않고 자신의 철학적 입장에서 계승 발전시켰다. 즉, 왕부지는 장재의 초월적 기철학적 입장에서 내재적 기 철학의 입장으로 철학적 세계관을 변모한다. 왕부지에게 이르러 비로소 기 철학은 우주론과 심성론이 통일된 내재론(內在論)의 체계를 갖추게 된다.

왕수인(王守仁, 1472-1529)시대에 이르러 주자학은 관학화(官學化: 원, 인종, 2년 1313)되어 과거시험의 표준이 되면서 그것에 대한 어떠한 사상적 비판이나 객관적 탐구활동도 적극 제한될 수밖에 없었다. 왕수인은, 주자학의 폐단이 정치 관료인의 과거 도구로 전락된 상황에서 현실적 모순은 주희의 이원론(二元論) 즉, 〈이(理)와 기(氣)〉, 〈심(心)과 물(物)〉, 〈내(內)와 외(外)〉, 〈지(知)와 행(行)〉, 〈주(主)와 객(客)〉의 내외 구분의 입장에서 생겨났다고 보았다. 그리고 그는 이러한 폐단을 벗어나기 위해서 독창적 학문방법을 모색하지 않으면 안 되었다. 그는 송명이학에서 주된 철학문제로 발전해 온 인식주체인 심(心), 성(性), 정(情)과 인식대상인 기(氣)를 일원론으로 종합하려는 의도에서, 즉 '마음'이 천리(天理)·본체(本體)라고 주장하였다. 그리고 그는 천리 또는 본체를 '양지'(良知) 개념으로 대체하여 자기 철학 체계인 심학(心學)을 탄생시켰다. 그는 "인식주체를 떠나서는 인식대상 내의 이(理)는 추구될 수 없다"[85]고 하며, "인식주체는 모든 인식대상의 이(理)를 포괄한다."[86]라고 주장한다.

---

85) 王陽明, 『陽明大全』, 卷1, 「徐愛錄」, "心卽理也, 天下又有心外之理事心外之理乎."
86) 王陽明, 『陽明大全』, 卷1, 「徐愛錄」, "心乎天下之理."

그러므로 그는 "심은 신체의 주재이며, 그리고 심의 허령명각(虛靈明覺)을 일러 본래부터 갖추고 있는 양지라고 한다."[87]라고 정의하며, 또한 "양지는 심의 본체이며, 이른바 심을 항상 살피는 자이다."[88], "양지는 밝게 살피고 신령스럽게 깨달으며 원융하게 통찰하는 자이다."[89], "양지는 조화(造化)의 정령(精靈)이다."[90]라고 양지를 분명하게 설명한다.

왕수인의 양지는 그의 철학체계 속에 '유일절대심'(唯一絶對心)이나 '체용일원'(體用一元), '동정일여'(動靜一如), '신심일여'(身心一如) 등으로 나타난다. 일반적으로 양지의 내용 인식이 얼핏 보기엔 선학(禪學)의 개오(開悟)였다 할지라도 공자의 〈상지(上智)·하우(下愚)〉개념의 계승으로 이어져 맹자의 〈양지(良知)·양능(良能)·양기(養氣)·구방심(求放心)〉의 심체의 무선무악도 절대 순수지선으로 천술한 것에서 보면 유가적 학술방법에서 벗어나지 않는다.[91] 왕수인은 주희의 즉물궁리설(卽物窮理說)을 비판한다. 왜냐하면, 그는 즉물궁리설에 의한 인식은 인식대상(卽物)과 인식주체(窮理)를 이분함으로 올바른 인식 방법이 될 수 없다고 보기 때문이다. 그는 이러한 판단에서 자신의 체용 일원적 심학의 단초를 열게 된다. 왕수인은 "인식대상과 인식주체는 결코 둘(二)이 아니다"[92]고 주장한다. 그러므로 주자학의 인식대상은 객관대상에 존재하는 이(理)라고 한다면,

87) 王陽明, 『陽明大全』, 卷2, 「答顧東橋書」, "心者身之主也而心之虛靈明覺卽所謂本然之良知也."
88) 王陽明, 『陽明大全』, 卷2, 「答陸源靜書」, "良知者心之本體卽前所謂恒照者也."
89) 王陽明, 『陽明大全』, 卷6, 「文錄 3」, "良知者之昭明靈覺, 圓融洞察."
90) 鮑希福, 『傳習錄』, 卷下, 「黃省曾錄」, 巴蜀書社, "良知是造化的精靈." 1992, p.156.
91) 宋河璟, 「良明學의 儒, 佛, 道思想 背景에 關한 研究」, 『東西哲學研究』(創刊號), 韓國東西哲學研究會篇, 1984. 6月, pp.21~31 參照.
92) 王陽明, 『陽明大全』, 卷2, 「答顧東橋書」, "合心與理而爲一者也."

양명학의 인식대상은 심(心)에 내재한 개념적 이(理)로 볼 수 있으며, 다시 말해서 심(心)에 내재한 이(理)가 곧 양지(良知)이다. 선천적 양지는 자각의 대상이지만 경험적 지식에서 오는 것이 아니며, 심의 본체에 명각(明覺)되어야 한다. 따라서 양지는 선천적 직관능력이며, "심(心)의 본체이며 동시에 심(心)의 한 양상이 성(性)이며, 이 성(性)은 곧 이(理)가 된다."[93]라고 하였다.

> "양지(良知)는 심(心)·성(性)·천(天)은 심학(心學)에서 본질상 하나(一)이다."[94]

왕수인에게 있어서 양지는 인식주체로서 인식대상을 포괄하고, 그리고 인식대상은 인식주체 내에서 추구되고 구성된다. 다시 말해서, 왕수인의 인식론은 인식주체인 양지를 떠나서는 인식대상이 존재할 수 없다는 체용일원(體用一元)의 주관관념론(主觀觀念論)에 있다. 이에 비하여 왕부지의 경우, 대상은 인간 의식 밖에 실재하는 구체사물에서 인간과 자연의 세계를 이해하려 하였다. 그에게 있어서 기(氣)는 자연을 초월한 실체가 아니라 자연에 충만하고 내재한 인온(絪縕)譯註: 유무有無가 아직 나뉘지 않은 혼륜한 가능태) 화생(化生)의 의미이다. 그래서 그는 실천의 대상을 폐기하면 인식도 이단이 되어 결국 둘 다 폐기되고 만다는 입장에서 왕수인의 '존지천능설'(尊知賤能說)을 비판한다.

> "맹자는 '천부적 지력'과 '타고 난 능력'을 말하였지만, 장재는 그중에 '타고난 능력'을 더 중시하였다고 한다. 대개 천지는 신묘한 변화의 운행을 덕으로 삼았지만, 공허한 실체를 믿지 아니 하였고 성

---

93) 王陽明, 『陽明大全』, 卷1, 「徐愛錄」, "心卽性, 性卽理."
94) 王陽明, 『陽明大全』, 卷2, 「答聶文蔚」, "心也性也天也一也."

인은 질서를 궁진하고 사물의 이룸을 법칙으로 삼았으나 오히려 허
령한 깨달음을 믿지 않는다. 이러한 까닭으로 인식은 비록 훌륭하지
만 실천에는 이르지 못하니 그것은 진정한 인식이 아님과 같은 것이
다. 근세에 심학은 실천을 버리고 유독 인식만을 말하니 그 폐단은
이단으로 빠져들어 가고 말았다."[95]

왕부지는 인식과 실천을 언급하면서 '천지의 덕'과 '성인의 법도'는
실천과 깨달음에서 일치된다고 보았다. 그러므로 그는, 왕수인의 심
학은 인식됨 자체가 인식주체이자 인식대상인 양지(良知)의 궁극 처
에 체인(體認)되고 명각(明覺)되어야 하기 때문에 "외부에서 빌려서
얻어지는 것이 아니다"[96]라고 비판하며, 그러므로 왕수인의 인식론
은 실체와 인식이 일치하지 않음으로 이단이라고 생각하였다. 불가
는 심(心) 이외의 현상계를 한 갓 환영(幻影)의 공(空)이라고 간주
하며, 그리고 왕수인은 "마음 밖에 이가 없고, 마음 밖에 일이 없
다"[97]라고 하여 현상의 실체를 인식주체에서 추구한다. 이러한 특징
만 부각시키다 보면 종국에는, 불가와 왕수인의 인식론은 동일한 맥
락을 가지고 있다고 이해할 수 있다. 그러나 왕부지의 인식대상은
인간의식 밖에 실재하며 '끊임없이 생겨나는 것', 전체적으로 수많은
구체적 개별자들이 끊임없이 생멸하는 것, 즉 천지의 기가 왕래 불
식하는 가운데에서 찾았던 것이다. 왕수인에 있어서 인식대상은 인
간 내면성에 사물이 명각되어 양지(良知)의 궁극 처에 체인되는 반
면, 왕부지의 경우는 날로 새로워지는 외부세계 즉 실재세계와 인간
신체 내에 조차도 대상의 기(氣)가 가득 차여 있다는 내재적 인식론

---

95) 王夫之, 『張子正蒙注』, 卷3, 誠明篇, "孟子言良知良能, 而張子重言良能. 蓋
   天地而神化運行爲德, 非但恃其空晶之體, 聖人以盡倫成物爲道, 抑非但恃其虛
   靈之悟. 故知雖良而能不逮, 猶之乎佛知. 近世王氏之學, 舍能而孤言知, 宜其
   疾入於異端也.", p.121.
96) 王守仁, 『傳習錄』, 卷上, 徐愛錄, "不假外來求始得", 巴蜀書社, 1992, p.197.
97) 王守仁, 『傳習錄』, 卷上, 陸澄錄, "心外無理, 心外無事." 巴蜀書社, 1992, p.207.

64

이 그 주된 특징을 이룬다.

2) 심물론(心物論)

왕수인은 주희의 즉물궁리(卽物窮理)를 비판하는 과정에서 의식을
떠나 의식 밖에는 어떤 것도 독립해서 존재할 수 없음을 주장한다.
그래서 그는 심(心)과 물(物)의 관계를 다음과 같이 정의한다.

> "신체의 주재가 바로 마음이고, 마음이 발동한 곳이 바로 의지이
> 며, 의지의 본체가 바로 지(知)이고, '의지가 있는 곳'이 바로 물(物)
> 이다."98)

왕수인은 심(心)이 발동한 곳이 의지라고 하는데, 이것은 곧 '의식
작용'이라 할 수 있다. 그리고 의지가 작용하는 곳이 물(物)이다. 즉
의지가 건너가 드러나 있는 곳이 바로 물이다. 그러므로 왕수인은 '마
음' 자체를 '의식대상'과 동일한 의미로 보고 있다. 왕수인의 인식론에
있어서 대상은 의식을 떠나 있는 개념이 아니다. 그러므로 그는 대상
을 '처'(處)라는 개념으로 설명하는 것이다. 예컨대, 모든 의식은 자체
로 독립해서 있는 것이 아니라 '~에 관한 의식', '~에 대한 의식'의
의미를 지닌다. 즉 어떤 대상이든 그것은 마음이 지향하는 바이므로,
의식 지향성의 특성을 가질 수밖에 없다. 왕수인의 경우에는, 인식주
체와 인식대상간의 작용은 심(心)에로 지향하는 향내적(向內的) 의식
주체(意識主體)의 경향을 가진다. 왕수인의 인식론에 있어서 의(意)
와 물(物)의 관계는 다음 구절에서 분명하게 설명된다.

---

98) 王守仁, 『傳習錄』, 卷上, "身之主宰便是心, 心之所發便是意, 意之本體便是
知, 意之所在便是物." 巴蜀書社, p.197.

"의(意)가 작용하는 곳에 물(物)이 없는 것이 없다. 의(意)가 있
으면 곧 물(物)이 있고 의(意)가 없으면 물(物)도 없게 된다. 물(物)
은 의(意)의 작용함이 아닌가?"[99]

왕수인에게 있어서 물(物)은 단지 마음이 지향하는 바의 대상이며,
그러므로 물은 인식주체를 떠날 수 없다. 그러므로 왕수인에게 있어
서 삶 자체에서 일어나는 모든 일은 의식이 참여한 모든 영역이며,
이러한 의미에서 주체를 벗어난 사물은 존재하지 않는다. 이것이 바
로 왕수인이 주장하는 '마음 밖에 사물은 존재하지 않는다.'는 종지
(宗旨)이다. '심외무물'(心外無物)의 입장에서는 "주로 인간과 인간관
계에서 삶의 활동이 문제가 되며 자연에 대한 관찰은 2차적이다."[100]
왕수인의 주장과는 달리, 왕부지는 "천지의 덕은 변하지 않고, 천지
의 변화는 날로 새롭다"[101]라고 하며, 또한 "그 실은 천도의 성(誠)
은 반드시 동(動)하여 비로소 성(誠)이 있다. 동(動)이 없으면 역시
성(誠)도 없다"[102]고 한다. 그는 천하와 군자를 일관하는 천도의 덕
에 의하여 천인의 가치관이 창조된다고 보았다. 또 왕부지는 "천하
는 날로 동(動)하고 군자는 날로 생(生)하며, 천하는 날로 생하며
군자는 날로 동한다. 동은 도의 근원이요, 덕의 창문이다"[103]라고 하
였다.

왕부지는 생동을 근본으로 하여 세계가 생성 변화한다는 『중용』에

99) 王守仁, 『傳習錄』, 卷中, "凡意之所用無有無物者 有是意別有是物 無是意別
無是物 物非意之用乎." 巴蜀書社, p.244.
100) Joseph Nedham, V.l.Ⅱ, *Science and Civilisation in China*, Cambridge
University Press, 1956, p.510.
101) 王夫之, 『思問錄』, 外篇, 卷6, "天地之德不易, 而天地之化日新." p.434.
102) 王夫之, 『讀四書大全說』, 卷3, 「中庸」17, "其實天道之誠, 亦必動而始有, 無
動則亦無誠.", p.530.
103) 王夫之, 『周易外傳』, 卷6, 「繫辭上傳」, 第1章, "天下日動而君子日生, 天下
日生而君子日動, 動者道之樞, 德之牖也." p.1033.

서의 '성사상'(誠思想)을 전제로 하고 있다. 왕부지는 현상의 구체 세계로부터 본원에로 나아가는 실증적이고 귀납적인 방법을 택한다. 즉, 그는 부분에서 전체로 향하고 '하학에서 상달로', '형이하에서 형이상의 세계로'[104] 나아가고자 한다. 또한, "〈순(順)의 추리에서 역(逆)의 추리로〉, 〈좌에서 우로〉"[105] 나아가는 방법을 택해 본원에로 나아가고자 하였다. 그는 앞서 열거한 유비관계 중 후자보다는 전자 관계에서 자신의 철학적 단초를 열고 있다. 이것은 그가, 존재는 궁극적으로 실유이고 만물은 기로 인해 이루어지며, 그리고 군자의 삶은 동적인 우주에서 끊임없이 창조되어 나가는 성실성 그 자체로 파악했기 때문이다.

---

104) 王夫之, 『讀四書大全說』, 卷8, 「孟子公孫丑」, 上篇, "下學而上達, 達者自然順序之通也.", p.937.
105) 王夫之, 『讀四書大全說』, 卷8, 「孟子公孫丑」, 上篇, "彌綸兩間, 或順或逆, 莫不左右而逢原也.", p.941.

Ⅳ. 왕부지 내재철학의 이론적 구조

1. 역학적 토대

1) 상(象)의 연원

주백곤은 『주역』연구에 대한 종래의 방법을 다음 두 가지로 요약하고 있다. 하나는 자의(字意)와 문의(文意)를 가지고서 훈고와 주석 그리고 고증학을 이루는 것이고, 다른 하나는 『주역』이 함축한 철리로써 의리학을 이루어 왔다"[106] 라고 하였다. 그리고 그는 왕부지 『주역외전』의 특징은 의리역학에 있다고 하였다.[107] 왕부지는 그의 저작 가운데 상수역학(象數易學)과 의리역학(義理易學)을 언급하고 있지만 의리역학에서 더 많은 방증 자료를 내어놓았기 때문에 그의 역학은 의리역학에 많은 비중을 두었다고 볼 수 있으며, 의리관점에서 역학을 체계화한 가장 훌륭한 저술이 바로 『주역외전』이라고 볼 수 있다.

그러나 『주역외전』이외에도 그가 저술한 역에 관한 저작은 매우 많다. 우선 그는 『주역』의 원문을 먼저 게재하고 거기에다 매 줄마다 주석을 가하여 『주역내전』을 저술하였다. 그리고 『주역』에 문제가 될 만한 곳에 개념 하나 하나에 해설을 가하고 누구든지 알아보기 쉽게 하기 위해서 『주역패소』를 저술하였고, 고증학을 바탕으로 『주역』의 문헌을 비판할 수 있도록 『주역고이』를 저술하였으며, 또한 『주역』을 이해하기 위한 논문 유의 성격인 『주역내전발례』를 지었다. 그리고 광범

---

106) 朱伯崑, 『易學哲學史』, 第1卷, 華夏出版社, 序, 1994, p.6.
107) 上仝.

위한 『역』의 체계와 모든 괘의 형성으로 『역』의 상(象)은 모두 실유이며, 자연의 상으로 이루어졌다는 『주역대상해』를 저술하였다. 왕부지는 28세부터 『주역』연구에 집중하여 69세까지 40년간의 힘든 세월 속에서 상수지학과 의리지학의 요체를 우리들에게 선명히 제시하고 있다. 우리는 이 장에서 왕부지의 치밀한 『역』서에 의거하여, 왕부지 역학체계의 핵심을 이루고 있는 '상(象)의 연원'(淵源)과, '상(象)과 괘'(卦), '상(象)과 효'(爻)의 관계를 밝혀보고, 또한 어떻게 상이 자신의 기 철학에 실유의 바탕을 이룰 수 있는가? 하는 점을 구명해 보고자 한다.

왕부지는 『주역』에서 천도의 위대한 작용과 그것이 유행하는 까닭, 그리고 인도의 치란(治亂), 길흉, 생사(生死)의 수(數), 즉 인간과 자연의 문제의식은 『역』에 갖추어져 있다고 한다.

> "『주역』이란 천도의 나타남이요, 성(性)의 저장소이며, 성인의 공효를 여는 문(門)이다. 음양, 동정, 유명(幽明), 굴신(屈伸), 성실성이 이것을 보존하는 가운데 신묘함이 거기에서 실현된다. 예악(禮樂)의 정밀하고 미묘함이 거기에 존립하고 '기의 굴신변화'(鬼神)와 변화의 재단이 거기에서 나오고, 인의의 큰 작용이 거기에서 일어나고, 치란, 길흉, 생사의 운수가 거기에 준거한다. 그러므로 공자는 천하를 다스리는 도로써 덕을 높이고 사업을 확대하는 것이라고 한다."[108]

그리고 왕부지는 노자의 탁약지유(槖籥之喩), 불가의 원성실성(圓成實性), 왕수인의 건곤환화(乾坤幻化)를 비판하였다. 그리고 노자와 불가와 왕수인은 무(無)에서 철학적 문제점을 찾았지만, 왕부지는 전자와는 반대로 구체 세계의 시공, 즉 유(有)라는 상(象)에서 문제

---

108) 王夫之, 『張子正蒙注』, 卷12, 「序論」, "周易者, 天道之顯也, 性之藏也, 聖功之牖也, 陰陽, 動靜, 幽明, 屈伸, 誠有之而神行焉, 禮樂之精微存焉, 鬼神之化裁出焉, 仁義之大用興焉, 治亂, 凶, 生死之數準焉, 故夫子曰, 彌綸天下之道以崇德而廣業者也", p.12.

점을 추구하였다. 이것은 정통 유가철학의 특징이기도 하며 또한 왕
부지 역학에 있어서 '상'(象)이 출현하게 되는 이유이기도 하다. 그리
고 왕부지는 상이 인간의 감각, 지각에 의해 은폐되기 때문에 은현
(隱現), 유명(幽明)으로 말할 수는 있지만, 없음으로 말할 수는 없다
고 주장하고, 노자와 불가 그리고 왕수인 이론의 철학적 공허성을
반박하고, 실유의 역상(易象)을 제시한다.

> "노자는 천지를 탁약(橐籥)에 비유하고, 움직여서 바람을 일으켜 허
> 한 무에서 유를 생한다고 하였다.(…) 그리고 불가는 진공상적(眞空常
> 寂)을 원성실성(圓成實性)이라 하여, 하나의 광명의 감춤에 이르러 지
> (地)·수(水)·화(火)·풍(風)·근진(根塵) 등은 모두 현재의 '허망'에
> 서 비롯되며 허망을 세우고 지견(知見)을 고집하여 실상(實相)이 된다
> 고 한다.(…) 그리고 근세의 왕수인의 학설도 이것(도가, 불가의 사상)
> 에 근본 하였으니, 그 견해가 편협하게 되었을 뿐이다."109)

왕부지는 여기에서 노자의 무론, 불가와 심학의 관념론은 구체 세계
의 작용의 관점에서 공소(空疎)무용(無用)한 것이라고 비판하고, "천
지간에 가득 찬 것은 상(象)을 본보기로 삼을 뿐이다"110)라는 실유의
'상론'(象論)을 제시한다. 실유의 상은 천지자연을 '본뜸'이며, 『역』전
체가 상(象)에 있다. 그는 이러한 자신의 철학적 구심점이 되는 천도
론을 『장자정몽주』에서 피력하고 있다.

> "고로 성인은 앙관부찰(仰觀府察)해도 오로지 '숨음'(幽)과 '드러
> 남'(明)의 까닭을 말한 적은 있지만 유무(有無)의 까닭을 안다고 말

---

109) 王夫之, 『張子正蒙注』, 卷1, 太和篇, "老氏以天地如橐籥, 動而生風, 是虛能
　　　於無生有, (…) 浮屠謂眞空常寂之圓成實性, 止一光明藏, 而地水火風根塵等
　　　皆緣妄生, 知見妄立, 執爲實相, (…)近世王氏之說本此, 唯其見之小也.",
　　　pp.24~25.
110) 王夫之, 『張子正蒙注』, 卷1, 太和篇, "盈天地之間者, 法象而已矣.", p.29.

한 적은 없다. 드러난 즉 있다고 말하고 숨은 즉 없다고 말함은 뭇
사람의 어리석음이다. 성인은 그렇게 말하지 않았다.(…) 대개 천하
에 어찌 있음(有)을 없다(無)고 말할 수 있겠는가? 혹은 물(物)에
있지 않으면 사(事)에 없지 않고, 혹은 사(事)에 있지 않으면 이
(理)에 없지 않다. 찾아서 추구해도 얻지 못하고 게을러서 추구하지
않은 즉 없다고 말할 뿐이다."111)

　왕부지는 천(天)의 본질이 『주역』에 있으며, 구체세계의 합리적 바
탕은 『역』에 나타난 상(象)에 있음을 깨달았다. 이 상이 바로 천天·
지(地)·뇌(雷)·풍(風)·수(水)·화(火)·산(山)·택(澤)의 8상(象)
이다. 이것은 구체세계의 실재적 필연적 물의 상이다. 왕부지는 역상
에 연원한 발전관으로 "천하유기설(天下惟器說)"112)을 제기한다. 그
것은 "상(象)이 아니면 『역』을 알 수 없다"113)는 명제로 정의된다.
그리고 이 명제는 다시 다음 말에서 보다 자세하게 설명된다.

　"성천(性天)의 종지는 『역』에 다한다. 역 괘의 음양은 상호 섞여
있다. 시(時)에 따라 변역하고 천인의 본질은 숨고 드러나는 까닭으
로 길흉대업이 지극히 오묘함에 갖추어진다. 건괘(乾卦)는 6양이 있
고 곤괘(坤卦)는 6음이 있다. 이것이 갈마들고 교차하여 둔괘(屯卦)
와 몽괘(蒙卦)에 이르러 2는 양이 되고 3·4는 음이 된다. 이것은
수괘(需卦)와 송괘(訟卦)에 이르러 2는 음이 되고 3·4는 양이 된
다. 이것은 음양의 있고 없음을 말함이 아니다. 둔괘(屯卦)와 몽괘
(蒙卦)의 2는 양이 되어 밝음으로 드러나고, 4는 양이 되어 숨음에
처한다. 수괘(需卦)와 송괘(訟卦)의 2는 음이 되어 밝음으로 드러나
고 4는 음이 되어 숨음에 처한다. 형체가 드러나는 것은 둔괘(屯卦)

---

111) 王夫之, 『張子正蒙注』, 卷1, 太和篇, "故聖人仰觀俯察, 但云知幽明之故, 不
　　云知有無之故. 明則謂有, 幽則謂無, 衆人之陋爾. 聖人不然.(…) 蓋天下惡有
　　所謂無者哉! 於物或未有, 於事非無, 於事或未有, 於理非無, 尋求而不得, 怠
　　惰而不求, 則曰無而已矣.", pp.29~30.
112) 王夫之, 『周易外傳』, 卷5, 「繫辭上傳」, 第12章, "天下惟器而已矣.", p.1027.
113) 王夫之, 『周易內傳』, 卷6, 上, 「繫辭下傳」, 第4章, "非象則無以見『易』.", p.586.

와 몽괘(蒙卦)이고 숨어서 나타나지 않는 것은 정괘(鼎卦)와 혁괘
(革卦)가 된다. 형체가 드러난 것은 수괘(需卦)와 송괘(訟卦)이고
숨어서 드러나지 않는 것은 진괘(晉卦)와 명이괘(明夷卦)가 된다.
변역은 각각 시간에 국한되고 공간에 머물러 상(象)을 본받아서 이
룬다. '보이는 것은 있다 하고 보이지 않는 것은 없다 함'이 아니다.
그런고로 말하여 건괘와 곤괘는 역(易)의 온(縕)이 된다.(…) 오직
그것은 부유하다. 이것으로 날마다 새로우며 '유명'(幽明)은 있어도
'유무'(有無)는 존재하지 않음이 분명하다."114)

왕부지는, 역 괘의 음양은 서로 참오(參伍: 뒤섞임)되어 있음을
인식해서 '유명'(幽·明)은 있다고 말할 수 있지만 '유무'(有·無)로
는 음양을 '있다' 혹은 '없다'고 말할 수 없음을 강조한다. 위에서 건
괘 6양과 곤괘 6음이 서로 갈마들고 교차하여 둔괘(屯卦)와 몽괘(蒙
卦)에 이르러 2는 양이 되고 3·4는 음이 되고 이것은 수괘(需卦)와
송괘(訟卦)에 와서 그와 반대로 되어 2는 음이 되고 3·4는 양이 된
다. '앞쪽'(嚮)이 양이면 '뒤쪽'(背)은 음이 되고, '뒤쪽'(背)이 양이면
'앞쪽'(嚮)에 음이 되는 음양의 종(綜) 관계에 있게 된다. 또한 유
(幽)와 명(明)의 관계에서 말하여 둔괘와 몽괘의 2는 양이 되어 밝
음으로 드러나지만 4는 양이 되어 유에 처한다. 반대로 수괘와 송괘
의 2는 음이 되고 밖으로 나타나지만 4는 음이 되어 유에 처한다.
형태가 드러나는 것은 수괘와 몽괘이고 숨어서 나타나지 않음은 정
괘(鼎卦)와 혁괘(革卦)가 된다. 형태가 드러나는 것은 수괘와 송괘
이고 숨어서 드러나지 않는 것은 진괘(晉卦)와 명이괘(明夷卦)가 된

---

114) 王夫之, 『張子正蒙注』, 卷1, 太和篇, "性天之旨盡於易, 易卦陰陽互相參伍,
隨時變易, 而天人之蘊, 幽明之故, 吉凶大業之至賾備矣. 乾有六陽, 坤有六陰,
而其交也. 至屯, 蒙而二陽參四陰, 至需, 訟而二陰參四陽, 非陰陽之有缺也.
屯, 蒙之二陽麗於明, 四陽處於幽, 需, 訟之二陰麗於明, 四陰處於幽, 其形而
見者爲屯, 蒙, 其隱而未見者爲鼎, 革, 形而見者爲需, 訟, 隱而未見者爲晉, 明
夷, 變易而各乘其時, 居其位, 成其法象, 非所見者有, 所不見者無也. 故曰 乾,
坤其易之縕邪.(…) 惟其富有, 是以日新, 有幽明而無有無, 明矣.", p.30.

다. 한 쪽이 드러나면 다른 쪽이 숨게 되고 한 쪽이 숨게 되면 다른 쪽은 드러나게 된다고 강조한다.

왕부지는 정주이학의 '유무론'을 지극히 반대하고 이에 따라서 음양에 의한 유(幽)와 명(明)의 종(綜) 관계 변역론을 제시하고 있다. 변역은 각각 시·공간의 국한성 때문에 상(象)을 본 받아서 시(時)로 인해서 62상을 이루고 있다. 그래서 그는 음양에 의해서 형성된 형상들은 내재적 차원에서 유명으로는 말할 수 있으나 유무로 말해서는 안 된다고 설득력 있게 피력하였다. 왕부지는 상을 천지의 현상적 상에서 기인하여 "『역』에 나타난 괘 상에서 양간에 실유하는 실상을 취하였다."[115] 이것에 대한 『주역대상해』의 자세한 설명들 즉, 몽괘(蒙卦), 송괘(訟卦), 수괘(需卦), 대축괘(大畜卦), 고괘(蠱卦)가 구체세계에 바탕하고 있음을 합리적으로 제시하였다.

> "몽괘(蒙卦)는 물이 아래 있고 산이 위에 있으며 샘은 산에서 나와 강과 바다로 흘러간다. 그것이 멀리 간다는 것은 의심함이 없고, 백 번 꺾여도 반드시 도달한다. 그 흐름이 결과가 된다. 즉, 천하에서 이루지 않을 수 없는 실행이다. 샘은 원류에서 나와 평평한 육지로 흘러간다. 흐름이 쉽게 마르기도 하지만 산에서 온축된다. 시냇물의 흐름은 그치지 않고 급박하지도 않다. 송괘(訟卦)를 주해하면 물은 아래 위치하고 하늘은 위에 있다. 하늘과 물은 어긋나게 진행한다. 하늘의 항성은 왼쪽으로 돌고 물은 오른쪽으로 진행하여 바다로 간다. 그러므로 어긋나게 진행한다. 수괘(需卦)에서 하늘은 아래 있고 물은 위에 있음으로 구름은 하늘에서 위에 있으나 비는 아니다. 기간이 지나면 비는 되지만 사물이 작용하는 데는 도움이 되지 않는다. 대축괘(大畜卦)의 하늘은 아래 있고 산은 위에 있음으로 하늘은 산 속에 있음이다. 고괘(蠱卦)에서 바람은 아래 있고 산은 위에 있으며 산 아래 바람이 있다."[116]

---

115) 王夫之, 『周易稗疏』, 卷1, "易之取象, 必兩間實有此象.", p.753.
116) 王夫之, 『周易大象解』, "蒙, 坎下艮上, 泉方出山, 去江海遠矣. 不疑其遠, 百折必達, 其行果矣. 果則天下無不可成之行也. 抑泉源之出, 或在平陸, 其流易竭, 蘊畜

『역』에 나타나는 획은 모두 자연에서 본뜬 상(象)들이다. 그것은 〈천(天)·지(地)·뇌(雷)·풍(風)·수(水)·화(火)·산(山)·택(澤)〉의 8상(象)으로 세계 안에 실제로 존재한다. 그러므로 인간은 괘 획에 의거해서 덕을 취한다. 왕부지는 상을 자연, 인간, 성질, 동물, 신체, 방위, 잡(雜)으로 분류하며, 이러한 분류에 있어서 가장 많은 분량을 차지하는 것이 바로 '성질의 상'이다. 왜냐하면 이 상은 실재의 상에서 '본뜸' 혹은 '모의'한다는 뜻으로 풀이되며, 『역』은 8괘에 하나씩 물상을 견주어 두는데 『주역대상해』에서 8가지로 분류하는 중 가장 진하게 철학적 의미를 갖는 것은 '성질(性質)의 상'(象)으로 주목되며, 자연의 8상(象)을 일반적으로 "정상(正象)"117)이라고 한다. 그리고 이러한 팔괘의 정상은 다음 7가지로 분류할 수 있다.

8괘 상	건乾 ☰	곤坤 ☷	진震 ☳	손巽 ☴	감坎 ☵	리離 ☲	간艮 ☶	태兌 ☱
자연	천天	지地	뇌雷	풍風	수水	화火	산山	택澤
인간	父	母	長男	長女	中男	中女	少男	少女
성질	健	順	動	入	陷	麗	止	說
동물	馬	牛	龍	鷄	豕	雉	狗	羊
신체	首	服	足	股	耳	目	手	口
방위	西北	西南	東	東南	北	南	東北	西
잡雜				木·遜	雨·險	日·明		

그런데 왕부지는 '상(象)이 아니면 역(易)을 이해할 수 없다'라고 하며, 인간과 자연의 유기적 연관성을 다음과 같이 말하고 있다.

之於山, 涓涓混混 不息不迫. 訟, 坎下乾上, 天與水違行, 經星之天左旋而水右行 以歸於海 故曰 違行. 需, 乾下坎上, 雲上於天而不雨, 期過, 則雖雨而不濟物之 用, 大畜, 乾下艮上, 天在山中, 蠱, 巽下艮上, 山下有風.", pp.700~713.
117) 廖名春, 康學偉, 梁韋弦, 『周易硏究史』, 湖南出版社, 1991, pp.20~21.

"『역』에 상(象)이 있는데 상(象)은 기(器)를 본뜬 것이다. 괘(卦)
에 효(爻)가 있는데 효(爻)는 기(器)를 드러낸 것이다. 효(爻)에 사
(辭)가 있는데 사(辭)는 기(器)를 변론(辯論)하는 것이다."118)

위에서 주지하듯이, 상(象)은 기(器)를 본뜨는 것이고, 드러내는
것이며 또한 변론하는 것이다. 그리고 상으로 말미암아 괘, 효, 사에
역할을 부여하고 유기적 연관을 부여한 것이 바로 자연의 물상(物
象)이다. 이와 관련한 왕부지 자신의 설명을 들어보도록 하자.

"괘상(卦象)은 음양기우(陰陽奇耦)의 획이며 도(道)가 저절로 출현
하는 바로서 『역』의 위대함을 가리키며, 이것에서 인(人)·사(事)·
물(物)은 8괘의 범위를 벗어날 수가 없다. 6획이 배합하여 괘를 이루
고 구체물의 정(情)으로 〈득(得)·실(失)〉이 괘와 효의 〈강(强)·유
(柔)·시(時)·위(位)〉에 드러나게 된다."119)

象을 바탕으로 卦, 爻, 辭의 요소들이 음양기우(陰陽奇耦)의 획으
로 현시되어, 인식바탕이 구체 세계의 시공(時空)에 도출됨을 말한
다. 괘(卦) 상(象)은 음양기우의 획이지만 괘(卦) 상(象)의 덕(德)
은 도(道)로 출현하는 『역』의 위대한 요지(要旨)이다. 상(象)과 도
(道)는 서로 떨어질 수 없는 시공(時空)간의 동일성 논리가 성립된
다. 왕부지 자신의 이야기를 들어보자.

"『역』은 상이 음양기우에 모이고, 흩어지면 참오(參伍)·착종(錯
綜)의 왕래에서 서로 개합하고, 서로 함께 흐른다. 개합하면 덕(情)
이 있고 〈시간상으로〉 함께 흐르면 이(理)가 있다. 그러므로 〈길·

118) 王夫之,『周易外傳』, 卷5,「繫辭上傳」, 第12章, "故易有象 象者像器者也 卦
有爻 爻者效器者也 爻有辭 辭者辨器者也.", p.1028.
119) 王夫之,『周易內傳』, 卷5.「繫辭上傳」, 12章, "象, 陰陽奇耦之畫, 道之所自
出, 則易之大指不踰於此也. 六畫配合而成卦, 則物情之得失, 見於剛柔時位
矣.", p.566.

흉·후회(悔)·한탄함(咎)〉은 상(象)을 버리고는 징험할 수 없다. 그래서 천하에 상(象)이 있고 성인에게 『역』이 있다함은 구체물의 신묘한 물흥(物興)으로 인간에게 작용으로 다가서게 함이다."[120]

왕부지는 『역』이 상(象)으로 구성되어 도(道)의 출현으로 〈길·흉·후회·한탄〉함의 德이 징험되고 이(理)와 함께 통일체가 형성된다. 그는 일관된 『역』의 상에 천착하여, '상'(象)과 '덕'(德)을 동시에 취하기를 요구하고 있다. 왕부지는 인간이 일편지설(一偏之說)에 흐를까 염려하여 성인의 대의미언(大義微言)을 해치지 않도록 강조한다. 그래서 그는 이렇게 말하고 있다.

"하늘, 땅, 우레, 바람, 물, 불, 산, 연못은 8괘의 상이다. 8괘의 덕은 이것에 국한되어서는 안 된다. 괘 획의 드러난 덕(德)을 버리고 다만 상(象)만을 추구해 가면 지엽이나 얻을 뿐 근본을 잃어버리게 된다. 우레의 불빛은 성대하여 '풍괘'(豐卦)가 되고 산바람은 위태롭기 때문에 '고괘'(蠱卦)가 된다. 하나의 치우친 해석은 괘 전체를 가리면서 단(象)과 효(爻)의 대의미언은 다 숨어 버리는 것이다."[121]

한편 왕부지는 양한(兩漢) 시대의 상수역학 체계가 구체 세계와 동떨어진 허구적 해석이 많다고 비판한다.

"경방(京房)과 같은 부류의 상수역학(象數易學)은 억지로 8괘와 5행을 합하려는 것으로 실(實)에 위배되는 것이다."[122]

---

120) 王夫之, 『周易外傳』, 卷6, 「繫辭下傳」, 第3章, "易聚象於奇偶, 而散之於參伍錯綜之往來, 相與開合, 相與源流 開合有情, 源流有理. 故吉凶悔咎, 舍象而無所徵.(…) 天下有象, 而聖人有易, 故神物興而民用前矣.", p.1039.
121) 王夫之, 『周易內傳發例』, 卷18, "天·地·雷·風·水·火·山·澤 八卦之象也, 八卦之德, 不限於此.舍卦畫所著之德, 僅求之所取之象, 是得枝葉而忘其本根, 於是雷火盛而爲豐, 山風厲而爲蠱, 一偏之說, 遂以蔽卦之全體, 而象與爻之大義微言皆隱矣.", p.674.
122) 王夫之, 『周易內傳』, 卷3, 下, "若京房之流, 强合八卦五行而違其實也.", p.375.

"경방역학(京房易學)은 괘기설(卦氣說), 8궁괘설(八宮卦說), 5행설
(五行說), 음양이기설(陰陽二氣說), 납신설(納甲說), 8괘기원설(八卦
紀元說) 등을 포괄하고 괘효상이 천지 만물의 상과 일치하므로 64괘
와 384효에서 음양의 총 책수(策數) 가지를 가지고 천지 만물의 실
상을 규정할 수 있다고 보았다. 각 괘가 음양의 수와 음양의 상을
체현하였다고 보고 음양의 수를 가지고 8괘와 64괘의 형성을 설명하
였으니 즉, 수가 상을 낳는다고 주장한 것이다."123)

"우번(虞翻, 164~233)의 무리에 이르러서는 상을 요약한 호체설
(互體說)과 대상(大象)의 변효설(變爻說)을 왜곡시킴으로써 구체물
의 상(象)이라는 것은 번잡하고 자질구레하게 섞여있어 그 기강(紀
綱)을 세울 수가 없다"124)

그럼에도 불구하고 왕 필은 도로써 사물의 개념을 폐지시키고 상
(象)을 얻었으면 말(言)을 버리고 의리(意)를 얻었으면 상을 버리라
고 하여, '본체'를 토끼와 고기에 비유하고 그리고 '작용'을 토끼와 고
기를 얻는 수단인 올무(蹄)와 통발(筌)에 비유하였다. 그런데 왕부
지는 '토끼와 고기를 얻으면 올무와 통발을 버려도 된다.'는 왕 필의
말에 비판을 가한다. 즉 그는, "의리(意)를 얻었으면 말을 버리고, 말
을 얻었으면 상(象)을 버려라함은 상 가운데 말이 있음을 알지 못하
고 말 속에 의리가 있음을 알지 못했다. 하늘과 인간의 깊은 이치를
천하에 밝게 드러내고 있는 상을 어찌 버릴 수 있는가"125)라는 왕
필의 말에 혹평을 가하였다.

왕부지가 의미하고자 하는 상(象)의 도(道)는 왕 필이 말하는 본
체의 도와는 완전히 다르다. 왕 필의 본체는 근본이고 현상계의 사

---

123) 廖名春外, 『周易哲學史』, 심경호 역, 兩漢代의 哲學, pp.181~182.
124) 王夫之, 『周易外傳』, 卷6, 「繫辭下傳」, 第3章, "流及於虞翻, 而約象互卦, 大
　　象變爻, 曲以物象者, 繁雜瑣屈, 不可勝紀.", p.1039.
125) 王夫之, 『周易內傳發例』, 卷3, "且其言曰, 得意忘言, 得言忘象, 則不知象中
　　之言, 言中之意, 爲天人之蘊所昭示於天下者, 而何可忘耶?", p.652.

물은 말단에 위치한다. 즉 왕필 역학의 특징은 '이본상말'(理本象末)이다. 그러나 왕부지는 '상(象) 밖에 도(道)가 존재하지 않는다.' 라고 생각하며, '상(象)과 도(道)는 하나의 통일체'(統一體)이다. 라고 본다. 그러므로 그는 다음과 같이 말한다.

"대저 올무는 토끼가 아니고 통발은 고기가 아니다. 고기와 토끼 그리고 통발과 올가미는 개개 물이 다르고 상이 다르다. 그러므로 올가미와 통발에 집착하여 고기와 토끼를 얻을 수 있으나 통발과 올가미를 버리고 따로 고기와 토끼를 잡는 이치도 있다. 이것을 제외하고도 고기를 잡는 도구는 많이 있을 뿐이다."[126]

그리고 왕부지는 바로 이러한 점에서 "한유의 역학은 상론에 있어서 견강부회(牽强附會)함이 많다."[127]라고 하였다. 또한 왕부지는 이렇게 말한다.

"상象이 아니면 단(彖)이 없고 단(彖)이 아니면 효(爻)가 없으며 괘(卦) 효(爻)가 아니면 사(辭)도 없다. 『대상전』에 괘(卦)·효(爻)·사(辭)·점(占)이 모두 그려진 상(象)으로부터 벗어나지 않는다. 『역』 전체가 상(象)에 있다는 것이 분명하다."[128]

괘·효·변·사들은 『역』을 성립시키는 요소이지만, 이 상(象)이 『역』에 바탕을 두고 상(象)에 의해서만 『역』의 인식바탕이 성립된다. 그래서 왕부지는 "상을 버리고 『역』을 터득할 길이 없다"[129]는 논리에서

---

126) 王夫之, 『周易外傳』 卷6, 「繫辭下傳」, 第3章, "夫蹄非兎也, 筌非魚也, 魚·兎·筌·蹄·物異而象殊 故可執蹄筌以獲魚兎, 亦可舍筌蹄而別有得魚兎之理, 畋漁之具夥矣." p.1039.
127) 王夫之, 『周易內傳』, 「繫辭下傳」, 第2章, "漢儒說象多取附會", p.1039.
128) 王夫之, 『周易內傳』, 卷5, 下, 「繫辭上傳」, 第12章, "非象無彖, 非彖無爻, 非象與爻無辭, 則大象·彖·爻·辭占, 皆不離乎所畫之象. 易之全體在象, 明矣.", p.587.

정주이학의 '이본상말'(理本象末)의 논리와, 양한역학(兩漢易學)의 '숭본식말'(崇本息末)의 논리가 상(象)을 배척하는 것이라고 보아 이를 비판하였다. 즉 왕부지의 기 철학 토대는 기(器)에 근원하고 구체세계의 상(象)에 놓여 있다. 그는 또한 이것을 『역』의 대요로 삼았다. 즉, '역은 이(理)를 통회(通會)하고 있으며', '상(象) 밖에는 도(道)가 없다'는 것이 바로 왕부지 역학사상의 창의적 이론이며, 이것은 '상도통일론'(象道統一論)으로 정의할 수 있다.

2) 상도통일론(象道統一論)

왕부지는 도(道)와 상(象)의 존재론적 관계를 언급하면서, 상(象)과 도(道)는 서로 떨어질 수 없는 관계에 있다고 주장한다. 그는 다음과 같이 천명한다.

"천하에 상(象) 밖에 존재하는 도(道)는 없다. 왜 그럴까? 도가 상 밖에 있다면 서로는 둘(二)이 되어 설령 가깝다고 할지라도 역시 아버지와 아들의 관계와 동일한 정도이다. 도가 상 밖에 있지 않다면, 서로가 일치하여 하나(一)가 되니 비록 이름은 각기 다르다고 할지라도 눈·귀에서 눈이 밝고 귀의 들음에 대한 관계와 같다. 아버지가 자식을 낳으면 각자의 형태가 있듯이 아버지가 죽으면 자식이 대를 잇는다. 그렇다고 해서 도가 상을 낳아 각기 몸을 이루며 도는 가더라도 상은 남는다고 말할 수 없다. 그러므로 상 밖에 도가 없으니 도를 상세히 알고자 하면서도, 상을 생략해 버리는 일이 어찌 옳겠는가?"[130]

---

129) 王夫之, 『周易外傳』, "非象則無以見易", p.586.

130) 王夫之, 『周易外傳』, 卷6, 「繫辭下傳」, 第3章, "天下無象外之道. 何也, 有外, 則相與爲兩, 卽甚親, 而亦如父之於子也, 無外, 則相與爲一, 雖有異名, 而亦若耳目之於聰明也. 父生子而各自有形, 父死而子繼, 不曰道生象, 而各自爲體, 道逝而象留. 然則象外無道, 欲詳道而略象, 奚可哉?", p.1038.

왕부지 내재철학에서 도(道)와 상(象)은 존재론에 있어서는 둘
(二)이지만 인식론에서는 하나(一)이다. 도와 상은 서로 내함(內函)
또는 내재(內在) 관계에서 하나의 통일체를 이룬다. 왕부지는 도(道)
와 상(象) 관계를 현상에 비유한다. 인체에서 보면 눈과 귀는 상(象)
이다. 이 상(象)으로 인해서 인간 인식의 총명함을 깨닫는 자체를
도(道)로 표현하였다. 그러므로 왕부지는, 상(象)을 떠나서는 총명함
을 얻지 못한다고 주장한다.

일반적으로 인간의 본성은, 단조로운 사유는 꺼려하고 기피하며,
신묘한 도만 깊이 추구하려 하는 경향이 있다. 그러나 원리자체는
인간 내면에서 보면 숭고하게 보일지 몰라도 그 자체만으로는 성실
성을 다하지 못한다. 그래서 '이법'(理法)과 '대상'(對象)이 통합될
때, 자기 본성은 대상에 감응되고 대상은 원리에 부합되고 제어되며,
그것들은 서로서로 유기적 공존 속에 다양성과 통일성의 체계를 복
합적으로 형성시킨다. 바로 이러한 점에서 왕부지는 실제의 특수 세
계, 즉 구체 세계에 존재하는 형이하자인 상(象) 그리고 기(器)의
세계와 그것의 주재자라고 일컫는 형이상자로서 도(道)의 세계가 완
전히 구별되는 두 세계가 아니고, 동일한 범주 영역 안에서 동일한
역할을 수행하고 있다고 보았다. 그리고 그는 세계의 감응방식이 다
양한 것은 상(象)과 도(道)의 통일성 때문이라고 지적하고, 다음과
같은 논리를 전개한다.

"지금 현상은 〈하늘과 땅〉, 〈순수한 것과 잡된 것〉으로 말미암아 문
채를 얻고 장단과 종횡으로 인해 양의 정도를 얻는다. 견고하거나 무
르고(脆), 움직이거나 그침으로 말미암아 개개 사물의 성질을 얻는다.
대소(大小)・동이(同異)로 인해 정(情)을 얻는다. 일월성신으로 인해
밝음을 얻는다. 토질이 하등의 땅과 기름진 땅으로 인해 수확을 얻고,
초목이 꽃 피고 열매 맺어 재물을 얻고, 바람이 불고 비가 내려 계절
을 얻는다. 귀는 구멍을 열어 소리를 들을 수 있으며 눈은 눈동자를

갖고 볼 수 있으나, 그것은 하나(一)로 이르게 된다. 현상은 헤아릴 수 없이 많으나 〈상(象)과 도(道)의 합일체(合一體)〉『역』에서 통일된다.”131)

주희는 '기(氣)의 이치가 되는 까닭이 도(道)'라고 칭했다. 그리고 형이상은 비물질적이며 추상적 이념이라는 점에서 '도는 상에 국한되지 않고, 개별자의 존재 여부에 관계하지 않으면서 자기 철학을 논의할 수 있다. 이 점에서 주희는 형이상자인 보편으로 이(理)본체를 규정하고 어떠한 제약성과 한계성이 없이 자신의 이(理)철학을 전개시켰다. 이 점에 대해서 왕부지는, 천리의 완만한 자족성을 전제로 자기 본질을 둘로 갈라놓는 경향에 이를 때, 인간의 인식이 '허'虛함과 '추상성'에 빠져드는 폐단을 막기 위해서 구체세계의 '물질본성을 다스림'에서 상(象)에 의존할 때 도(道)가 오히려 환원된다고 설명한다.

  “일개 사물의 색채, 대소, 장단, 견취(堅脆: 단단하고 무름)는 사물의 상(象)이다. 문채, 도수, 체질은 상(象)의 도(道)이다. 다만 색채를 여의면 문채는 없고, 장단 대소를 여의면 적절한 헤아림은 없다. 일월성신(日月星辰)은 하늘의 상(象)이다. 광명의 비춤은 천상(天象)의 도(道)이다. 천상(天象)이 없으면 광명은 없다. 동일하지 않는 성질의 토양은 땅의 상(象)이며 농작물이 성장함은 상(象)의 도(道)이다. 토양을 여의면 성장의 도(道)는 없게 된다. 정괘(鼎卦)의 괘상(卦象)에서 솥발이 기울고 솥귀가 끊어지면 솥에 사물을 삶을 수 없다. 솥의 형상이 없어지면 삶고 익히는 도(道)는 없다.”132)

---

131) 王夫之,『周易外傳』, 卷6,「繫辭下傳」, 第3章, “今夫象, 玄黃純雜, 因以得文, 長短縱橫, 因以得度, 堅脆動止, 因以得質, 大小同異, 因以得情, 日月星辰, 因以得明, 墳埴壚壤, 因以得產, 木華實, 因以得材, 風雨散潤, 因以得節. 其於耳啓竅以得聰, 目含珠以得明, 其致一也. 象不勝多 而一之於易.”, PP.1038~1039.
132) 朱伯崑,『中國哲學史論文集』(第2集), 王夫之論本體和現象, “一個東西的顏

왕부지가 의도하는 상(象)이란 것은 색채(色彩), 대소(大小), 장단
(長短), 견취(堅脆: 단단하고 무름)로 드러나 감지할 수 있는 사물
이다. 그러나 문채·도수·체질은 "형체 속에 숨어서 드러나지 않는
다. 이 둘은, 즉 당연의 이치이며 형이상자이다.(…) 형이상의 도는
드러나지 않지만 반드시 형체가 있는 것이니 그런 뒤에, 앞서 그것
을 이룬 소이로서 형상을 이루고 있는 양능의 드러남이 형이상자이
다. 그리고 형상을 떠나지 않으니, 도(道)와 기(氣)는 서로 떨어질
수가 없다."133) 그래서 그가 말하는 형이상 자는 존재·당위가 동시
동존한다. 그리고 그에 있어서 '존재(存在)의 장'(場)은 당연히 '내재
(內在)의 장'(場)이 되며, 그리고 당위 면에서는 인간 내면의 성실성
으로 상(天)·하(象)의 이치를 다할 때 성인의 이치가 드러나는 도
가 된다. 이것으로 말미암아 인간은 내재철학에서 숭고한 덕을 부여
받게 된다고 생각했다. 그리고 그는 주희의 추상성에 근거한 이(理)
의 초월성과 기(器)에 대한 형이하학적 지식으로 양분한 것을 지적
하고, 그리고 불가의 돈멸적 사유의 편협성을 비판하는 점이 여기에
있는 것이다. 그는 배움의 최종목표가 본질의 한 세계를 인간이 설
정해 놓고 '갑자기 거기에 도달함'이 아니고, '한 걸음 한 걸음 실제
의 노력'을 가하여 상달(上達)하는 것이라고 보았다. 그래서 그는, 구
체 세계에서 '인간의 성실성'에 바탕을 둘 때 비로소 성공(成功)은
성취될 수 있다고 보았다. 왕부지는 기 철학의 입장에서 주희의 불

色, 大小長短, 堅脆是, 他的象而文理, 度數體質是他的道. 但是離開顏色, 無
所謂文采, 離開長短大小談不上適度又如日月星辰是天的象, 發出光明是他的
道, 但沒有天象, 也就沒有光明, 不同性質的, 土壤是地. 的象生長農作物是他
的道, 但離開土壤也沒有生長之道, 又解釋, 鼎卦卦象, 足歆鉉斷鼎無烹鼎無
烹鼎的形象毀壞了, 也無所謂烹飪之道." pp.68～69.

133) 王夫之,『周易內傳』, 卷5,「繫辭上傳」, 12章, "皆隱於形之中而不顯. 二者則
所謂當然之道也, 形而上者也.(…) 形而上之道隱矣, 乃必有其形, 而後前乎所
以成之者之良能著, 故謂之形而上, 而不離乎形. 道與器不相離.", p.568 參照.

가적 학문 태도를 비판한다. 이것은 송명유학자 일반의 특징이기도
하지만 왕부지에게서 좀더 엄격하고 분명한 이론구조를 엿볼 수 있
다. 우선 그의 논의를 살펴보도록 하자.

　　"오직 하학 처에서만 성공(聖功)이 있는 것이지 상달에 도달하는
　데는 오히려 힘을 쓸 수 없는 일이다. 그러므로 주희는 하학(下學)
　하면서도 상달(上達)할 수 없는 것은 다만 하학에서 얻는 것이 합당
　하지 않기 때문이다. 라고 하였다. 이 주장은 분명하다. 그런데 주희
　는 홀연 상달이라는 말을 하였으니 나 보기에 타당하지 않다. 만일
　어떤 시기를 인연으로 얽어 놓고 미혹과 깨달음의 시간 경과에 따라
　본다면, 이미 불가의 붕당에 들어간 셈이다.(…) 홀연 상달은 이미
　하학하는 일과 양편을 갈라서 상달한 이후에 일체무사가 될 수 있다
　고 한다. 이것은 불가가 벽돌 조각으로 문을 두드려서 문이 갑자기
　열리면 벽돌조각은 쓸모가 없다는 취지이다. 불가는 돈멸을 깨달음
　으로 삼기 때문에 가르침이 그런 것에 있다. 그러나 성인은 자기를
　반성하고 수양하여 하늘과 동일하게 된다는 것은 한 걸음 한 걸음
　실재 노력을 통하여 무지를 채워 나아가는 것이니 어찌 그런 것이
　있겠는가? 그러므로 말하기를 천(天)은 뭇 양(陽)을 축적하여 스스
　로 강건하고, 천은 스스로 쉬지 않으니 성인의 순수함이라 하였다.
　발분하여 먹는 것도 잊어버리고 즐거움으로 근심도 잊고 늙음이 이
　르는지도 모른다고 하였다. 성인이 이룬 상달은 하루아침에 홀연히
　이룬 것은 아님이 분명하다."[134]

　왕부지는 『장자정몽주』 첫 머리에서, 하학적 공부 방법을 강조한
다. 즉, 구체세계의 이법을 하학함에 두고, 통일적 원리에 입각해서

---

134) 王夫之, 『讀四書大全說』, 卷6, 論語, 憲問篇, "只下學處有聖功在, 到上達却
　　用力不得, 故朱子云 下學而不能上達者, 只緣下學得不是當. 此說最分明. 乃
　　朱子抑有 忽然上達之語, 則愚所未安.若立個時節因緣, 作迷悟關頭, 則已入釋
　　氏窠臼.(…) 忽然上達, 旣與下學打作兩片, 上達以後, 便可一切無事, 正釋氏
　　磚子敲門, 門忽開而磚無用之旨. 釋氏以頓滅爲悟, 故其敎有然者. 聖人「反己
　　自修」而「與天爲一」, 步步是實, 盈科而進, 豈其然哉! 故曰天積衆陽以 自剛,
　　天之不已, 聖人之純也.發憤忘食, 樂以忘憂, 不知老之將至, 聖人之上達, 不得
　　一旦忽然也, 明矣.", p.811.

'만사에 관통하면 배우고 물으며 생각하고 변론하는 것이 모두 그
근원에 봉착하게 된다.'135)고 주장한다.

> "먼저 도(道)가 스스로 나오는 근원과 물(物)이 스스로 생성하는 근
> 원, 성(性)이 품수 받은 근원, 성공(聖功)을 실현하는 노력과 하학하는
> 일은, 반드시 이것을 이해한 뒤에야 이단에 빠져들지 않는다."136)

경험적 지식의 축적은 감성에 의존하기 때문에 물질에 매몰되기
쉽고, 이성적 지식의 형이상학은 추상성에 흘러서 이성 자체가 합리
성을 잃어버릴 염려가 있기 때문에 종합적 체계를 필요로 한다. 왕
부지는 학문의 종합적 체계 건립은 반드시 '하학(下學)으로부터 상
달(上達)함'에 있다고 보았으며, 그리고 상(象)에서 도(道)에 이르는
'상도통일론'(象道統一論)에 있다고 생각하였다. 즉 그는 만 인사의
성실성으로 '성인의 성공'(聖功)에 도달하는 것을 학문의 궁극 처로
삼았던 것이다.

3) 역리(易理)의 구성

(1) 건곤병건(乾坤竝建)과 착종(錯綜)의 설립동기

왕부지는 "『주역』의 「서괘전」은 성인의 저작이 아니다."137)라고
단호히 주장한다. 그리고 그는 「서괘전」이 인간의 의리역학을 확립
할 수 없다는 점에서 역리체계를 세웠으며, 이것이 바로 '착종설(錯
綜說)'의 설립동기가 된다. 왕부지는 『주역외전』「서괘전」에서 건곤

---

135) 王夫之, 『讀四書大全說』, 卷9, 可狀篇, "以實理爲學, 貞於一而通於萬, 則學
    問思辯, 皆逢其原.", p.379.
136) 王夫之, 『張子正蒙注』, 卷1, 太和篇, "此篇首明道之所自出, 物之所自生, 性
    之所自受, 而作聖之功, 下學之事, 必達於此, 而後不爲異端所惑.", p.15.
137) 王夫之, 『周易外傳』, 卷7, 「序卦傳」, "是以知序卦傳非聖人之書也.", p.1092.

병건설의 입지를 다음과 같이 천명한다.

첫째로, 『주역』「서괘전」이 '의리역학의 관점에 서 있지 못하고'(因義不立), 둘째로, '의리역학의 성립체계를 갖추지 못했으며'(成義不立), 셋째로, '의리역학의 상반되는 측면 또한 제대로 성립시키지 못했다'(反義不立)고 하며, 바로 이 점에서 왕부지의 역리설, 즉 건을 '재빨리 확립시켜' 대시(大始)가 되게 하고, 곤을 바탕으로 하여 우주를 변역의 장으로 삼고, 건곤병건으로 학역하는 목적을 뚜렷이 함으로써 자신만의 독창적 「서괘전」을 전개하였던 것이다. 『주역』의 「서괘전」이 성인의 저작이 아니라고 하는 생각은 왕부지 뿐만 아니라, 종래의 유가철학자들에게서도 발견된다. 즉 정자는, 진(晋)나라의 한강백(韓康伯)의 주장에 따라 「서괘전」이 『역』의 '본질'이 아님으로 도와 부합되지도 못한다고 하였으며, 주희 또한 정자의 주장에 따라 「서괘전」이 성인의 학문의 정수가 아니며 『역』의 '본질'로 볼 수도 없다고 하였다.[138] 왕부지는 「서괘전」이 성인의 저작이 아님을 크게 두 가지로 논증한다.

첫째, 왕부지는 존재론에서 천지와 만물의 생성이 무(無) 선후(先後)임을 강조한다. 그러나 『주역』의 「서괘전」은 "천지가 있은 연후에 만물이 생 한다"[139]라고 하여 왕부지의 입장에 반대된다. 왕부지는 만물이 존재하기 이전에 이미 천지는 있었다. 라는 「서괘전」의 서술을 극력 비판한다. 왕부지는 『주역』의 본의대로 라면, 인간과 자연에는 '머무름'(留)도 있고 '기다림'(待)이 있다고 본다. 그러므로 그는 천지와 만물의 '무 선후'를 주장한다. 왜냐하면, 왕부지는 『역』에는 6음 6양의 12위가 모두 함께 갖추어져 있고, 천(天)은 통솔하고

---

138) 『周易』, 卷24, 附諺解, 貞, 「序卦傳」, "程子曰 韓康伯謂序卦非易之此不合道. 朱子曰 此沙隨程氏之說也先儒以非聖人之蘊, 某以爲謂之非聖人之精, 則可謂非易之蘊."p.579 參照.

139) 『周易』, 「序卦傳」, 卷24, 附諺解, 貞, "有天地然後萬物生焉." p.582.

지(地)는 실행하며 천·지는 한데 어울려 성실하고 결함이 없다고 본다. 즉 만물이 존재하려면 형질은 반드시 정(情)을 이루고, 성정은 이(理)를 이루며, 서로 참차(參差), 협보(夾輔), 보과(補過), 진선(進善)하게 된다고 생각하였기 때문이다. 그리고 왕부지는 정(情)과 재(材), 기(器)와 도(道)는 건곤(乾坤)에서 구비되므로 "천지가 만물보다 먼저 있지 않고, 만물이 천지 이후에 있지도 않다."[140]고 주장하며, 그러므로 『주역』의 「서괘전」은 성인의 저작이 아니라고 강조한다.

둘째, 「서괘전」이 전승되어온 역사 사건의 과정에서, 하내 여자(河內 女子)가 「서괘전」을 구입하여 오로지 자기 집안의 학문으로 전승했다고 하는데, 그 책의 내용을 볼 때, 문리는 고수하였지만 의리에는 곤궁하며 대시(大始)에는 몽매(蒙昧)하였고 대성(大成)에는 파절된 문구로 전해졌으므로 이 책은 성인의 저작이 아니다[141]라고 왕부지는 주장하였다. 이제 우리는 '첫째'에서 언급한 세 가지 논거를 보다 자세히 살펴보기로 한다.

하나, '인의부립'(因義不立) (「서괘전」은 의리역학의 관점에서 원인과 결과를 명확히 성립시키지 못했다.)

왕부지는 의리역학의 관점에서, 원인과 결과는 역 괘에 있어서 떨어질 수 없고 함께 갖추어진다고 보기 때문에, 착 괘를 이룬다고 주장한다. 왕부지가 거론하고 있는 인과의 일관성에 대한 『역』의 체계를 직접 그의 주해를 통해 이해 해 보도록 하자.

> "천지간의 모든 존재는 도에 근원하고 있다. 기 운동의 일음일양으로 말미암아 뭇 사물들이 위대한 원인으로 존재한다. 시세에 나아가서도 점진적으로 상호 원인으로써 그 결과를 사수하는 것이다. 기

---

140) 王夫之, 『周易外傳』, 卷7, 「序卦傳」, "天地不先, 萬物不後.", p.1092.
141) 王夫之, 『周易外傳』, 卷7, 「序卦傳」, "傳於專家之學.", p.1092.

(氣)의 원인에는 또한 영구함이 있을 수 없고 기강(紀綱)을 통제하기란 어려움이 있다. 또한 원인에서 오는 이치는 원인의 결과와 함께 괘에서 모두 갖추어진다. 즉, 원인으로서 둔괘(屯卦: 屯者物之始生也)는 결과적으로 몽괘(蒙卦: 物之穉也)가 있고, 마찬가지로 사괘(師卦: 師者衆也)에는 비괘(比卦: 比者比也)가 있으며 또한, 동인괘(同人卦: 得中而應乎乾)에는 대유괘(大有卦: 大中而上下應之)가 있다. 그리고 〈이러한 정황으로 나아간다면〉 후괘는 '군더더기'(贅餘)로 남게 된다. 하물며 수괘(隨卦)와 고괘(蠱卦)가 같다면, 점괘(漸卦)는 귀매괘(歸妹卦)와 함께 착괘(錯卦)를 이룬다. 이것은 서로 상반되는 괘이다. 본래 서로 원인이 없는데 결과적으로 인간이 반드시 사(事)가 있다 하고 어찌 기쁨만을 따라가며, 나아감에는 반드시 돌아감이 있다고 하겠는가? 이것을 보면 「서괘전」이 '의리역학의 원인을 확립하지 못했다."142)는 것을 알 수 있다.

둘, '성의부립'(成義不立) (「서괘전」은 의리역학의 관점에서 선후 관계를 분명히 성립시키지 못했다.)

왕부지는 종래 『주역』의 「서괘전」이 의리역학의 관점에서 볼 때, 사물형성 과정에서 일관성이 결여되었다고 주장한다. 왕부지는 이미 전 괘에서 사물이 형성된다면 후 괘는 수대(需待)의 결과로 모순이 발생할 수밖에 없다고 하며, 그러한 사물형성 과정의 선후 관계의 논거를 다음과 같이 분명하게 밝히고 있다.

"받아서 이루는 것은 기(器)이고, 기(器)가 이룰 수 있는 곳은 재(材)이다. 〈이러한 논리라면〉 재(材)가 선재(先在)하고 기(器)는 후재(後在)한다. 기(器)가 이미 상(象)에서 형성되었다면, 재(材)를 기다릴 필요가 없다. 전 괘의 체상이 이미 형성되었다면 어찌 후 괘를

---

142) 王夫之, 『周易外傳』, 卷7, 「序卦傳」, "天地之間, 皆因於道. 一陰一陽者, 群所大因也. 時勢之所趨, 而漸以相因, 遂私受之, 以爲因亦无恒, 而統紀亂矣. 且因者之理, 具於所因之卦, 則屯有蒙, 師有比, 同人有大有, 而後卦爲贅餘矣. 況如隨之與蠱, 漸之與歸妹, 錯卦也, 相反之卦也. 本非相因, 何以曰「以喜隨人者必有事」, 「進必有所歸」耶? 如是者, 因義不立.", p.1092.

수대(需待)할 수 있는가? 가상으로, 후 괘가 없이 전 괘의 업적이 이미 이루어졌다면, 어찌 이괘(履卦)는 태괘(泰卦)가 있은 후에 편안해지며, 사물을 혁신하는 것은 정괘(鼎卦)와 같지 않겠는가? 무망괘(無妄卦)의 이어짐이 복괘(復卦)이고, 췌괘(萃卦)의 이어짐이 구괘(姤卦)와 같다면, 음양은 속히 되돌아와서 상보할 수는 있지만, 상성하지 않음이 분명하다. 그리고 말하기를 '부(復), 한 즉 망(妄)하지 않고', 〈음양이〉 '상우(相遇)한 이후에 만물이 응취'한다."[143]

왕부지는, '기'(器)와 '재'(材)는 통일체계로 간주하고 기(器)와 재(材)가 생성하는 관계에서는 재(材)가 선재하고 기(器)는 상(象) 속에 있기 때문에 기(器)는 나중에 드러난다고 생각하였다. 왕부지에 있어서 재(材)는 항상 생성하려는 본성으로 기(器)를 만나지 못하면 본성을 이룰 수 없고, 기(器)는 생성시키려는 성질로서 재(材)에 내재할 때, 상(象)에서 사물이 형성되기 때문에 본체와 현상은 서로 필요 불가분 관계를 이룬다. 왕부지의 내재철학에서는 실유실사의 실증적 사유, 즉 본체보다는 현상영역에 중심을 두고 있으므로 '현상영역이 우선되고', '본체영역이 말단'이 된다. 재언하자면 왕부지는 「서괘전」이 전 괘의 체상에서 이미 기(器)가 재(材)에 내재되어 상(象)으로 형성되었는데, 후 괘에서는 수대(需待)할 필요가 없다고 비판한다. 왕부지는 이 점에서 「서괘전」이 의리의 성립관계를 확립시키지 못했다고 천명한다.

셋, '반의부립'(反義不立) (「서괘전」은 의리역학 관점에서 음양의 반복과 왕래 상반 성을 성립시키지 못했다.)

『주역』에서 음양 6위는 모두 건곤에 갖추어지고 '왕래'로서 변화를

---

143) 王夫之, 『周易外傳』, 卷7, 「序卦傳」, "受成者器, 所可成器者材. 材先而器後. 器已成 乎象, 无待材矣. 前卦之體象已成, 豈當待後卦乎? 假无後卦, 而前卦業已成矣, 何以云「履而泰然後安」, 「革物者莫若鼎」耶? 若无妄之承復, 萃之承姤, 陰陽速反而相報, 非相成明矣. 而曰「復則不妄」, 「相遇而後聚」.", p.1092.

다한다. 그리고 변화함의 필연은 왕래하는데 기한이 없다. 기한이 없다고 함은 이미 상반성을 내재하고 있다. 그는 기의 굴신운행에서, 굴신(屈伸)은 기 상반의 필연성이라고 생각한다. 왕부지가 의도하는 필연성에는 굴과 신, 즉 신과 굴의 반복성, 왕래성이 이미 전제되어 완전무결한 통일체를 이루고 있다. 그는 의리역학의 관점에서, 「서괘전」이 반복과 왕래의 성질을 서로 확립시키지 못했다고 지적한다. 그래서 그는 다음과 같이 말한다.

> "이 괘에서 성장하면 저 괘에서 결핍됨을 보충한다. 전 괘로 인해서 구부림이 있으면 후 괘의 펴짐을 격렬히 받든다. 그런 즉 남월(南粤)땅에 온난하다는 것은 북호(北胡)땅에는 얼어붙는 겨울을 보충한다. 그러하지 못하다면 이른 아침의 바람으로 금일 온 종일 더위를 해결 할 수 있겠는가?"144)

왕부지에 있어서 태허지중에 고동(鼓動)하는 기(氣)는 순잡으로 인해서 혼명, 강유한 각각 다른 상반된 성(性)을 이룬다고 간주된다. 그런데, 왕부지는 『역』의 「서괘전」은 의리의 '상반성'을 서술한 부분이 결여되었다고 반증을 가한다. 왕부지는 『주역』「서괘전」의 인의부립(因義不立), 성의부립(成義不立), 반의부립(反義不立)을 평가하고 상(象)와 괘(卦), 괘(卦)와 효(爻)를 살피고 학역(學易)함으로써 건곤병건설(乾坤並建說)을 수립하였다. 그리고 왕부지는 건괘와 곤괘는 『주역』의 모든 괘와 연관성이 있다고 보고, 건곤(乾坤) 괘를 수괘(首卦)에 놓고 건곤(乾坤)을 역리설(易理說)의 종지(宗旨)로 발양(發揚)하였다.

우리는 이제 왕부지의 역학에 있어서 '건곤병건'과 '착종'이 '인간'

---

144) 王夫之, 『周易外傳』, 卷7, 「序卦傳」, "以此卦之長, 補彼卦之短, 因前卦之屈, 激後卦之伸, 然粤之暄 致北胡之凍, 詰旦之風, 解今日之暍乎?", p.1093.

과 '자연'에 주는 의미가 무엇이며, 또한 왕부지의 역리철학에 있어서 독창적인 관점이 무엇인가를 살펴보고자 한다.

(2) 건곤병건론(乾坤竝建論)

왕부지가 주장하는 세계의 본질은 "일물양체(一物兩體)로서의 태극"145)이다. "태극은 태화인온(太和絪縕)의 혼합체이다.(…) 그것이 기(氣)에 있은 즉 음양(陰陽)이 되고 질(質)에 있은 즉 강유(剛柔)가 된다."146) 그리고 음양과 태극은 서로 분리되어 있지 않고, 태극은 본래 음양과 함께 있으며 서로 합일하는 변화의 실체이다.

> "태극이 동하여 양을 생하고 정하여 음을 생한다. 양에는 조리가
> 있고 음에는 질서가 있다. 〈만약에〉 동유(同有)하지 않고 생(生)한
> 다면, 조리를 이루지 못하고 질서 또한 세울 수 없다."147)

왕부지는, 생(生)의 근본적 원인은 '태극(太極)과 역'(易)을 분리하지 않고 여기에서 음양을 포용하고 있기 때문에 '고유(固有)한 것'이 되고, '동유(同有)한 것'이 된다고 주장한다. 그에 있어서 음양 변화의 요인은 인온(絪縕)이 서로 마탕(摩蕩)하고 번갈아 동요하고 분화하여 음양의 양의가 태극 가운데 함축되어 있기 때문에, 음양은 서로 적대하거나 어긋남이 없이 전체세계를 형성시키고, 각기 자기 위치를 유지함으로써 『역』의 체계는 구성된다고 주장한다. 그는 『주역 내전』에서 다음과 같이 주해하고 있다.

---

145) 王夫之, 『張子正蒙注』, 卷7, 大易篇, "一物兩體, 氣太極之謂與", p.275.

146) 王夫之, 『張子正蒙注』, 卷7, 大易篇, "太和絪縕合同之體(…) 其在氣則爲陰陽, 在質則爲剛柔.", p.274.

147) 王夫之, 『思問錄』, 內篇, "太極動而生陽, 靜而生陰, 陽有條理, 陰有秩敍, 非有以生之, 則條理不成, 秩敍亦無自而設矣", p.405.

"합하면 태극이 되고 나누면 음양이라 일컫는다."[148]

"음과 양이 서로 위반함이 없는 것을 충(沖)이라고 한다. 그것은
청탁 작용을 달리하고 다소 분제(分劑)함이 가지런하지 않으나 공
(功)을 함께 하여 서로 어긋남이 없는 것을 화(和)라고 한다. 천지
사이에 충화(沖和)는 천지에 유행하고, 천지는 그것을 함께 갖고서
서로 화합하여 화생하는 것을 넓게 하니 천지를 떠나 따로 하나의
사물로 간주해서는 안 된다. 그러므로 서로 보호하고 합일하면 충화
가 되고, 각기 자기 위치를 지키면 건곤(乾坤)이 된다."[149]

왕부지는 건(乾)을 소자(少者)로, 곤(坤)을 다자(多者)로 여겼다.
즉 건은 하늘의 베풂이 하나로 통일되어 있기 때문에 소자로 보았고,
곤은 만유를 생하기 때문에 다자로 보았으며, 그러므로 '소자'로써 다
자를 화생(化生)시킨다고 하였다. 그리고 그는 건곤(乾坤)의 주기적
규칙성과 상호 병건(竝建)을 이루는 근원은 충화(沖和)의 조화 가운
데 일어난다고 하였다. 이와 관련한 왕부지의 말을 인용해 보도록
한다.

"소자(乾)는 닫혀서 통일에 이르고, 다자(坤)는 열려서 만유를 갖
춘다. 소자는 감추어 만유를 주고 다자는 흩어져 무한하다. 소자는
청허하여 홀로 고귀함을 지키고, 다자는 탁하여 천박함을 지킨다. 충
화가 서로 응집하며 내포하고 서로 의지하여 경계가 없다."[150]

---

148) 王夫之, 『周易內傳』, 卷5, 上, 「繫辭上傳」, 第5章, "合之則爲太極, 分之則謂
之陰陽.", p.525.
149) 王夫之, 『周易外傳』, 卷2, 「復卦」, "而陰陽無畔者謂之沖, 其淸濁異用, 多少
分劑之不齊, 而同功無忤者謂之和. 沖和者, 行乎天地而天地俱有之, 相會以
廣所生, 非離天地而別爲一物也. 故保合則爲沖和, 奠位則爲乾坤.", p.882.
150) 王夫之, 『周易外傳』, 卷2, 「復卦」, "少者翕而致一, 多者闢而賅衆, 少者藏而
賅衆有, 多者散而之無, 少者淸而司貴, 多者濁而司賤. 沖和旣凝, 相涵相持,
無有疆畔.", p.882.

왕부지는, 음양의 양자는 서로 분리되지 않고, 서로 다투지도 않고, 청허하고 탁한 고유한 능력을 최대한 발휘하면서 천(天)은 지(地) 속으로 함입되고, 지(地)는 천(天)의 변화를 내포하면서 수용하는 관계를 이룬다고 보았다. 그는 건곤이 개개의 정체성을 이루고 천지에 공능을 드러낸다고 한다. 그리고 그는 『역』에서 건곤을 함께 세우므로 모든 괘의 통종(統宗)이 된다고 강조한다. 왕부지의 주된 역철학서인 「주역외전」에서 건곤의 요지를 인용해 보도록 한다.

"음양의 두 기는 광범위한 宇宙에서 인온운동을 하면서, 만물 간에 녹고 응결된다. 그러나 이것은 서로 떨어질 수 없고 서로 이기려고 하지 않는 관계 속에 있기 때문에 양만 있고 음이 없으며, 음만 있고 양이 없는 경우는 없다. 그리고 지(地)만 있고 천(天)이 없으며 천(天)만 있고 지(地)가 없는 경우는 없다. 그러므로 『주역』은 건곤을 함께 세워 모든 괘의 통일적 근원으로 삼았으니 서로 고립되어 있지 않다. 양은 독자적으로 운행하는 신묘함을 갖고 있으며, 음은 자립의 실체를 갖고 있다. 그러므로 천(天)은 지(地) 속으로 융입(融入)되고, 지는 천의 변화를 내포하면서 각기 자신의 공효를 발휘한다."[151]

왕부지가 의도하는 음양의 역할은, 양은 강건성과 신묘성을 갖고 아래로 포용하고, 음은 순응성과 자립성을 갖고 서로 〈허실(虛實)·합벽(闔闢)〉으로 융회하여 수용하는 가운데 음과 양은 서로 회통관계를 이룬다. 왕부지의 건곤병건설은 중국 철학사의 내재철학, 특히 역리해석에 있어서 독창성을 갖는다. 음양의 신묘성과 자립의 실체를 유지한다는 왕부지의 건곤병건설은 『주역』의 역리해석에서 모든

---

151) 王夫之, 『周易內傳』, 卷1, 上, "陰陽二氣絪縕於宇宙, 融結於萬彙, 不相離, 不相勝, 無有陽而無陰, 有陰而無陽, 無有地而無天, 有天而無地. 故周易竝建乾坤爲諸卦之統宗, 不孤立也. 然陽有獨運之神, 陰有自立之體, 天入地中, 地函天化, 而抑各效其功能.", p.74.

괘의 '통종'(統宗)이 된다. 바로 이 점에서 우리는 기(氣)의 인온(絪縕) 운동이 어떤 수단으로 변역하기에 건곤을 함께 세울 수 있는가를 밝히고자 한다. 또한 무한한 변화를 일으키는 태극은 음양 조화가 어떻게 가능하며, 또한 그것을 가능하게 하는 매개체는 무엇인가를 밝혀 보려고 한다. 왕부지의 주장을 직접 인용해 보도록 한다.

> "건(乾)·곤(坤)은 『역』의 온(縕), 이것이다. 건·곤이 서열을 이루고, 『역』은 그 가운데 서게 된다. 건곤의 서열이 허물어지면 『역』은 드러낼 수가 없다. 『역』에 드러나지 않으면 건곤은 아마도 거의 사라지고 말 것이다."152)

왕부지는 『역』에서 건곤의 서열을 첫 머리에 세우고, 『역』의 바탕을 건곤 두 괘에서 세웠다. 그리고 왕부지는 건곤 두 괘를 함께 세우지 못하면 『역』은 성립할 수 없다고 생각하고, 건곤이 함께 세워지게 되면 온의 충실함을 이어받게 되어 건곤 둘(二)은 유기적 통일체의 대균(大鈞)을 이룬다고 주장한다. 그렇다면 여기에서 말하는 '온'(縕)이란 의미는 무엇이며, 왕부지가 그것에 어떤 역할을 부여했기에 건곤을 함께 세울 수 있는가? 왕부지는 천지를 연결하는 관계를 "옷 속에 '솜'(絮)을 집어넣고 합착시켜 그 속에서 충실함을 의미한다."153)는 비유로 설명하였다. 그리고 그것은 건·곤이 음양 둘로 나눌 때 겉과 속을 이룬다고 보았으며, 이 겉과 속을 충만히 채울 수 있는 통일적 근거가 바로 '온'(縕)이라고 보았다. 다시 말해서 "천(天)은 지(地) 외의 범위를 포괄하고 지(地) 가운데로 흘러 들어가며, 지(地)는 천(天) 가운데 처하면서 천기(天氣)와 합일하여"154) 천지

---

152) 王夫之, 『周易內傳』, 卷5, 下, 「繫辭上傳」, 第11章, "乾坤其易之縕邪! 乾坤成列而易立乎其中矣. 乾坤毁則無以見易, 易不可見, 則乾坤或幾乎息矣.", p.567.

153) 王夫之, 『周易內傳』, 卷5, 下, 「繫辭上傳」, 第11章, "縕衣內絮著也, 充實於中之謂.", p.567.

공능을 함께 발휘하도록 하는 실유가 바로, '기'(氣)이며 '온'(縕)인 셈이다. 왕부지는 『주역』에 대한 양면성, 즉 착(錯)은 〈은(隱: 숨음)·현(見: 드러남)〉, 〈유(幽: 숨음)·명(明: 드러남)〉'의 차별을 상응시키고, 종(綜)은 다양성을 상보시킨다고 강조한다. 왕부지는 다음과 같이 천명한다.

   "태극은 하나의 혼륜한 천의 전체이다. '드러난 것'(見)이 반이며, '숨은 것'(隱)이 반이다. 음양 이기가 그 자리에 함께 존재한다. 그러므로 수레바퀴가 굴러감에 언제나 여섯 개만 드러나고 드러난 것만을 볼 수 있을 뿐이다. 그 뒤쪽은 지각할 수가 없다. 건괘가 '드러나면'(明) 곤괘는 '숨게'(幽)된다. 반대로 곤괘가 드러나면(明) 건괘 또한 숨게(幽)된다. 이와 같이 『주역』은 이것을 병렬하여 서로 떨어질 수 없는 관계에 있다는 것을 현시하는데, 실제로 한 괘의 '앞쪽'(響)과 '뒤쪽'(背)에 건곤 두 괘가 모두 존재한다. 나아가서 건곤 두 괘만 그런 것이 아니고 인간이 보는 시야의 드러남에 둔괘, 몽괘가 있고 드러나지 않음(幽)에 즉, 그것의 반대 면에는 정괘와 혁괘가 존재한다."155)

왕부지는 건의 6양과 곤의 6음을 합하여 모두 12위로 간주하고, 우리 인간이 현시할 수 있는 것은 6음이나 6양 중 어느 한 쪽이지만, 실제로 사물이나 괘가 완전한 형상을 이루려면, '앞쪽'(響)과 '뒤쪽'(背)을 합하여 12위로 보아야 원만한 형상을 이룬다고 보았다. 그는 시야에 보이는 쪽, 즉 드러난 쪽을 '명'(明)이라 하고, 드러나지 않는 쪽을 '유'(幽)라고 하였다. 그리고 건괘가 명에 있으면 곤괘는 반대로

---

154) 王夫之, 『周易外傳』, 卷7, 「說卦傳」, "天包地外而行地中, 地處天中而合天氣.", p.1082.
155) 王夫之, 『周易內傳發例』, 卷7, "太極一渾天之全體, 見者半, 隱者半, 陰陽寓於其位, 故轂轉而恒見其六. 乾明則坤處於幽, 坤明則乾處於幽. 周易並列之, 示不相離, 實則一卦之響背而乾坤皆在焉. 非徒乾坤爲然也, 明爲屯, 蒙, 則幽爲鼎, 革, 無不然也.", p.658.

유에 있게 되고, 또 곤괘가 유에 있으면 건괘는 명에 있게 된다고
보았다. 이러한 논리에서 건·곤괘만이 그런 것이 아니고 『역』의 64
괘가 모두 이런 구조를 갖고 있다고 생각하였으며, 또한 명에 둔괘
와 몽괘가 있으면 유에 정괘와 혁괘가 있게 된다고 보았다. 이것은
乾坤의 두 괘가 〈은隱·현現〉, 〈향嚮·배背〉의 짝을 이루지 않는 것
이 없기 때문이다.

건곤병건(乾坤竝建)을 첫 머리에 세울 때, 음양의 〈합벽(闔闢)·
현미(顯微)〉함의 정합성은 증명된다. 이것으로 말미암아 물리와 인
사의 덕업으로 삼은 것이 건곤을 첫머리에 세우는 이유 중에 하나이
다. 왜냐하면 『주역』의 모든 괘를 이루는 것은 음양 두 괘에서 출발
하며 아무리 많은 괘를 형성시킨다 해도 건곤 괘 외에 다른 괘가 없
기 때문이다. 즉 여기서 건곤은 천지와 구별되는 개념으로 사용된다.

> "대저 한번 닫히고, 한번 열려서 정하고 동하는 것은 모두 도가
> 그침을 용납하지 않는 필연적 사태이다. 그러므로 그것이 동함에 있
> 어 극에 이르러도 바르고, 극에 이르지 못해도 바르다. 사물의 재질
> 에 따라 만변을 일으키므로 바르지 않는 것이 없다. 건곤은 극에 이
> 르러 올바른 형상이 되지만, 62괘는 극에 이르지 못해도 그와 마찬
> 가지로 올바르다. 그것은 왜 그럴까? 모두가 건곤의 전부를 사용하
> 기 때문에 '머무름'이 없고, '기다림'이 없으며 건곤이 함께 세워지나
> 서로 신속히 합하여 건곤을 세우기 때문이다."156)

왕부지에 따르면, 도 자체의 운동성은 영원하다. 영원함 자체는 상
호 주기적 규칙으로 한번 닫치고 한번 열려서 동정은 상보적 융통성
을 갖는다. 그러므로 만변(萬變)하여도 바르지 않는 것이 없다. 건곤

---

156) 王夫之, 『周易外傳』, 卷7, 「序卦傳」, "夫一闔一闢而靜動, 則皆道之不容已.
故其動也極而正. 不極而亦正. 因材以起萬變, 則無有不正者矣. 乾坤極而正
者也. 六十二卦不極而亦正者也. 何也? 皆以其全用而無留無待者竝建而捷立
者也.", p.1094.

자체를 모두 사용하기 때문에 사물의 재질에 따라 만변을 일으키고, 시공에 따라 만변은 바르게 진행되며 자립의 바탕을 이룬다. 여기에 서 우리는 왕부지의 건곤 괘의 의미와 62괘와의 관계, 그리고 건곤 괘의 역할로 순양을 건으로 삼는 이유를 밝혀 보려고 한다. 왕부지 는 『주역내전』 '건곤 괘'에서 다음과 같이 말한다.

> "『주역』은 건곤을 함께 세워 태초로 삼고, 음양의 지극한 충족으 로 62괘의 변화를 통일하였다. 이것으로 고금의 먼 시간과 천지의 광대함에 관통하였다. 한 사물의 실체와 본성, 한 사람의 공능에는 음이 있으면서 양이 없거나, 양이 있으면서 음이 없는 경우는 없다. 지(地)가 있으면서 천(天)이 없거나, 천(天)이 있으면서 지(地)가 없는 경우는 없다. 하나의 순수한 양만 있고 음이 없는 괘를 세워서 는 안 되며, 성대하고 순전한 양을 건으로 삼는 것은 대개 음양이 합하여 운행하는 가운데 양이 왕성하고 성대하게 유행하는 것을 거 론하기 위해서이다. 62괘는 시간을 가질 수 있으나 건곤에는 시간이 적용될 수 없다."157)

왕부지는 건(乾)의 순양(純陽)을 으뜸으로 삼는다. 이것은 양기 (陽氣)를 펼치는 힘이며, 또한 음기(陰氣)는 응결을 담당하고 사물 의 형태를 이루어 주며, 형태에 영명함을 제공한다. 그 중에서도 양 이 왕성하여 태화인온의 유행함에 음을 참여시키는 일을 담당한다. "건은 당연한 위치와 당연하지 않는 위치가 정해져 있지 않고, 천의 신묘한 변화가 행하지 않는 곳이 없으며, 모든 효위(爻位)들이 그것 을 근본으로 한 위치이다."158) 그러므로 독건(獨乾)이란 말은 최초

---

157) 王夫之, 『周易內傳』, 「乾卦」, "周易竝建乾, 坤爲太始, 以陰陽至足者統六十 二卦之變通. 古今之遙, 兩間之大, 一物之體性, 一事之功能, 無有陰而無陽, 無有陰而無陰, 無有地而無天, 無有天而無地, 不應立一純陽無陰之卦, 而此 以純陽爲乾者, 蓋就陰陽合運之中, 擧其陽之盛大流行者言之也. 六十二卦有 時, 而乾, 坤無時.", p.43.
158) 王夫之, 『周易內傳』, 卷1, 上, "乾無當位不當位, 天化無所不行, 凡位皆其位

에도 없었으며, 모든 변화의 양면성 〈현견·은隱〉, 〈향響·배背〉을 대표하여 왔다. 건곤(乾坤) 자체를 대시(大始), 또는 태시(太始)라고 하는 의미가 전체 62괘중에서 '전부를 모두 사용'하기 때문이다. 그래서 괘들은 시간을 가지고 있으나, 건곤에는 시간이 적용될 수 없다고 대신한 말이 바로 고금의 먼 시간과 천지의 광대함에 관통해 있다는 것이다. 왕부지는 음양이기(陰陽二氣)를 토대로 "『주역』이 건곤을 함께 세워 머리로 삼고 천지 음양 전체를 세운다. 전체가 서게 되면 광대한 작용은 유행하고 62괘는 천도(天道)와 인사(人事)가 음양 변화의 광대한 작용 속에 갖추어 진다"[159)고 보았다. 왕부지는 건곤병건(乾坤竝建)의 첩립(捷立)을 강조하며 다음과 같이 말한다.

> "건곤병건을 신속히 세움으로 『주역』은 비롯된다. 음양의 왕래에는 머무름과 기다림이 없고, 드러남과 드러나지 않음에는 아쉬움과 머무름이 없다. 그러므로 도는 실유에서 생하고, 광대함에서 구비되고, 번성하고 있는 만유들은 모두 실재하는 것들이다. 그래서 신속하게 유행하며 쉼이 없다. 태극이 오행과 이수(二殊)를 내재하고 있으니 본디 이와 같은 것이다 (…) 그러므로 6음 6양의 12효가 모두 갖추어 하늘은 통괄하고 땅에서 실행되니 지극히 성대하여 결여됨이 없다. 지극히 순수하여 자리를 정하는 것은 이러함이 있어 비롯된다. 그러므로 만물이 화생하고, 실(實)은 반드시 정(情)을 통달하고 정(情)은 반드시 이(理)를 이루어, 서로 다양한 차이를 드러내고 서로 융합하여 돕고, 서로 지나침을 보완해 주며, 서로 선(善)으로 나아가게 한다. 그러므로 정(情)과 재(才), 기(器)와 도(道)는 건곤 두 괘에 모두 구비된다."[160)

也.", p.61.

159) 王夫之, 『周易內傳』, 卷1, 下, 屯, "周易竝建乾坤以爲首, 立天地陰陽之全體也. 全體立則大用, 六十二卦備天道人事, 陰陽變化之大用.", p.92.

160) 王夫之, 『周易外傳』, 卷7, 「序卦傳」, "乾坤竝建而捷立, 周易以始, 蓋陰陽之往來無淹待以響背無咎留矣. 故道生於有, 備於大, 繁有皆實, 而速行不息, 太極地函乎五行二殊, 固然如斯也. (…) 是故六陰六陽, 十二皆備, 統天行地, 極盛而不缺, 至純而奠位, 以之爲始, 則萬物之生, 萬物之化, 質必達情, 情必成

건곤(乾坤)을 함께 신속히 세움으로 『주역』의 역리 해석에서 새로운 연역적 근거는 시작된다. 음양이 주를 이루고 음양의 표리(表裏) 향배(嚮背)의 위치가 서로 갈마들며 착종(錯綜)하면서 무한세계는 음양의 광대한 조화에서 일어난다. 『주역』은 건곤 두 괘를 으뜸으로 하여 6음, 6양의 12효가 모두 감추어져 있다. 하늘은 통괄하고 땅에서 행하게 되니 지극히 성대하여 부유하고 지극히 순수하여 자리를 정하기 때문에 위대한 근원이며 광대한 시작이 성립된다. 건곤이 신속히 세워짐으로 현상계는 만물들이 화생하고 갖가지 질을 이루고, 이루는 질은 정을 실현한다. 그 가운데 이(理)는 관통하지 않음이 없이 서로 돕고 서로 지나침을 보완해주고 서로 선(善)으로 나아가게 한다. 그러므로 인간사의 모든 일들과 사물의 본질, 기(器)와 도(道)는 건곤 두 괘의 6음 6양 속에 모두 구비되어 있게 되어 있으며, 태극과 음양은 별리된 실유가 아니고, 또 서로 초월해 있는 것도 아니며, 본유하고 고유하여 천의 본체로 삼고 음양이기 속에 영구적으로 만물이 전개됨으로, 그것은 천도와 인사의 덕으로 환원되어 『易』의 건곤병건(乾坤竝建)에 일관되고 있다. 여기에서 왕부지의 독창적 사상은, 세계의 본질이 운동 방식에 근거한다는 내재적 일원론의 합리성에 있다는 것이다.

이제 우리는 다음 절(節)에서, 건곤 두 괘를 으뜸으로 하여 그것이 어떻게 62괘를 이루며, 또한 그것들이 착종 관계의 역리 해석에 있어서 인간과 자연에 주는 철학적 의미가 무엇인가를 검토해 보려 한다.

理, 相與參差, 相與夾輔, 相與補過, 相與進善, 其情其才, 其器其道, 於乾坤而皆備.", pp.1091~1092.

(3) 착종설(錯綜論)

『역』의 뿌리가 되는 괘는 건곤 두 괘이다. 건곤 두 괘가 음양을 세우고 62괘를 형성한다. 그리고 이들 괘에 있어서 효 간의 변화는 384효로 구성되어 천도와 인사를 반영한다. 왕부지는 건·곤 두 괘를 괘 상에서 두 부분으로 나누고, 이것은 다시 우주 변화의 원리상에서 두 부분으로 나눈다. 첫째로 괘 상에서의 두 부분은 건곤 두 괘가 62괘를 형성시키는데 6효의 앞쪽과 뒤쪽, 즉 12효로 구성된다. 그리고 둘째로 우주 변화원리상에서 두 부분으로 나누는데, 〈왕(往) 과 래(來)〉, 〈은(隱)과 현(見)〉, 〈유(幽)와 명(明)〉이다. 그리고 이러한 구체세계에 현시되는 것이 6위이며 이것을 앞쪽(嚮)이라 하고 명(明)이라 하며, 뒷면에 숨어 있는 쪽 또한 6위이며 이것을 뒤쪽(背)이라 하고 유(幽)라고 한다.

왕부지는 우주 변화를 '착종(錯綜)의 원리'(原理)로 반영시키고, 이 착종 원리는 『역』에서 연역했다. 그리고 그는 『주역』 64괘의 체계에서 건곤병건의 대체를 세우고, 이 대체는 천지만물의 참모습을 모두 나타낼 수 있다고 주장한다. "건곤병건은 『역』의 종지가 되며, 착종은 합일하여 상(象)이 된다. 단효(彖爻)는 일치하여 넷 성인[161]이 하나 된 법도로 해석한다."[162]라고 하였다. 즉 그는 건곤병건(乾坤竝建)을 첩립(捷立)함으로써 『주역』의 "강종(綱宗)"[163]으로 삼았다. 그리고 단효가 일치함은 넷 성인의 해석으로 보았으며, 〈득(得)·실(失)·길(吉)·흉(凶)〉의 통일된 도는 의로움으로 인간에게 이바지하는 덕(德)으로 나타난다고 생각하였다. 왕부지의 역리설(易理說)

---

161) 王夫之는 『周易內傳發例』에서 『周易』의 著作者로 伏羲(畫卦를 著作), 文王(卦辭를 著作), 周公(爻辭를 著作), 孔子(十翼을 著作)를 거론하며, 그래서 이들 四人을 聖人으로 보고 있다.

162) 王夫之, 『周易內傳發例』, 25, "四聖一揆爲釋.", p.683.

163) 王夫之, 『周易內傳發例』, 7, p.657.

에 있어서 '착'(錯)은 유명(幽明)으로써 자리를 바꾸고, '종'(綜)은 왕
래로써 기미(幾微)를 바꾸므로 64괘는 쌍방이 서로 배합하여 한 번
은 숨고, 한 번은 드러나게 되는 것은 착(錯)의 방법이며, 또한 한
번은 가게 되고 한 번은 되돌아오는 것은 종(綜)의 방법이다. 중국
의 현대 철학자 혜문보는 "왕부지는 착종설에서 상(象)을 이룬다는
발상에서 한대 상수역학자 경방과 송대 상수역학자 소옹의 학설을
비판하고 새로운 착안으로 착종설을 제기하여 착종설을 '도'(道)라고
해석한다."164)라고 하였다. 우리는 이제 착종의 의미를 왕부지의 『주
역내전발례』에서 직접 인용해 보도록 하자.

    "착(錯)이란 쇠붙이를 가는 계기의 '줄'(鑢)로서 쇠붙이의 튀어나온
바깥 부분을 갈아 없애고 속을 발현한다. 종(綜)이란 개념은 경사(經
絲)의 선(線)을 붙잡아 고정시키고 베틀을 작동하여 한 번은 위로, 한
번은 아래로 북 실을 움직인다는 것이다. 『역』에서 괘는 각각 6음 6양
이 있는데, 음이 드러나면 양이 그 가운데 숨게 되고, 양이 드러나면
음은 그 가운데 숨게 된다. 이에 드러나고 있는 음을 줄로 갈아 버리
면 양이 드러나고, 반대로 드러나고 있는 양을 줄로 갈아버리면 가운
데 있는 음이 드러난다. 예컨대 〈건괘와 곤괘〉, 〈둔괘와 정괘〉, 〈몽괘
와 혁괘〉등의 부류는 다 착(錯)의 관계에 있다. 그리고 효에 나아가
북 실을 번갈아 오르내리면서 상하를 서로 바꾸면 〈둔괘와 몽괘〉가
같은 관계에 있으니 『역』의 56괘는 모두 이 종(綜)의 형태를 이루고
있다. 선학들이 분명히 주해하지 않아서, 이것이 『역』을 해석하는 요
체임을 알지 못했다. 이 점을 결코 소홀히 해서는 안 된다."165)

---

164) 嵇文甫, 『王夫之學術論叢』, 生活・讀書・新知三聯書店出版社, 1978, p.81.

165) 王夫之, 『周易稗疏』, 卷3, 「參伍錯綜」, "錯者, 鑢金之械器, 汰去其外而發見
    其中者也, 綜者, 繫經之線, 以機動之, 一上而一下也. 卦各有六陰六陽, 陰見
    則陽隱於中, 陽見則陰隱於中. 錯去其所見之陰則陽見, 錯去其所見之陽則陰
    見, 如乾之與坤, 屯之與鼎, 蒙之與革之類, 皆錯也. 就所見之爻, 上下交易,
    若織之提綜, 迭相升降, 如屯之與蒙, 五十六卦皆綜也. 舊未注明, 不知此乃讀
    易之要, 不可忽也.", p.788.

태화인온은 양간을 가득 채우고 건의 6양과 곤의 6음, 즉 12위는 왕래·은현으로 끊임없이 변역하는 범위에 연유하여 『역』을 해석하는 것이야말로 왕부지의 '착종설'(錯綜說)의 큰 특징이다. 그렇다면 왕부지가 주장하고 있는 '착'과 '종' 관계에서 실제 괘들의 비교에서 어떻게 섞여지고 짜여지는가?

착(錯)의 관계는 앞쪽이 음효를 차지한다면 뒤쪽이 양효에 머물고 그리고 앞쪽이 양효에 있게 되면 뒤쪽은 반드시 음효에 놓이게 된다. 이렇게 상반된 위치에 놓이는 것을 '착'(錯)이라고 한다. 예를 들면, 〈건괘와 곤괘〉, 〈둔괘(屯卦)와 정괘(鼎卦)〉, 〈몽괘(蒙卦)와 혁괘(革卦)〉의 부류가 상반되는 착(錯)관계에 있다. 그리고 〈둔괘와 정괘〉를 비교해 보면, 둔괘의 초효로부터 1양, 2음, 3음, 4음, 5양 상음(上陰)이 되며, 정괘는 초효로부터 1음, 2양, 3양, 4양, 5음 상양(上陽)을 이루고 있으므로 〈둔괘와 정괘〉는 서로 상반관계를 이루게 된다. 이것이 바로 '착(錯)의 논리'이다. '착'의 관계를 이루는 괘는 『역』에서 8괘를 이루는데 〈건乾·곤坤〉, 〈감坎·리離〉, 〈이頤·대과大過〉, 〈중부中孚·소과小過〉가 바로 그것이다.

이제 왕부지의 '종관계(綜關係)'의 논리를 살펴보도록 한다.

둔괘와 몽괘의 비교에서, 둔괘의 초효(初爻)가 초양(初陽)이면 몽괘의 상효(上爻)가 상양(上陽)이 되고, 둔괘 2효가 2음이면 몽괘 5효가 5음이 되며, 둔괘의 3효가 3음이면 몽괘 4효가 4음이 되며, 둔괘 4효가 4음이 되면 몽괘 3효가 3음이 된다. 그리고 둔괘 5효가 5양이 되면 몽괘 2효가 2양이 되며, 둔괘 상효(上爻)가 상음(上陰)이면 몽괘 초효(初爻)가 초음(初陰)이 되니, 이것은 마치 베틀의 북이 상하로 짜여지는 것과 같은 이치이다. 그리고 이것은 종(綜)관계의 『역』을 이루고 있는 괘 형성이다. 괘 전체 64개 중 착(錯)관계의 8괘를 제외하고 나머지 종(綜)관계의 56괘 28상이 종 괘를 이룬다. 착 괘와 종 괘의 논리는 다음 도표에서 보다 쉽게 이해할 수 있다.

166)167)168)169)170) 왕부지의 착괘(錯卦)와 종괘(綜卦)의 비교

괘명 / 비교	착괘(錯卦)			종괘(綜卦)		
	둔괘屯卦		정괘鼎卦	둔괘屯卦	상효와1효 5효와 2효 4효와 3효 3효와 4효 2효와 5효 1효와상효 와 비교하 면 동일함	몽괘蒙卦
①괘	☲	→ → → → → →	☲	☲	☲	☲
②괘와 상	□ 64괘 32대 (짝) "則64卦相錯而成32對."166) □ 8괘 "[건乾·곤坤], [감坎·리離], [이頤·대과大過], [중부中孚·소과小過]"167)			□ 괘 전체 64개中 착관계의 8괘를 제외하면 종관계의 56괘 28상象.		
③작용	□ 선후 작용 "夫錯因嚮背."168)			□ 왕래 작용 "上生之謂往, 下生之謂來."169)		
④관계	□ 상반관계相反關係			□ 상관관계相關關係		
⑤역위(易位)	□ "교상역交相易 (역치)"170)			□ 도치倒置		

왕부지는 『주역외전』「서괘전」에서 『주역』의 전 괘를 착·종관계로 나타내고, 이것을 이루는 총 괘와 상을 세밀히 구분하고 『역』의 건곤과 관계되는 논리를 3단계로 제시하였다.

---

166) 王夫之, 『周易內傳』, 卷5, 「繫辭上傳」, 第10章, p.553.
167) 王夫之, 『周易外傳』, 卷7, 「序卦傳」, p1103.
168) 王夫之, 『周易外傳』, 卷7, 「雜卦傳」, p.1111.
169) 王夫之, 『周易內傳』, 卷5, 下, 「繫辭上傳」, 第11章, p.560.
170) 王夫之, 『周易內傳』, 卷5, 下, 「繫辭上傳」, 第10章, p.553.

1. 착(錯)은 이루지만 종(綜)이 되지 않는 8가지 괘.(凡錯而不綜之卦8)

①건乾과 곤坤		②이頤와 대과大過		③곤坎과 리離		④중부中孚와 소과小過	
䷀	䷁	䷚	䷛	䷜	䷝	䷼	䷽

2. 착과 종이 동시에 이루어지는 8가지 괘와 4가지 상.(凡錯綜同象之卦其卦8, 其象4)

①태泰와 비否		②수隨와 고蠱		③점漸과 귀매歸妹		④기제旣濟와 미제 未濟	
䷊	䷋	䷐	䷑	䷴	䷵	䷾	䷿

3. 종 괘에는 착도 있지만 종은 쓰되 착은 쓰지 못하는 48가지 괘와 24가지 상.(凡綜卦有錯, 用綜不用錯者, 四十八, 其象二十四)

①둔屯과 몽蒙		②수需와 송訟		③사師와 비比		④소축小畜과 리履	
䷂	䷃	䷄	䷅	䷆	䷇	䷈	䷉

⑤임臨과 관觀		⑥정鼎과 혁革		⑦진晉과 명이明夷		⑧동인同人과 대유大有	
䷒	䷓	䷱	䷰	䷢	䷣	䷌	䷍

⑨예豫와 겸謙		⑩둔遯과 대장大壯		⑪서합噬嗑과 분賁		⑫박剝과 복復	
䷏	䷎	䷠	䷡	䷔	䷕	䷖	䷗

104

⑬무망无妄과 대축大畜		⑭함咸과 항恒		⑮가인家人과 규睽		⑯정井과 곤困	
䷘	䷙	䷞	䷟	䷤	䷥	䷯	䷮

⑰쾌夬와 구姤		⑱승升과 췌萃		⑲손損과 익益		⑳해解와 건蹇	
䷪	䷫	䷭	䷬	䷨	䷩	䷧	䷦

(21)진震과 간艮		(22)풍豊과 여旅		(23)손巽와 태兌		(24)환渙과 절節	
䷲	䷳	䷶	䷷	䷸	䷹	䷺	䷻

　건곤병건과 착종이 역학에서 갖는 괘 상과 효사의 의의와 그것이 구체적으로 학역(學易)하는데 있어서 무엇을 의미하는가? 천도의 운행과 구체세계의 연관성에서 자연의 천도(天道)와 인간의 인도(人道)는 천도의 영허소장(盈虛消長)하는 기(氣)의 계기를 살펴 인도로서 『역』에 근원하여 도(道)를 세우고 인사(人事)의 험조(險阻)를 인식하고 무심히 조화를 이루는데 있어서 인도가 요청된다. 왕부지는 건곤병건(乾坤竝建)을 '체'(體)로 세우고, 착종(錯綜)의 교열(交列)된 34상(象)을 '용'(用)으로 하여 논지를 밝히고 있다. 이것을 그는 다음과 같이 말한다.

　"건곤병건 함으로써 머리가 되고 '『역』의 본체'가 된다. 62괘의 착종함은 34상에 교열되어 이것이 『역』의 작용'이다. 순건(純乾)과 순곤(純坤)은 『역』에서는 존재하지 않는다. 그래서 건곤은 서로 머물고 함께 세운 즉, 역의 도는 있게 된다. 지극히 만족함에서 세우므로 『역』의 바탕이 된다. 둔괘(屯卦)와 몽괘(蒙卦)는 아래로 혹은 착

(錯)을 이루어 유명(幽明)으로 자리를 변역시킨다. 혹은 착(綜)이 되어 왕복에서 기미를 바꾼다. 그리고 서로 상호 64위중에서 서로 변역한 즉 천도는 변화하고 인(人)·사(事)에 통색(通塞: 통하고 막힘)을 다한다. 인간이 만사를 수작(酬酢: 서로주고 받음)하는 까닭은, 〈진(進)·퇴(退)〉, 〈행(行)·장(藏)〉, 〈질(質)·문(文)〉, 〈형(刑)·상(賞)〉의 도(道)는 바로 이것(건곤병건과 착종)에 있다."[171]

현상에서 보면 순수한 건곤이란 존재하지 않는다. 건곤이 서로 함께 머물고 함께 세우게 되면 비로소 『역』의 도가 존재한다. 지극히 만족함에서 세워지기 때문에 『역』의 질이 된다. 변화에 착(錯)이 있기 때문에 유명으로 자리를 변역시키고, 종(綜)으로 왕복하여 일이 일어날 수 있는 상황 속에 기미를 바꾼다. 이 기본 괘 6位 중에서 변역하여 천도와 인사에 통색을 다한다. 이에 따라 왕부지는 '나아감(進)과 물러남(退)', '실행(行)함과 감추어짐(藏)', '실질이 예문(禮文)을 앞지르면 질박(質樸)함', '형벌(刑)과 상찬(賞)'의 도가 모두 건곤병건과 착종에 있게 된다고 주장한다. 왕부지는 이러한 대비 관계가 '체용일원'(體用一元)을 이룬다고 강조한다. 즉 그는, "하늘에는 스스로 체(體)가 없다. 작용에 나아감을 다하여 사시를 행한다. 만물이 생할 때는 체(體)가 용(用)이 아님이 없고, 용은 체가 아님이 없다"[172]라고 하여 도(道)는 체(體)와 용(用)을 이루고 체(體)는 우주 바탕을 이루고 유행한다고 주장한다. 그리고 용(用)은 인간의 은현(隱見)·유명(幽明)으로 이루어지며, 용(用)에서 얻어지는 공효로써

---

171) 王夫之, 『周易內傳』, 卷1, 上, 上經乾坤, "乾. 坤竝建以爲首, 易之體也. 六十二卦錯綜乎三 十四象而交列焉, 易之用也. 純乾純坤, 未有易也, 而相峙以竝立, 則易之道在, 而立乎至足者爲易之資. 屯, 蒙以下, 或錯而幽明易其位, 或綜而往復易其幾, 互相易於六位之中, 則天道之變化. 人事之通塞焉. 而人之所酬酢萬事, 進退行藏, 質文刑賞之道, 卽於是而在.", p.41.

172) 王夫之, 『周易內傳』, 卷1, 上, 乾, "天無自體, 盡出其用以行四時, 生百物, 無體不用, 無用非其體.", p.58.

인식되는 도와 작용에서의 실질은 하나(一)가 된다고 보았다. 그러므로 그는 둘을 하나로 묶은 것을 성인의 저작이라고 강조하고, 성인의 역서가 바로 건곤 두 괘의 6음 6양 속에 이미 구비되어 있다는 학역(學易)의 논리를 주장한다.

그러므로 왕부지에 있어서 천도와 인사는 역의 도에서 연역되고 이러한 논리적 정합성은 『역』에 반영된다. 그래서 그는 우리에게 학역하는 일을 철저히 제시하고 있다. 항상 '괘 상을 살피고 괘 효사를 익힘'(觀象玩辭)으로 말미암아 괘 상에 들어있는 의리를 정밀히 살피고, 괘·효·사의 의리를 궁구하는 일은 중요하다고 강조한다. 왕부지는 다음과 같이 말한다.

> "천하의 막힘이 없는 변화와 잡다한 음양 작용의 기미들이 지극히 사소하고, 지극히 험난하고 지극히 거스름을 받는 것은 모두 천도의 작용하는 것으로 반드시 고찰해야 할 일이다. 진실로 의리(義理)를 정밀히 살피고 의리를 궁구해 나가면 일음일양의 원리가 이어짐에서 상(象)을 이루는 덕(德)을 체득하기 때문이다. 군자는 작용을 생각하지 않을 수 없음으로 '고요함을 보존하고 동을 살피고', '자기를 닦아 타인을 인도하고', '어지러운 세상을 바로 잡아 다스려 치안의 정상적 상태를 회복함'의 도가 된다. (…) 그러므로 건(乾)은 위대하여 다만 천도의 실행함을 본받고, 곤(坤)은 지극하여 나아감에서 본받게 된다. 학역(學易)하는 일은 64괘의 괘 상이 나타내고 있는 성정(性情)을 나누고 살핌에서 그 공효(功效)를 추구하고, 이에 '의리(義理)를 정밀히 살피고', '신묘함에 몰입하여', '시(時)에 따라 중도(中道)에 처함'으로 기본을 삼는다. 그러므로 천(天)을 배우지 않을 수 없게 되고, 물(物)이 작용하지 않을 수 없음을 알게 되고 사(事)는 모든 일을 하지 않음이 없음을 인식한다. 이것에서 인간이 상달(上達)하여 공자의 이순(耳順: 60세), 종심(從心: 70세)의 단계에 도달할 수 있다."[173]

---

173) 王夫之,『周易內傳發例』, 19, "天下無窮之變, 陰陽雜用之幾, 察乎至小, 至險, 至逆, 而皆天道之所必察. 苟精其義, 窮其理, 但爲一陰一陽所繼而成象

천하의 인사와 사리는 무한한 변화와 착종관계 속에 놓여 있다. 이것은 '지극히 사소하고'(至小), '지극히 험난하고'(至險), '지극히 거스름'(至逆)에 있는 것이라서 인간의 지력(知力)으로 일목요연하게 살필 수 없다. 학역(學易)함이란 바로 착종(錯綜)하고 변화하는 매번 하나의 괘와 매번 하나의 효 중에 따라야 한다. 왜냐하면 그것이 각각 다른 시(時)·위(位)중에서 기(氣)의 흐름이 일음일양(一陰一陽)으로 연결되기 때문에 상(象)이 되는 기미(幾微)와 의리(義理)를 정밀히 살펴야 하기 때문이다. 역(易)의 괘(卦)와 상(象), 효(爻)와 사(辭)에서 천하 만물의 생성, 기(氣) 변역(變易)의 소장消長, 인간사의 치란(治亂), 순역(順逆), 득실(得失) 등의 존재 변화의 다양성이 모두 구비되어 있다. 그래서 일음일양의 원리가 상(象)으로 이루어짐을 알 때, 군자는 정존동찰(靜存動察)함과 수기치인(修己治人), 발란반정(撥亂反正)하는 도(道)로 인해 〈천(天)·물(物)·사(事)〉의 '용'(用)에 이르러 덕(德)을 높임의 끝없는 성실성이 하학(下學)에서 상달(上達)하는 학역(學易) 자체에서 인간이 체오(體悟)하게 된다는 사실이다.

2. 인식론적 토대

1) 순약(純約)의 인식론

왕부지는, 인식주관이 '''인식대상에 이르러'(格物), '지식을 얻게 되

者, 君子無不可用之以爲靜存動察, 修己治人, 撥亂反正之道.(…) 故乾大矣
而但法其行, 坤至矣而但效其勢, 分審於六十四象之性情以求其功效, 乃以精
義入神, 而隋時處中, 天無不可學, 物無不可用, 事無不可爲, 繇是以上達, 則
聖人耳順從心之德也.", p.675.

어'(致知) 비로소 인식이 성립된다고 보았다."174) 그리고 그는 격물의 공효는 심관(心官)과 이목(耳目)이 고루 작용하지만, 치지의 공효는 오로지 심관에만 있다고 생각하였다. 그는 격물(格物)은 학문(學問)함이 주가 되고 사유(思惟)함이 보조가 된다고 보았으며, 반면에, 치지(致知)는 사변(思辨)함이 주가 되고 학문(學問)함이 보조가 되는 관계에 있다고 생각하였다. 왕부지는, 사변하는 일은 그 자체로 성립되지 못하기 때문에 치지보다는 학문이 중심이 되는 격물에 중점을 두고 있다. 즉 왕부지의 인식론적 특징의 하나는 그의 인식론이 감성지식에 우선하고 있다는 점에서 찾을 수 있다. 왕부지는 다음과 같이 말한다.

"대저 격물에 대한 공효는 심관과 이목이 함께 작용한다. 학문이 주가 되고 사유로서 분별함은 이를 보조하며, 사유하고 분별하는 바는 모두 학문하는 일에 속하고 있다. 치지의 공효는 오로지 심관에 있는데, 이때는 사변이 주가 되고 학문이 이것을 도우는 역할 관계에 놓이게 된다. 이것은 학문하는 바가 사유하고 분별(分別)하는데 회의 점을 판단하고 해결해 준다. 지식에 이른다는 것은 사물에 이성부분이 이르러서, 이목이 주체 심관의 작용을 도우고 따르게 되어 감성부분이 주체를 보조하고 지시를 받은 관계에 있다. 그것이 주체 심관을 조정하거나 심(心)을 폐지시키지는 못하는 관계에 있다."175)

"학문이란 격물함이고, 사(事)에 대한 치지이다."176)라고 하여, 격물은 물론 사에 대한 학문이며, 이 학문은 감성 지식에 기초한 광범

---

174) Alison Harley Black, *Man and Nature in the Philosophical Thought of Wang Fu-Chih*, University of Washington Press, 1989, p.183.
175) 王夫之, 『讀四書大全說』, 卷1, 「大學」, 聖經10, "大抵格物之功, 心官與耳目均用, 學問爲主, 而思辨輔之, 所思所辨者皆其所學問之事. 致知之功則唯在心官, 思辨爲主, 而學問輔之, 所學問者乃以決其思辨之疑, 致知在格物, 以耳目資心之用而使有所循也, 非耳目操心之權而心可廢也.", p.404.
176) 王夫之, 『讀四書大全說』, 「論語」, 述而篇, "學是格物致知事.", p.697.

위한 축적과, 감성 지식에 대한 이성판단과 또 인식대상을 밖으로 나타내어 실현하는 일도 포괄하고 있다. 또한 왕부지는 학문하는 일을 〈실천(行)과 지식(知)〉으로 나누고, 실천을 학습의 수단으로 여기고, 지식은 사변하는 것으로 분류하여, 학습 기능의 수단으로는 정이(程頤)의 말을 인용하여 "〈박학博學·심문審問·독행篤行〉의 세 부분을 학문에 힘쓰도록 한다."[177] 사변하는 일은 지식이 습득되는 고도의 인식으로서 이것에서 더욱 더 신중히 궁구함이 신사(愼思)이고, 그리고 이것을 명확히 분별함이 명변(明辨)이다. 왕부지는 "명변은 '마땅히 그러해야 할 바를 사유하는 것'이며, 신사는 '그러한 바의 까닭을 생각하는 것'이다. 이 두 가지 중에서 하나라도 결핍되면 사(思)와 변(辨)은 성립되지 못한다."[178]라고 하였다. 명변은 감성 인식에 대해서 거짓을 버리고 진실을 보존하며 또 우연함을 버리고 당연함을 찾아내는 감성자료에 대한 귀납과 분석으로 인식 목적에 도달된다. 그리고 신사는 당연함으로부터 진일보하여 소이연을 추구하는 인식에로 나아가는 것이다. 즉, 사변의 역할을 종합하면, 이것은 이성적 사유로써 〈밖(表)에서 안(裏)으로〉, 〈얕은(淺)데서부터 깊은데(深)로〉, 〈조박(粗)한 것을 버리고 정밀(精)한 부분을 취하고〉, 〈허위(僞)를 차단하고 진리(眞)를 취하는 과정〉이다.

왕부지는 감각기관(形)과 사유 활동(神)과 객관대상(物)이 서로 종합되어야만 비로소 〈시視·청聽·언言·동動〉하는 인식주관의 능동적 주체 활동으로 말미암아 인식이 발생한다고 강조한다. 그리고 그는 사물이 인식 주관에로 오는 까닭과 인식주관이 사물에로 가는 까닭을 귀납적 인식 방법으로써 설명한다. 즉, 그는 인식주관과 인식

---

177) 王夫之, 『讀四書大全說』, 「論語」, 爲政篇, "集註所引程子之言, 博學, 審問, 篤行屬學.", p.608.
178) 王夫之, 『讀四書大全說』, 「論語」, 爲政篇, "明辨者, 思其當然, 愼思者, 思其所以然, 二段工夫, 缺一不成.", p.608.

110

대상의 '상호 연계성'으로 말미암아 인식이 더욱 높은 단계에로 나아
간다고 주장한다. 왕부지는 『묵경』에서 유추논리를 계승하여 귀납과
연역의 두 가지 추리 방법으로 '순약'(純約)을 통관하고, 최고 이성단
계의 존리(存理)의 미묘한 법칙을 인식하는 단계에까지 상승할 것을
강조한다. 먼저 '인식주관으로서 객관적 자연법칙에 따르는'(以心循
理) 순약의 인식론을 다음과 같이 주장한다.

    "인식 주관으로서 객관적 자연법칙에 따르는 것'(以心循理)은 천
  지와 인간, 그리고 사물이 본래부터 갖고 있는 그러한 작용이며, 당
  연한 법칙을 인간이 각각 얻은 즉, 이것을 말하여 진리(眞理)라고
  한다."179)

왕부지는 주관의 이성 인식이 구체 세계의 현실에 파고들어 객관
사물의 법칙성에 순응하려는 것이 인간의 본래 모습이라고 한다. 구
체적인 면에서, 왕부지는 "사물의 이치를 궁구하려면 사물을 통해서
만 궁진되며,"180) "사물의 품식을 알려면 조리(條理)를 사변(思辨)
하는 것에 의해서만 가능하다"181)라고 하였다. 이것은 구체 사물 중
에서 본질의 규율 성으로 인한 추상적 인식을 개괄하고, 사물과 인
식의 상호 관계의 부분적 특성 및 특징을 파악해 내는 귀납 인식 과
정인 것이다. 이러한 방법을 왕부지는 '순약'(純約)182)이라고 표현하
였던 것이다. 그리고 그가 주장하는 순약은 오직 인간이 하수 처의
노력으로 현상에서 세계 본질을 추구할 때, 인간만이 상면되는 대전

179) 王夫之, 『四書訓義』, 卷8, 「論語」4, "以心循理, 而天地民物固然之用, 當然
    之則各得焉, 則謂之道.", p.377.
180) 王夫之, 『禮記章句』, 卷42, 「大學」, "欲窮理者必卽物而窮之.", p.1481.
181) 王夫之, 『周易外傳』, 卷5, 「繫辭上傳」第12章, "識其品式 辨其條理.", p.1029
182) 吳乃恭, 『儒家思想研究』, 王夫之對儒家思想的批判總結, 東北師大出版社, 1988,
    pp.442~443.

(大全)과 합일되는 덕(德)이다. 그러므로 그는 인간의 〈감성단계(格物)에서 이성단계(致知)로〉, 〈구체사물(器)에서 자연법칙(道)으로〉, 〈적음(約)에서 큼(博)에로〉, 〈잡다함(染)에서 순수함(純)으로〉, 〈전체(多)에서 통일(一)〉로 상승하는 귀납적 인식의 통괄 방법을 강조한다.

'순'(純)이란 밖(表)에서부터 안(裏)으로 미치고, 조박(組)에서 정수함(精)을 취하고 내외가 합일되는 종합 분석이다. 그리고 '약'(約)이란 감성에서 이성에 이르고, 적음에서 큼에 이르고, 개별에서 일반에 도달하는 추상 인식을 하나로 개괄시키는 방법이다. 이것은 순약으로 일치되어 구체 사물의 법칙과 인간과 사물을 통한 법칙을 인식하여 〈천도天道의 동정계기〉, 〈선악善惡 계기〉, 〈성명性命의 미묘함〉의 구체 사물의 저급에 놓여 있는 하학 본질(기器, 박博, 염染, 다多)을 인간의 성(性)으로 지각하여 상달(上達)(도道, 약約, 순純, 일一)할 수 있는 인간만의 수학(修學), 즉 인간의 성실성인 것이다.

2) 존리(存理)의 인식론

우리는 이제 왕부지가 객관적 자연법칙을 인식함에 있어서, '이(理)로써 인식주관을 통어할 수 있는'(以理御心) 방법에 대해 논의해 보고자 한다. '존'(存)이란 개념은 인식주체에 있는 객관 자연법칙을 잊지 않고 이를 '기르는 것'(養)이다. 다시 말해서, '존'(存)이 〈박학博學·절문切問·근사近思·독지篤志〉 중에서 얻은 사물의 이치를 인식주체 속에 망각하지 않고 이를 잘 보양(保養)하는 것이다. 즉, 마음 가운데 객관적 자연법칙을 존양(存養)함으로써, 이(理)를 인식주체가 당연법칙으로 받아들여 인사와 동존관계로 다스리고 통어하는 것을 말한다. 그는 자신의 인식론의 주석서인 『독사서대전설』「논어편」에서 인식주

112

체가 천리를 추구하는 방법에 대해 자세히 말하고 있다.

> "객관적 자연법칙을 이해함에 있어서 인식 주관이 통어하고 이(理)
> 를 추구하면 인식주체가 그것에 응하여 추리하게 된다. 미묘함에서 궁
> 진하면 적은 것을 남기지 아니하고, 큰 것에 관통한다. 큰 것에서 궁진
> 하면 큰 것은 허하지 않아 적은 것에서 관통한다. 변함없음에서 추리
> 함은 마음에 집착함이 없어 변화에서 관통한다. 다시 변화에서 추리함
> 은 변화는 법칙이 있기 때문에 영원함에서 관통한다."[183]

왕부지의 '이'(理)에 관한 유추에 있어서, '일반적인 이성인식'(以理
御心)은 '특수적인 이성인식'(以心循理)에 의한 귀납적 추리와는 반
대로 〈치지(致知)에서 격물(格物)로〉, 〈법칙(道)에서 구체 세계(器)
로〉, 〈넓음(博)에서 적음(約)으로〉, 〈통일(一)에서 전체(多)로〉, 〈추
상에서 구체로〉 일관하는 연역 추리를 주장한다. 즉, 특수 인식은 일
반 인식에서 연역되고 아울러 일반 인식은 특수 인식에서 귀납되는
것이다. 왕부지는 인식 발전을 저해하는 협소한 경험론에서, 이로부
터 도치될 가능성이 있는 불가지론을 방지하고, 인식의 형성 과정
〈형形·신神·물物〉에서 존리(存理)의 추상적 인식으로 말미암아
'한 쪽만을 깨달아서' 그 전체를 상실하는 폐단, 즉 구체 세계의 하학
하는 일에서 이성세계의 상달하는 과정에로 나아감은 상호 배척 관
계가 아니라 상보 상성하는 종합 과정이라 보았으며, 또한 이것은
점차 분명한 곳으로 전진하는 무한한 철학과정이다고 주장한다. 그
리고 그는 인간의 인식 과정이 무한히 발전 변화하는 도정(道程)에
있기 때문에, 인간 주체에서 자연개조, 사회개조, 자아개조의 실천과

---

183) 王夫之, 『四書訓義』, 卷8, 「論語4」, "以理御心, 理可推而心必推, 盡之於小,
而小者無遺, 可以貫乎大矣, 盡之於大, 而大者不虛, 可以貫於小矣. 推之於
常, 而常者無所執, 可以貫於變矣, 推之於變, 而變者有其則, 可以貫於常矣.",
p.380.

정은 인간의 능동적 주체적 실천만이 가능하다고 보았다. 육·왕 심학의 핵심적 주장은 〈마음을 떠나서는 사물이 존재하지 않음〉과 〈지식과 실천이 하나 됨〉과 〈실천을 폐쇄하고 지식을 획득함〉"[184]에 있다. 그리고 정주이학의 인식론적 특징은 〈마음은 만물을 포괄함〉과 〈먼저 인식하고 나중에 실천함〉이라는 객관관념론에 있다. 왕부지는 이러한 두 주장을 모두 지식과 실천은 상즉 상응한다는 논리에서 격렬하게 비판한다.

왕부지는 명말청초의 국가적 위기와 자기가 처한 현실을 냉철히 자각하였으며, 육왕학적 주관관념론은 객관을 폐기시키고 '본체와 작용'을 분리했다."[185]는 측면에서, 그리고 정주 이학적 객관관념론은 '능동성을 과대·확장했다'는 측면에서 비판하였다. 즉, 그는 "지식보다는 실천으로 하학하는 인식에 진력"[186]하였던 것이다.

왕부지의 실천적 인식론은 중국 철학사에서 하나의 기 철학 부문에 기여할 수 있는 획기적 전환을 가져왔다는 것은 주지의 사실이다. 이것은 바로 『상서』에서 '앎은 어렵지 않지만 실천하기가 어렵다'라는 思想에 근거하여, 곤란한 것부터 먼저 하면 쉬운 것은 나중에 따르게 된다는 학설을 제기하고 '먼저 실행하면 그것을 바탕으로 나중에 쉽게 인식된다.'고 하는 논리를 제기한다.

이학과 심학은 송명 이래 오직 '외길의 본질'(이理 또는 심心)만을 추구해 왔기 때문에, 청대(淸代)에 이르러 오히려 훈고를 중심으로 한 사장학문이 번성하였다. 왕부지는 이러한 사상사적 배경에서 자신이 처한 시대를 뒤돌아보고 학문과 인심, 그리고 풍속을 이적(夷賊)의 구덩이로 내몰게 된 것을 한족(漢族)이 패망한 원인으로 삼고

---

184) 王夫之, 『尙書引義』, 卷3, 「說命中2」, p.312.
185) 王夫之, 『尙書引義』, 卷1, 「堯典1」, p.239.
186) Alison Harley Black, *Man and Nature in the Philosophical Thought of Wang Fu-Chih*, University of Washington Press, 1989, pp.181~182.

비분강개(悲憤慷慨)하였다. 왕부지는 송명이학에서 오는 공리공담과 부유설의 오류를 청산하고 민족 패망의 원인을 제거할 때 비로소 경세치용의 실학은 흔들리지 않을 것이라고 굳게 믿었던 것이다.

왕부지는 양명학파와 주자후학의 이론이 실천하지 않으면서도 실천한다고 여겨, "실천을 폐기하여 인식으로 되돌아가서 지(知)를 행(行)이라고 생각하여, 먼저 인식함으로써 실천을 폐기"[187]하는 것을 공리공론으로 여겼다. 그래서 그는 "실천은 인식을 겸할 수 있지만, 인식은 실천을 겸할 수 없다"[188]라고 하는 과학적 실천론을 도출해 내었다. 그는 명백한 실유(實有)만이 공효(功效)를 드러내기 때문에 인간의 구체적 활동이 〈구체사물을 제약(制器)하고〉, 〈사물을 다스리며(治器)〉, 〈인간이 자연을 창조(以人造天)〉함을 통해서만 인식은 나타난다고 주장하였다. 그의 주장을 들어보도록 하자.

> "행(行)은 지(知)의 공(功)을 얻을 수 있으나, 지(知)는 행(行)의 공(功)을 얻을 수 없다."[189]

즉 왕부지는, 인식은 지식을 통해서가 아니라 실천을 통해서만 성립된다고 주장하며, 그래서 실천의 바탕에서만 오직 '지식의 공효'를 얻는 확고한 실천적 인식론을 세웠던 것이다.

---

187) 王夫之, 『尙書引義』, 卷3, 「說命中 2」, p.312.
188) 王夫之, 『尙書引義』, 卷3, 「說命中 2」, p.313.
189) 王夫之, 『尙書引義』, 卷3, 「說命中 2」, "行焉可以得知之效也, 知焉未可以得行之效也.", p.314.

3. 본체론(本體論)

1) 태허즉기(太虛卽氣)

왕부지에 있어서 '태허'란 천의 광허 함에 착상하여 만들어진 개념이다. 이것은 음양이기(二氣)가 활동하는 무한 공간인데, 현상의 구체 사물을 배제하고 난 뒤의 그러한 단순한 텅 빈 공간이 아니다. 그것은 만물 생성의 모든 존재로 충만한 그러한 공간이며, 그러므로 그는 다양한 현상의 변화 근거 혹은 터전으로서 '태허'(太虛)를 강조하며 이것을 세계와 기(氣)의 본질로 보았다.

종래 성리학에 있어서 '무'(無)라는 개념은 일종의 경험적인 '유'(有)의 개념과 대립으로 여겨졌으며, 실제적이지 못한 무용(無用)의 범주로 여겨졌다. 그래서 성리학자들이 다른 '이단'(異端)의 학문을 비판할 때 흔히 '무학'(無學)이라는 논리를 즐겨 썼던 것이다. 그는 〈허虛와 기氣〉, 〈허虛와 실實〉의 대립 관계로써 자신의 내재적 기철학의 논리를 전개하였다. 그리고 이러한 논리가 가장 잘 설명된 저작이 바로 『장자정몽주』이다. 우선 왕부지는 이 책에서 자신의 논리 근거를 정연하게 제시하고 있다. 관련되는 구절 몇 부분을 인용해 보도록 하자.

  "기가 태허(太虛)에서 모이고 흩어지는 것은 얼음이 물에서 응결하거나 녹는 것과 같으니 태허가 즉 기란 것을 알면 무라는 개념은 '없다'는 것이다. 인간이 보는 것은, 태허란 기를 말한 것이지 허가 아니다. 허는 기를 함축하고 기는 허에 충만하기 때문에 이른바 무는 있지 않은 것이다."[190]

---

190) 王夫之, 『張子正蒙注』, 卷1, "氣之聚散於太虛, 猶冰凝釋於水, 知太虛卽氣, 則無無. 人之所見爲太虛者, 氣也, 非虛也. 虛涵氣, 氣充虛, 無有所謂無者.", p.30.

"태허(太虛)는 청(淸)하다. 청한 즉 막힘이 없다. 막힘이 없는 고로 신묘하다. 도리어 청함은 나중에 탁함이 된다. 탁한 즉 막힘이 있다. 막히는 고로 형체가 있게 된다. 기(氣)가 태허 속에서 아직 형상으로 응취하지 않았을 때는 희미하여 볼 수가 없게 된다. 그러므로 청하다. 청하기에 형상을 가진 것들을 그 속으로 끌어들일 수도 있고, 혹은 형상을 가진 것들 속으로 들어 갈 수 있다. 이것이 행하지 않아도 이르는 것이 신(神)이다. 반대로 굴신(屈伸), 취산(聚散)의 상태로 말하여 기가 태허 속에서 응취하면 중후하여 탁하게 된다. 그래서 구체적 개별자들이 그 속으로 들어 갈 수 없고, 그것 자신도 구체적 개별자들 속으로 들어 갈 수 없다. 하나에 구애되어 서로 통하지 않게 되니 형체의 응체함이 바로 그러하다."[191]

"허(虛)라는 것은 태허의 양(量)이다. 실(實)이라는 것은 기(氣)가 가득히 충만함이다.(…) 음양이기가 태허에 충만해 있으니 이 외에 또 다른 사물이 존재하는 것이 아니며, 또한 틈새가 있는 것도 아니다. 하늘의 상(象)과 땅의 형(形)이 모두 그 범위 안에 있다."[192]

"대체 천하에 어찌 무(無)가 있겠는가? 물(物)에 있어서는 있지 않을 수도 있으나, 사(事)에는 없는 것이 아니다. 사(事)에도 있지 않을 수도 있으나 이(理)에 있어서는 없는 것이 아니다. 찾아 구할 수 없다고 해서 게을러 구하지 아니하고 무(無)라고 할뿐이다."[193]

"모이면 분명히 볼 수 있어서 사람들은 드디어 '있다'고 말하게 되고, 흩어지면 분명히 볼 수 없어서, 사람들은 드디어 '없다'고 한다. 이것이 모이는 것은 잠시 동안 모인 객체일 뿐이지 상존하는 주인이

191) 王夫之,『張子正蒙注』, 卷1, "太虛爲淸, 淸則無礙, 無礙故神, 反淸爲濁, 濁則礙, 礙則形, 氣之未聚於太虛, 希微而不可見, 故淸, 淸則有形有象者皆可入於中, 而抑可入於形象之中, 不行而至神也. 反者, 屈伸聚散相對之謂, 氣聚於太虛之中則重而濁, 物不能入, 不能入物, 拘礙於一而不相通, 形之凝滯然也.", p.31.
192) 王夫之,『張子正蒙注』, 卷1, "虛者, 太虛之量, 實者, 氣之充周也.(…) 陰陽二氣充滿太虛, 此外更無他物, 亦無間隙, 天之象, 地之形, 皆其所範圍也.", pp.26~27.
193) 王夫之,『張子正蒙注』, 卷1, "蓋天下惡有所謂無者哉! 於物或未有, 於事非無, 於事或未有, 於理非無, 尋求而不得, 怠惰而不求, 則曰無而已矣.", p.29.

결코 아니며, 흩어지는 것은 허(虛)에로 돌아가지만, 고유의 실재가
없는 것이 아님을 알지 못하고, 보고 못 보는 관점에서 말하기 때문
이다. 그러므로 그 실상(實象)에서 인간은 막히게 된다."[194]

왕부지는 〈다양성 속에 있는 통일성〉, 〈통일성 속에 있는 다양성〉,
즉 〈사물의 변화〉와 그 〈사물에 내재된 원리〉를 궁리지학으로 닦아
나 갈 것을 강조하고 있다. 이러한 왕부지의 의도는 양명학 좌파의
공소 무용함을 비판하는 그의 비판에서 좀더 확연히 드러난다.

"여러 학자들이 천박하고 거짓되게도 유(有)·무(無)로 나누었으
니 궁리의 학이 아니다. 눈을 따르면, 마음은 실제에 통하지 못한다.
마음이 허위의 상태가 되면 유(有)를 무(無)라고 속이게 된다. 장자,
열자, 회남자의 유파가 그러하였고, 근세에 무선무악을 양지라고 하
는 자들도 오직 천박해져서 허위로 일삼게 되었다."[195]

즉 왕부지의 생각을 정리하면 다음과 같다. 기(氣)가 모이면 인
(人)과 물(物)이 형성되고, 흩어지면 태허로 돌아간다. 음양의 기 가
운데 청한 것은 상승하여 태허로 돌아가고, 탁한 것은 중하여 밑으
로 내려간다. 이러한 운동이 구체 세계에서 기가 유동하여 취산·출
입으로 감응함으로 생함이 있고, 또 동정, 왕래, 굴신으로 말미암아
감응함이 있다. 이것은 다시 신묘함과 승강과 비양의 다양한 작용의
복합성을 이룬다. 기(氣)는 아직 한번도 그침이 없다. 이 그침이 없
는 속에서 사물이 생성되어 나오는 근원이 있게 된다. 이 소종래의

---

194) 王夫之, 『張子正蒙注』, 卷1, 太和篇, "聚而明得施, 人遂謂之有, 散而明不可
施, 人遂爲之無. 不知聚者暫聚, 客也, 非必常存之主, 散者, 返於虛也, 非無
固有之實, 人以見不見而言之, 是以滯爾.", p.29.
195) 王夫之, 『張子正蒙注』, 卷1, 太和篇, "諸乃淺妄. 有有無之分, 非窮理之學也.
徇目而心不通, 忘則誣有爲無, 莊, 列, 淮南之流以之, 而近世以無善無惡爲良
知者, 亦惟其淺而成乎忘也.", p.30.

궁극적 원리에서 세계의 통일성을 이루는 이유는 과연 무엇이겠는
가? 우리는 여기에 근거하여 『주역』과 유가철학의 종지를 살펴야 할
것이다.

　　"떠서 위에 위치하는 것은 양기(陽氣)의 맑음이며, 내려앉아 밑에
　있는 것은 음기(陰氣)의 탁함이다. 천지의 현상을 본받아 인간의 혈
　기, 겉과 속, 눈과 귀, 손과 발, 물고기와 조류가 헤엄치고 날며 초목
　이 꽃피고 열매 맺는 것에 이르기까지 음양이 서로 분리되지 않고
　각기 음양의 실체에서 이루어진다."196)

　　"밝고 투명하여 유동하는 것을 청기(淸氣)라고 하고, 그 가운데
　응체하여 견고하고 강한 것을 탁기(濁氣)라고 한다. 양의 맑음은 음
　을 끌어들이고 함께 상승하며, 음의 혼탁함은 양을 끼고 함께 하강
　한다. 그 신묘함이 맑게 관통하는 것은 그 속을 꿰뚫어도 장애가 되
　지 않는다."197)

　　양은 음을 끌어들이고, 음은 양을 끼고 막힘을 뚫고 관통하는 신
묘함이 다양성 속에 있는 통일성의 원리인 '통일무이'(通一無二)이다.
왕부지는 이 두 가지 실체, 즉 음과 양은 〈허실虛實·동정動靜·취
산聚散·청탁淸濁〉으로서 궁극적으로는 '하나'(一)이며 쉼 없이 생생
하며 끊임없이 반복하는 과정에 놓여 있다고 본다. 그리고 그는 이
신묘한 하나 됨의 생(生)의 과정이 어떻게 이루어지는가에 대해서
다음과 같이 말한다.

---

196) 王夫之, 『張子正蒙注』, 卷1, 太和篇, "浮而上者陽之淸, 降而下者陰之濁. 天
　　地法象, 人之血氣表裏, 耳目手足, 以至魚鳥飛潛, 艸木華實, 雖陰陽不相離,
　　而抑各成乎陰陽之體.", p.27.
197) 王夫之, 『張子正蒙注』, 卷1, 太和篇, "就其昭明流動者謂之淸, 就其凝滯堅强
　　者謂之濁, 陽之淸引陰以偕升, 陰之濁挾陽以俱降, 其神之淸通者則貫徹乎其
　　中而未有礙也.", p.28.

"허(虛)는 반드시 실(實)을 이루고 실(實) 가운데 허(虛)는 있으므로 하나(一)라고 한다. 그리고 래(來)는 즉 '이것'(現在)에서 실이고, '저것'(過去)에서 허이다. 왕(往)은 즉, 이것에서 허이고 저것에서 실이다. 그래서 그 체(體)는 나누어진다. 그치고 행함은 움직임 자체의 움직임이다. 정하고 또 동한다. 이것은 하나인 것이다. 동은 '동의 발용'이 있고 정은 '정의 질'이 있고 그 체는 나누어진다. '모이는 것'은 흩어지는 것이 모이고, '흩어지는 것'은 모이는 것이 흩어진다. 이것은 하나인 것이다. 모이면 나타나고, 흩어지면 미묘하여 그 체는 나누어진다. 맑음은 하나와 통하고 혼탁하면 막힌다. 그 체는 나누어진다. 그러므로 하나가 된다. 청함은 하나와 통하고 혼탁하면 막힌다. 그 체는 나누어진다. 〈일허일실一虛一實, 일동일정一動一靜, 일취일산一聚一散, 일청일탁一淸一濁〉이 없다면, 즉 태허의 근본으로 '있음'(有)이 없다고 의심한다면 어찌 '하나'(一)가 되겠는가? 오직 양단은 '번갈아 발용'하여 비로소 대립된 현상은 이루어진다. 그래서 동정하는 것, 취산하는 것, 허와 실이 되는 것, 청과 탁이 되는 것은 모두 태화인온의 실체에서 취급되는 것을 알 수 있다. 하나의 실체를 세우는 고로 양단의 발용을 행할 수 있다. 만약에 '물'로서 오직 하나의 실체로 가정한다면 추우면 얼음이 될 수 있고 열을 가하면 끓을 수 있다. 얼음과 끓임의 방법상의 차이일 뿐 실체에서 본 물은 변함없이 '물(物)의 영원한 실체(實體)'임을 알 수 있다."198)

"천지 사이에서 그침 없이 유행하고 있으니 모두가 그 생하는 것들이다. 그러므로 '천지의 큰 덕을 생이라고 함에서 허로부터 실이됨은 래(來)이다. 실로부터 허가됨은 왕(往)이다. 래(來)는 (人間이) 볼 수 있고 왕(往)은 볼 수 없다. 래실(來實)은 지금이 되고, 왕허(往虛)은 과거가 된다. 래(來)는 생(生)을 의미한다. 천지의 큰 덕은

---

198) 王夫之,『張子正蒙注』, 卷1, 太和篇, "虛必成實, 實中有虛, 一也. 而來則實於此, 虛於彼, 往則虛於此, 實於彼, 其體分矣. 止而行之, 動動也, 行而止之, 靜亦動也, 一也. 而動有動之用, 靜有靜之質, 其體分矣. 聚者聚所散, 散者散所聚, 一也. 而聚則顯, 散則微, 其體分矣. 淸以爲濁, 濁固有淸, 一也. 而淸者通, 濁者礙, 其體分矣. 使無一虛一實, 一動一靜, 一聚一散, 一淸一濁, 則可疑太虛之本無有, 而何者爲一. 唯兩端迭用, 遂成對立之象, 於是可知所動所靜, 所聚所散, 爲虛爲實, 爲淸爲濁, 皆取給於太和絪縕之實體. 一之體立, 故兩之用行, 如水唯一體, 則寒可爲冰, 熱可爲湯, 於冰湯之異, 足知水之常體.", p.36.

120

이미 생하고 있다. 양기는 생으로써 기가 되고 음기는 생으로써 형
태가 된다."199)

　현상계의 인간과 사물은 동일한 귀착점으로 돌아감을 알면서도 이
르는 길은 달리하고, 일치하면서도 온갖 현상적 자기 방법을 추구하
는 것으로 동일성과 다양성의 불가사의함을 보이고 있다. 여기에서
동일성과 다양성의 왕래 범위는 '돌아감'은 '왔던 곳'으로 돌아감이며,
'다다름'은 '갔던 곳'으로부터 '다다름'이다. 이것은 다양성 속에서 이
루어지는 동일한 왕래이다. 또 생멸이나 생사는, 개별자 차원에서 보
면 사멸일지 몰라도 끊임없이 생하고 있는 차원에서 보면 왕래 현상
에지나지 않는다. 다시 말해서 래(來)가 음양 이기의 기화에서 원초
적 시원이라면, 생멸은 마치고 감이다. 이것은 다시 태화인온의 기
(氣), 즉 음양이기(陰陽二氣)에 되돌아감으로 인해 원래대로 끊임없
이 환원한다는 의미를 갖고 있는 것이다. 이렇게 해서 본체와 작용
은 동일성 속에 다양성으로 존재한다. 천하의 모든 개별자들은 생성
과정 속에 있고 본체인 도의 거대한 공간에서 천지 사이를 끝도 없
이 꽉 채우고 왕래·생성하고 있으며, 도(道)로 말미암아 기(氣)는
질용(迭用)하며 위대한 조화를 유지한다. 이러한 현상적 관점에서
왕부지가 강조하는 왕래 불식 또는 생생 불식의 생성함과 움직임의
끊임없는 반복, 즉 허에서 실, 실에서 허에로 영원히 그침이 없이 왕
래하는 과정이 이루어지게 된다.

---

199) 王夫之, 『周易外傳』, 卷6, 「繫辭上傳」, 第5章, "天地之間, 流行不息, 皆其生
　　焉也. 故曰天地之大德曰生. 自虛而實, 來也. 自實而虛, 往也. 來可見, 往不
　　見. 來實爲今, 往虛爲古. 來者生也.(…) 天地之大德則旣在生矣. 陽以生而爲
　　氣, 陰以生而爲形.", pp.1042~1043.

2) 태화인온본체론(太和絪縕本體論)

왕부지는 "태화(太和)는 도(道)이다"[200]라 하고, 또한 이 도는 "태화인온(太和絪縕)의 본체(本體)"[201] "인온(絪縕) 태화(太和)의 진체(眞體)"[202]라고 한다. 장재는 인온을 혼일 미분한 일기(一氣)라 하였고, 왕부지는 인온이기를 작용의 측면에서 말하여 "서로 교차하고 침투하여 포용하고 내포하는 운동"[203]으로 표현하였고, 형태의 측면에서 말하여 아직 형체를 이루지 않은 것이라 하였다. 그리고 조셉 니담(Joseph Needham)은 인온(絪縕)을 "'자연의 생성력의 근원'(the origin of generative force of nature)"[204]으로 보았다. 우리는 이제 태화인온에 대한 왕부지의 설명을 좀더 자세히 살펴보도록 한다.

"태화는 조화의 지극함이다. 도는 〈천天·지地·인人·물物〉을 관통하는 이(理)이며, 이것이 바로 태극(太極)이다. 음양은 각기 다르게 작용하고 있지만 그 인온은 태허 가운데 합동하여 서로 대립하여 패해하지 않고, 혼륜하여 사이가 없는 것으로서 조화의 지극함이다. 형체를 이루는 구체 사물이 있기 이전에도 본래 조화를 이루지 않음이 없으며, 이미 형기(形器)를 이룬 이후에도 그 조화를 상실하지 않는다. 그러므로 태화(太和)라고 한다."[205]

---

200) 王夫之, 『張子正蒙注』, 卷1, 太和篇, "太和所謂道", p.15.

201) 王夫之, 『張子正蒙注』, 卷1, 太和篇, "太和絪縕之本體", p.20.

202) 王夫之, 『張子正蒙注』, 卷1, 太和篇, "絪縕太和之眞體", p.35.

203) 王夫之, 『周易外傳』, 卷6, 「繫辭上傳」, 第5章, "絪縕二氣交相入而包孕以運動之貌", p.597.

204) Joseph Needham, *Science and Civilisation in China* vol.Ⅱ, p.17, 'Sung and MingIdealists', p.512.

205) 王夫之, 『張子正蒙注』, 卷1, 太和篇, "太和, 和之至也, 道者, 天地人物之通理, 卽所謂太極也. 陰陽異撰, 而其絪縕於太虛之中, 合同而不相悖害, 渾淪無間, 和之至矣. 未有形器之先, 本無不和, 旣有形器之後, 其和部失, 故曰太和.", p.15.

조화의 지극함을 이루는 본체의 유기적 매개체가 바로 '태화인온
(太和絪縕)의 기(氣)'이다. 왕부지는 이 인온의 기가 〈천天·지地·
인人·물物〉에 적용될 때 〈이理·도道·태극太極·태화太和〉의 개념
이 생겨난다고 보았다.

> "하늘의 형상과 땅의 형체들은 모두 태화인온에 의해서 포괄되고
> 있다."206)

왕부지는 기(氣)와 기(氣) 사이에는 간극이 없고 그 자체로 충만
하여 음양이 각기 다르게 작용하지만 서로 합동하여 패해(悖害)됨이
없고, 상반(相反)되고 상구(相仇)됨이 없이 서로 조화를 이룬다고
한다. 왕부지는, 기가 원초적 인온상태에 있으면서도 정체성을 유지
할 수 있는 것은, 끊임없이 운동하는 인온활동으로 인하여 구체적
사물들이 형성 된 후에도 구체 세계에서는 각 개체마다 순조로운 조
화가 연속된다고 주장한다.

이제 우리는, 왕부지가 말하는 본체에서 미분화(未分化)된 '인온'
(絪縕)이 구체 세계에서 어떠한 공효로 나타나는가를 규명해 보고자
한다. 왕부지는 여기에 대해 다음과 같이 말한다.

> "태화인온이 바로 태허임을 말한다. 즉, 체(體)는 있고 형태는 없
> 으나 성(性)으로 말미암아 광대하게 생(生)하는 구체 사물의 바탕이
> 된다. 다른 어떤 것에도 의지함이 없으므로 도(道)의 본체라고 한다.
> 음양이기(二氣)가 동하고 서로 교감하여 생하며, 현상계의 구체사물
> 과 인간, 그리고 삼라만상을 이룬다. 이것들은 비록 태화의 필연적
> 법칙인 위대한 작용이다."207)

---

206) 王夫之, 『張子正蒙注』, 卷1, 太和篇, "天地象, 地之形, 皆其所範圍也.", p.26.
207) 王夫之, 『張子正蒙注』, 卷1, 太和篇, "言太和絪縕爲太虛, 以有體無形爲性,
　　可以資廣生大生而無所倚, 道之本體也. 二氣之動, 交感而生, 凝滯而成物我

왕부지에 있어서 태화인온의 기는 그 자체의 변화에 있어서 '승
(勝)과 부'(負)를 이루고, 시공에서는 다양한 '소멸과 성장'을 이룬다.
그리고 한번은 차고 한번은 허함으로 말미암아 삶과 죽음의 현상을
이룬다. 왕부지는 이것을 위대한 조화의 필연적 계기라고 주장한다.
그래서 그는 다음과 같이 말한다.

　"인온은 태화의 분화되지 않는 본연이며 서로 갈마듦은 그 필연적
이치이며 추세이다. 곧고 굽음에서 말하면 분수(分數)의 많고 적음
이 원인이 되고, 시공에 처하면 '한 번은 기(氣)의 양(量)이 가득'하
다가 '한 번은 허(虛)'하게 된다. 승(勝)하면 펴고, 부(負)하면 굴
(屈)하게 되는 작용으로 말미암아 〈승부勝負·굴신屈伸·쇠왕衰王·
사생死生〉의 현상을 이룬다. 그리고 그것이 비롯됨은 움직이는 기미
인 것이다. 氣는 〈천天·지地·인人·물物〉의 소장(消長) 사생(死
生)의 자연적 현상을 이룬다. 이것은 모두 태화의 필연성에 있는 기
미로 말한 것이다."[208]

　왕부지는 태화인온을 태허라고 하고, 본체는 반드시 만물의 성을
가지며, 그리고 이 성은 구체 사물을 형성시키는 근원이 된다고 본
다. 그리고 음양이기의 동으로 인해서 교감하게 된다고 생각하였다.
왕부지는 "인온 가운데 음양이 구족하여 변역이 출현한다. 그리고
만물이 서로 같지 않으면서도 인온 가운데 자라나게 되어 각기 형체
와 모습을 이룬다. 그때그때 서로 감응하여 나타나게 되고, 이 음양
의 이단(二端)을 넘어설 수가 없다"[209] 고 주장한다.

之萬象, 雖卽太和不容已之大用.", p.40.
208) 王夫之, 『張子正蒙注』, 卷1, 太和篇, "絪縕, 太和未分之本然, 相盪, 其必然
之理勢. 勝負因其分數之多寡, 乘乎時位, 一盈一虛也. 勝則伸, 負則屈, 勝負
屈伸, 衰王死生之成象, 其始則動之幾也. 此言天地人物消張死生自然之數,
皆太和必有之幾.", p.15.
209) 王夫之, 『張子正蒙注』, 卷1, 太和篇, "絪縕之中, 陰陽具足, 而變易以出, 萬
物不相肖而各成形色, 並育於其中, 隨感而出, 無能越此二端.", p.43.

왕부지가 의도하는 인온운동은 스스로 풍만하며, 그리고 음양이 서로 감응함에서 변역이 출현한다. 그래서 그는 "음양이 태허의 인온 운동 속에 갖추어져 있어 그것이 한번은 음이 되었다, 한번은 양이 되었다 하고, 혹은 동했다 혹은 정했다 하며 서로 마땅함에 각기 시위에 국한되어 공능을 드러낸다."[210]라고 한다. 왕부지에 있어서 도의 본체는 항상 변화해 간다. 즉, 왕부지는 이 변화하는 도의 본체가 태허인온에 충만하며 그리고 어떤 간극도 있을 수 없고 항상 음양을 이루는 기의 총량은 평형상태를 이루고 있다고 주장한다. 왕부지는 기의 총량에 조금이라도 증감이 있을 수 있다면 본체적 영역에서 현상계는 괴리되고 파괴를 초래한다고 생각하였다. 만약에 현상에 기의 증감이 있다면 기가 승강, 취산, 청탁의 차이가 드러날 뿐, 그것은 자체 내의 내부 차이일 뿐이라고 한다. 그래서 그는 "형기로 아직 되지 않았어도 충만하고 자족하며, 기가 응집하고 분산하며 변화하더라도, 그 본체의 총체적 기는 손익이 없다"[211]고 보았으며, 그는 본체가 자족한 것은 본체의 운동관계 때문이라고 한다. 그는 이 다양한 세계를 구성하는 것들이 음양 출현의 변역으로 말미암아 음양 이기로 환원한다고 보았다.

우리는 이제 왕부지가 태극과 음양 관계에서 태극과 음양은 어떠한 관계에 있는가를 좀더 명확히 살펴보기로 하자. 여기에서는 우선 왕부지의 역에 의한 상수학과 관련하여 왕부지의 태극설의 동적인 발단을 살펴보도록 하고, 태극에 대한 철학적 함의는 다음의 '태극과 음양 동체론'에서 자세히 논의하기로 한다.

---

210) 王夫之, 『張子正蒙注』, "陰陽具於太虛絪縕之中, 其一陰一陽, 或動或靜, 相與摩蕩, 乘其時位以著其功能.", p.32.
211) 王夫之, 『張子正蒙注』, 太和篇, "未成乎形, 氣自足也, 聚散變化, 而其本體不爲之損益.", p.17.

　　"변화가 없으면 태극도 없다. 괘는 팔괘에서 이루어지며, 왕래는
64괘에서 이루어지고 384효에서 4096으로 움직인다. 이것은 모두 태
극에 있다. 시책(蓍策)은 50에서 갖추고, 쓰는 시책은 49이다. 설시
(揲蓍)는 7896중에서 18개는 변화하고 각각 196에 다하게 된다. 이
것은 모두 태극에 있다. 그러므로 말하기를 『역』에 태극이 있다고는
말할 수 있으나, 태극에 『역』이 있다고는 말하지 않는다."212)

　　왕부지는 수 계열에 의해서 수가 증가함과 그리고 인간과 사물의
생함도 모두 이 '태극'에 있다고 강조한다. 그리고 그는 태극을 바로
변화의 수 계열로 간주하여 "하늘은 하나(-)이며 땅은 둘(--)이다.
양의 효는 3을 포함하고 1이 되어 기수(기奇, -)이고 음의 효는 3을
얻어 2가 되며 우수(우偶, --)이다. 그리고 우(偶)는 나누어지고 기
(奇)는 합하게 된다."213)라고 하였다. 그리하여 그는 아무리 현상이
다양한 세계로 증가한다 하더라도 그 모든 것들은 음(☷)과 양(☰)
두 수의 환원에 불과하다고 생각한다. 왕부지는 그의 주저서인 『장
자정몽주』에서, 전체와 개체의 유기적 조화관계의 천지 상형은 모두
태극 즉 음양에 의해 포괄된다고 주장한다. 그래서 그는 "이단(二端)
을 초월할 수 없다"214)고 하며, 한편 "천지변화를 알려면 이단을 통
해야 한다."215), "『주역』은 음양으로 장축(藏畜)된다."216), "천지의
상형이 모두 그것(태극 즉 음양)에 의해 포괄된다."217), "동정의 단

---

212) 王夫之, 『周易外傳』, 卷5, 「繫辭上傳」, 第11章, "無所變而無太極也. 卦成於
　　八, 往來於六十四, 動於三百八十四, 之於四千九十六, 而皆有太極. 策備於五
　　十, 用於四十九, 揲於七八九六, 變於十有八, 各盡於百九十六, 而皆有太極.
　　故曰 易有太極, 不謂太極有易也.", p.1024.
213) 王夫之, 『張子正蒙注』, 卷1, 參兩篇, "天一地二, 陽之爻函三爲一而奇, 陰之
　　爻得三之二而偶, 偶則分, 奇則合.", p.45.
214) 王夫之, 『張子正蒙注』, 卷1, "無能越此二端.", p.43.
215) 王夫之, 『張子正蒙注』, 太和篇, "以是天地變化二端而已.", p.42.
216) 王夫之, 『張子正蒙注』, 太和篇, "言易藏畜陰陽.", p.30.
217) 王夫之, 『張子正蒙注』, 太和篇, "天之象 地之形 皆其所範圍也.", p.26.

초와 현상의 사물은 종류에 따라 나눔의 규칙이 모두 그것에 갖추어진다."[218]라고 표현하였다. 그러므로 왕부지에게 있어서 태극과 음양은 본체로서는 태극이며, 양의로서는 음양이 되는 것이다. 그리고 장재는 "한 물건으로서 두 몸체를 가진 것은 태극을 말하는 것일진저. 음양은 천도로서 형상을 이루는 것이며, 강유는 지도로서 법을 본받는 것이며, 인의는 인도로서 본성을 세우는 것이다. 삼재(천天·지地·인人)를 동등한 것으로 여기면 건곤의 도가 있지 않을 수 없다."[219]라고 주장하였다. 한편 그는 음과 양이 그 자체로 정체성과 개체성을 갖는다고 보았기에, 음과 양이 그 자체의 정체성을 발휘함으로써 '주체을 유지한다.'(주지主持)고 하며, 또한 개체성의 입장에서는 '맡은바 역할을 다한다.'(분제分劑)고 하는 의미에서 〈체體와 용用〉, 〈영盈과 허虛〉, 〈기奇와 우偶〉가 주지하면서 분제 한다고 자신의 논지를 전개한다. 그러므로 왕부지는 음과 양의 두 대립자로 상징되는 세계상의 온갖 대립물들이 결국은 전체적인 측면에서 귀일(歸一)·일관(一貫)·포일(抱一)·일치(一致)'[220]된다고 주장하였다. 그리고 이러한 주장은 조화와 통일을 강조하는 『역』 철학의 정신과 일맥상통하는 것이기도 하다.

3) 태극음양 동체론(太極陰陽同體論)

'태극'이라는 개념은 『역』의 「계사상전」에 처음 나타나지만, 철학적 개념으로 거듭나는 것은 송대 주돈이(周敦頤, 1017-1073)의 『태극도

---

218) 王夫之, 『張子正蒙注』, 太和篇, "動靜之幾 品彙之節具焉.", p.33.
219) 張載, 『正蒙』, 大易篇, "一物而兩體, 其太極之謂與! 陰陽天道, 象之成也. 剛柔地道, 法之效也, 仁義人道, 性之立也, 三才兩之, 莫有不乾坤之道."P.48.
220) 王夫之, 『周易外傳』, 「繫辭上傳」, 第4章, "彼曰歸一, 此曰一貫, 彼曰抱一, 此曰一致.", p.1041.

설』이 등장하고부터 이다.

왕부지는 세계가 음양 혼합의 기로써 유기적 관계를 형성한다고 보며 그리고 태극은 음양이기가 운동하는 자체이며 기화하고 있는 음양 혼합자라고 생각하였다. 왕부지는 천지지수 '55'는 〈기수奇數 1, 3, 5, 7, 9의 합 25와〉, 〈우수偶數 2, 4, 6, 8, 10의 합 30의 총화〉와 〈삼천양지수(參天兩地數) 5와〉 〈대연지수(大衍之數) 50〉은 원래 태극이 설시(揲蓍: 시초(蓍草) 점(占)을 칠 때 손으로 셈)와 획 괘, 복서(卜筮)의 서법(筮法)과정에서 연관된 것으로 추정하였으며, 그리고 그는 『주역외전』에서 대연지수와 태극의 성립된 과정을 분명하게 제시한다.

> "대연지수(大衍之數)는 '50'이며, '쓰이지 않는 하나'가 있다. 일(一)이란 것은 천(天)이 비롯되는 수이며, 또 지(地)가 비롯되는 수이다. 일(一)은 하나이면서 둘이고, 둘은 하나에서 비롯된다. 설시의 10과 50은 모두 일(一)에서 비롯된다. 태극에 갖추어 있는 수는 동에서 생한다. 『역』의 변화는 또한 동에 있다. '움직임'과 '동(動)의 주동자'(主動者) 즉, 일(一)은 자기는 사용할 수가 없고, 타의 49를 움직이게 한다. 그러므로 이로부터 〈'7, 소양(小陽)', '8, 소음(小陰)', '9, 노양(老陽)', '6, 노음(老陰)'〉과 부합하여 이것을 벗어나지 않으니 어찌 본래 그러함이 아니겠는가? '쓰지 않는 하나'는 움직임의 주동자이지만 고용함의 주동자는 아니다. 그러므로 대연지수는 항상 50이며 변화의 49에 처하면 전체로 인해 움직임으로써 '주동자'가 된다. 합하여 일(一)이 된다는 것은 태극과 혼륜 주편한 몸체이며 50 가운데 하나를 세우니 전체가 된다. 그러므로 하나를 세움으로써 전체가 되는 이것을 말하여 태극(太極)이라고 한다."[221]

---

221) 王夫之, 『周易外傳』, 卷5, 「繫辭上傳」, 第9章, "大衍五十, 而一不用. 一者, 天之始數也, 亦地之始數也. 一一而二, 二固始於一也. 繇是而十, 繇是而五十, 皆以一爲始. 太極之有數生於動, 易之變化, 亦動也. 動, 君動, 則一可不用, 以君四十有九. 故自此而七八九六, 合符而不爽, 豈非其固然者哉! 不用之一, 以君動而不以君靜, 故大衍之數, 常者五十, 而乘乎變者四十有九. 一因動以爲君, 未動則合五十而爲一. 合而爲一者, 太極渾淪周徧之體, 而非動而

　왕부지는 "『역』에 태극이 있기 때문에 양의(兩儀)·사상(四象)·팔괘(八卦)를 낳는다."[222]고 하여 『역전』에서 태극의 개념을 끌어온다. 그는, 『역』이 천을 모방하여 복서도 천의 상을 모방한 데서 나온 것이라고 한다. 즉 대연지수도 천에 근원하여 태극을 〈사용하지 않는 하나(不用之一)〉로 상징하고, 태극이 양의(2)를 낳고, 양의는 해와 달(2)을 낳고, 해와 달은 사계절(4)을 낳고 사계절은 오행(5)을 낳고 오행은 열두 달(12)을 낳고, 열두 달은 24절기(24)를 낳는다고 주장한다. 그래서 그는, 50이란 숫자는 복서에서 활용하는 동의 흐름으로 여기며, 〈쓰이지 않는 하나〉는 태극으로 여겨서 〈움직임의 주동자(군동君動)〉라 하였다. 왕부지 역사상에 있어서 대연지수는 설시방법(揲蓍方法)이 천문학과 밀접한 관계에 있다. 왕부지는 태극이 어느 하나의 전일된 극에 국한되지 않고 또한 어느 극에도 미치지 않은 곳이 없다고 한다. 왕부지는, 주돈이가 '무극이 태극'이라고 서술한 진정한 의미는 도 자체를 매개로 음양의 특수와 보편을 '중도'(中道)로 여기는 곳에 있다고 생각하였다. 왕부지는 주돈이의 명제를 다시 재현하여 '태극의 의미'를 설명한다.

　　"태(太)라는 것은 그 큼이 극(極)에 이르러 더 이상 보탤 것이 없음을 나타내는 말이다. 극(極)이란 것은 '이른다.'는 말로서 도(道)가 여기에 이르러 다함을 말한다. 그러나 그 실제는 음양의 혼륜한 합일일 뿐이며 음양이라고 이름 지울 수는 없다. 그것이 극한에 이르는 것으로서 더 이상 보탤 것이 없음을 일컬어 '태극'이라고 한다. 태극은 극에 도달하지 않음이 없고, (어느 극에도) 치우친 전일한 극도 없다. 오직 치우친 전일한 극이 없기 때문에 극하지 않음이 없다. 그러므로

　　倚數, 於五十之中立一以爲一矣. 立一以爲一, 而謂之太極.", pp. 1018~1019.
222) 王夫之, 『周易內傳』, 卷5, 「繫辭上傳」, 第11章, "易有太極, 是生兩儀, 兩儀生四象, 四象生八卦", p.561.

주돈이는 '무극이면서도 태극이다.'라고 하였다. 음양의 본체는 인온이 서로 얻고 동화하면서 변화하여 천지에 가득 차 있으니 이것이 이른 바 태극이다. 장재는 그것을 위대한 조화라고 하였다."[223]

대체로 『주역』은 태극이 양의를 '생'(生)한다고 하고, 또한 태극이 동하여 양을 '생하고' 정하여 음을 '생'한다고 하였다. 『주역』에 나타 난 〈생한다.〉의 의미를 어떻게 보느냐에 따라 그 철학적 의미가 달 라진다. 즉, 태극과 음양을 '동질적'으로 보느냐, 그렇지 않다면 '이질 적'으로 보느냐에 따라 태극의 내용이 달라질 것이다. 다시 말해서, "태극을 음양으로 분화된 발생론적 원인으로 볼 것인가? 아니면 태 극과 음양을 규정성과 피 규정성의 규정 관계에서 이해할 것인가의 문제가 제기된다."[224] 이러한 문제 중 전자는 〈동질적 전개방식〉이 고 후자는 〈이질적 전개방식〉이라 할 수 있다.

왕부지는 태극과 음양을 동질적 발생론적 원인으로 보았다. 그리고 왕부지는 정주이학과는 달리, 태극과 음양은 만물이 본래부터 가지고 있는 자체이며, 선천적으로 함께 존재하며 동질적으로 존재하는 것으 로 보았다. 여기에서 왕부지는 '화생'(化生)함이 외생(外生)에 의존해 서 생(生)하는 것은 아니고, 태극과 음양 자체가 생(生)한다는 변역론 을 제시한다. 그리고 그는 태극과 음양을 혼합체로 여기며 동질적 본체 로 위치지우는 입장에서 그 자신의 기 일원론적 내재관을 정립할 수 있 었다. 이와 관련한 왕부지의 입장을 좀 더 들어보도록 하자.

---

223) 王夫之, 『周易內傳』, "太者 極其大而無尙之辭. 極, 至也, 語道至此而盡也. 其實陰陽之渾合者而已, 而不可名之爲陰陽, 則但贊其極至而無以加, 曰太極. 太極者, 無有太極也, 無有一極也. 唯無有一極, 則無所不極. 故周子又從而贊 之曰: 無極而太極. 陰陽之本體, 姻縕相得, 合同而化, 充塞於兩間, 此所謂太 極也. 張子謂之 太和.", p.561.
224) 河岐洛, 『哲學硏究』, 32輯, 「主理論의 展望」, 韓國哲學硏究會, 1981. 12, p.4.

"역에 태극이 있다. '본래 그것을 가지고 있으며', '똑같이 그것을 가지고 있다.' 태극이 양의를 생하고, 양의는 사상을 생하고, 사상은 8괘를 생한다. 본래 가지고 있기 때문에 한다. 똑같이 가지고 있기 때문에 함께 한다. 그러므로 '시생'(是生)이라 일컫는다. 시생(是生)이라는 것은 여기(태극·음양)에 입각해서 생하였다는 것이지, 저것에 의지하거나 밀어냄으로 인해서 생하는 것이 아니다. 그러므로 일월의 밝음은 모두 그 둥근 점에 의거하고, 강의 원천과 흐름은 다 같은 물이다."[225] 라고 하였다.

왕부지는 태극이 『역』에 본래부터 있었다고 하며, 그리고 그것은 음양과 함께 존재한다고 주장한다. 그에게 있어서 태극은 『역』에서 분리된 또 다른 실체가 아니다. 그래서 그는, 『역』의 본성은 본래 "변화하는 것이 없으면 태극이 아니다"[226]라고 하였다. 그가 의도하는 태극은, 『역』에는 본래 태극이 존재하였기 때문에 고유·동유하고, 이것은 기의 변역으로 인해서 태극이 양의를 생하고, 양의는 사상을 생하고 사상은 팔괘를 생한다는 '동질의 발생론적 원인'의 의미를 지닌다. 또한 그는 태극과 음양 관계를 음양 밖에 따로 하나의 태극을 가지고 있는 것이 아니고, 태극과 음양은 분리할 수 없다고 규정한다. 그래서 왕부지는 다음과 같이 말한다.

"음양이 아직 있기에 앞서 태극이 있다면, 이것은 음양이 일찍부터 갖추어져 있지 않고 왕래는 따라갈 주체가 없는 것이다. 양의·사상이 이미 생기게 한 뒤에 마침내 태극이 거기에 존재하지 않으면 이것은 재(材)가 한번 쓰이는데 다 소모되고, 정(情)은 한번 가는데 끝나고 말 것이다. 건곤(乾坤)이 허물어지면 변역(變易)을 알 길이

---

225) 王夫之, 『周易外傳』, 卷5, 「繫辭上傳」, 第11章, "易有太極, 固有之也, 同有之也. 太極生兩儀, 兩儀生四象, 四象生八卦, 固有之則生, 同有之則俱生矣, 故曰 是生. 是生者, 立於此而生, 非待推於彼而生之, 則明魄同輪, 而源流一水也.", pp. 1023~1024.
226) 王夫之, 『周易外傳』, "無所變而無太極也.", p.1024.

없다고 또 어떻게 말하겠는가?"[227]

왕부지에 있어서 『역』과 태극은 존재 면에서는 '동체'이고 작용면
에서는 '일체'를 이루고 있다. 우리는 음양이 없이 태극이 있다고 말
해서도 안 되며, 음양이 존재함에 태극이 없다고 해서도 안 된다. 그
는 음양을 재료로 왕래(往來)를 정(情)으로 삼아 태극은 한 번의 일
시적 운행으로는 변역이 성립될 수 없다고 하였다.

이제 우리는 왕부지의 태극과 음양론을 주희의 경우와 비교해 봄
으로써 그 의미를 좀 더 분명히 해보고자 한다. 주희는 태극을 어떻
게 생각하였는가? 주희는 「태극천지상편」에서 문답 형식을 통해 태
극의 의미를 설명하고 있다.

　"묻건대, 아직 천지가 있기 전에 필경 먼저 이 이(理)가 있다고 하
　는데 어떠합니까? 답하기를, 아직 천지가 있기 전에도 이미 이 이(理)
　는 존재하였다. 이 이(理)가 있으므로 곧 이 천지는 있는 것이다. 만
　약 이 이(理)가 없다면 곧 천지도 사람도 사물도 없는 것이다."[228]

주희는 "태극을 하나의 원리로 규정하였다."[229] 주희는, 천지가 있
기 전에 이미 태극은 존재했고, 음양이 있기 전에 이미 태극은 존재
했으며, 이(理)가 있으므로 천지가 있고, 이(理)가 없으면 천지도 사
람도 사물도 없다고 주장한다. 또한 그는, 우리가 그의 논리를 고려
해 볼 때 태극 자체는 형적도 없고, 조작할 수도 없는, 초시공적 세

227) 王夫之, 『周易外傳』, "使陰陽未有之先而有太極, 是材不夙庀, 而情無適主,
　　使儀象旣有後遂非太極, 是材窮於一用, 而情盡於一往矣. 又何以云 '乾坤毁
　　則無以見易' 也乎?", p.1025.
228) 朱熹, 『朱熹語類』, 卷1, 理氣上, 太極天地上, "問, 昨謂未有天地之先, 畢竟
　　是先有理, 如何? 曰: 未有天地之先, 畢竟也只是理. 有此理, 便有此天地, 若
　　無此理, 便亦無天地無人無物.", p.1.
229) 朱熹, 『朱熹語類』, 卷1, 理氣上, 太極天地上, "太極只是一箇理字.", p.2. 參照.

계이며, 그리고 형이하의 구체적 현상세계와는 완전히 구별되는 절
대정신이라고 주장하는 격이 된다. 이와는 유비적으로, 왕부지에 있
어서 태극은 곧 음양의 혼합일 뿐 음양과 분리되는 별도의 태극일
수는 없다. 이러한 점은 다음 인용문에서 분명히 드러난다.

"성정(性情)은 동정(動靜)으로서 그 기미(幾微)를 달리하고, 시종
(始終)은 순환으로서 그 때를 달리하고 체용(體用)은 덕업(德業)으
로서 자취를 달리 하였다. 한데 얽혀서 모두 갖추어 있으나, 넘침과
어려움도 없다. 본래 양의, 사상, 팔괘를 합하여 태극이 되었다. 그것
은 따로 하나의 태극을 갖고 있는 것이 아니다."[230]

왕부지는 성(性)으로써 정(情)을 말하고, 정(情)으로써 성(性)은
충만할 수 있다고 한다. 즉 성(性)과 정(情)은 상함(相函)한다고 보
았다. 그리고 본체와 작용이 처음으로써 끝마침을 바로 잡고, 끝마침
으로써 시작에 모이게 되니 시작과 끝마침은 서로를 이룬다는 관계
에 있다고 하였다. 또한 그는 본체로써 작용에 이르고 작용은 본체
를 구비한다고 주장하였는데, 이것은 본체와 작용은 서로를 포함한
다는 논리이다. 이 세 가지의 대비 관계, 즉〈성性·정情〉,〈시始·종
終〉,〈체體·용用〉은 작용은 다르지만 존재함은 같은 것이다. 왕부지
는 계속해서 이렇게 말하고 있다.

"태화일기로 추론하면 '음', '양'의 기화(氣化)가 이것으로부터 나
눠지지만 '음' 속에 '양'이 있고, '양' 속에 '음'이 있어 원래는 태극의
하나에서 근원한다. 결코 '음', '양'이 판이하게 분리되어 각자 자신의
유(類)만을 자생(孳生)하는 것은 아니다. 그러므로 독음(獨陰)은 이
루지 못하고, 독양(孤陽)은 생하지 못한다.(…) 이것으로 하늘을 말

230) 王夫之,『周易外傳』, 卷5,「繫辭上傳」, 第11章, "性情以動靜異幾, 始終以循
環異時, 體用以德業異迹, 渾淪皆備, 不漏不勞, 固合兩儀, 四象, 八卦而爲太
極, 其非別有一太極.", p.1024.

하면 천의 본체이다. 응취하고 형성되는 것은 '음'이라 말하고, 동하
여 형상이 있는 것은 '양'이라고 말한다. 하늘은 땅을 포괄하고 땅은
하늘 가운데 있다. 혼륜한 하늘의 설명은 이와 같은 것이다."[231]

여기에서 응취하고 형성되는 것은 음이며 동하여 형상이 있는 것은
양이다. 음 속에 양이 있고, 양 속에 음을 포함한다. 음양을 존재론적
으로 보면 대대 관계를 이루지만 그것은 대립이나 상구(相仇) 관계가
아니고, 독음은 이루지 못하고 고양은 생하지 못하고〈독음獨陰 · 고양
孤陽〉이 여러 번 또는 일시적으로 만난다면 자신의 무리로는 자생(孳
生)할 수가 없다. 그러므로 "이미 스스로 생하려는 것은 생함으로 비
롯되게 하고, 이미 생한 것은 생한 것을 이루어 주는 관계에 있다."[232]
그래서 음과 양은 항상 상대를 전제로 하여 서로를 필요로 하며, 그리
고 서로 떨어질 수 없으며, 서로 지나치지 않는다는 관계로 혼륜 무간
하여 하나의 태극에서 조화로운 통일을 이룬다.

왕부지에게 있어서 일음일양 함은 『역』의 전체에서 주지(主持)되
고 또한 대용(大用)으로 분제(分劑)된다. 그러므로 그에게 있어서
전체와 개체, 보편과 특수는 상호의존하며 서로 포함하는 관계 속에
서 있다고 할 것이다. 왕부지는 음양이기의 본질과 태극이 동일하다
는 관점에서 기일원론의 본체론을 구축하였으며, 그리고 이러한 점
이 바로 왕부지 철학, 특히 왕부지 본체론이 갖는 가장 큰 특징이다.

---

231) 王夫之, 『張子正蒙注』, 卷1, 參兩篇, "自太和一氣而推之, 陰陽之化自此而
分, 陰中有陽, 陽中有陰, 原本於太極之一, 非陰陽判離, 各自孳生其類. 故獨
陰不成, 故陽不生.(…) 此言天者, 天之體也.聚而成形者謂陰, 動而有象者謂
之陽.天包地外, 地在天中, 渾天之說如此.", p.47.
232) 王夫之, 『周易外傳』, 卷5, 「繫辭上傳」, 第11章, "所自生者肇生, 所已生者成
所生.", p.1024.

4. 화생론(化生論)

1) 왕부지의 기본동론(氣本動論)

(1) 동론(動論) 비판

왕부지는 노자학설의 '탁약설'(橐籥說)과 불가학설의 '원성실성'(圓成實性)을 비판하고, 주돈이의 '태극도설'(太極圖說)을 날카롭게 비판하였다.

왕부지에 있어서 태극은 본체로써 음양 그 자체이다. 동정은 음양의 고유한 기능이며 태극과 음양은 선후가 없고, 태극은 음양이 발현하는 조화의 총체자이다. 그는 태극 자체의 고유하고 동유한 음양의 동정으로 인해 구체 세계가 존재한다는 사실, 그리고 유무혼일의 영원함에 대해 사람들이 제대로 알지 못한다고 비판하였다.

그리하여 먼저 그는 老子의 '탁약설'(橐籥說)에 비판을 가한다.

"노자는 천지를 탁약에 비유하고, 탁약이 동하여 바람을 일으키는 것과 같다고 비유한다. 허함은 무에서 유를 생함으로 변화와 환영은 무궁하나 기(氣)의 움직임을 일으키지 않으면 무(無)이다. 이것은 제한이 있는 것이다. 그러하다면 〈왕부지의 주장에서 기(氣)가 없으면서도〉 누가 탁약에 바람을 일으켜 기를 생하게 하는가? 유무혼일로 '있다'고는 말할 수 있지만, '없다'고는 말할 수 없다. 실제로 동정이 있을 때는 음양이 항상 같이 존재하므로 유무는 다르지 않다. 『태극도설』을 오해하는 사람은 태극에 본래 음양이 있지 않으며, 동으로 인해 비로소 양을 낳고 정하여 비로소 음을 낳는다고 한다. 동정에서 생하는 것이 음양이라 함은 이에 고유한 『역』의 본질을 알지 못하고 있다. 이 본질이 추위와 더위, 습기와 건조, 남녀 성정을 바탕으로 하고 인온이 동정에 앞서 충만해 있는 것이다. 동정이란 음양〈二氣〉의 동정이다. 동은 즉 음이 양에서 변화하고 정은 양이 음에서 응취함이다. 〈왕부지의 주장에서〉 동한 이후에 양이 있고, 정한 이후에 음이 있는 것이 아니다. 본래 〈왕부지의 주장에서〉 '이기(二氣)는 없으면서' 동정(動靜)으로 말미암아 〈탁약으로 바람을〉 생(生)한다는 것은 노자의 주장이다."[233]

다음으로 王夫之는 불가학설의 공관(空觀)을 비판하였다. 불가철학의 공관을 비판하는 왕부지의 주장을 통해 우리는 그의 내재철학이 구체 세계의 실제적 일관성을 유지하고 있다는 점을 재차 확인할 수 있다. 왕부지의 주장을 들어보도록 하자.

"불가는 진실한 공(空)을 영원히 고요한 원성실성(圓成實性)이라 말하고, 하나의 깨달음에 이르면, 〈지地·수水·화火·풍風·진塵〉등의 근원은 거짓으로 나타나는데 비롯되며, 망상을 세우고 고집하면 실상이 된다고 하였다. 만약에 태극에 본래 음양이 없다고 말한다면, 이에 동정이 나타내는 영상은 본성이 본래 청공하며 태극에서 품수받고 형상은 소장이 있고, 변화에서 생한다. 본성 중에 형상은 증가하고 형상 외에 본성은 있다. 인간은 기를 바탕으로 하지 않고도 생함이 있게 되고 기 밖에서 이치를 추구하게 되는 셈이다. 그러면 형체는 거짓이 되고 성은 진실이 된다. 이것은 사설에 빠지게 된다."[234]

마지막으로 왕부지는 주돈이의 『태극도설』에서 '태극이 동하여 양을 낳고, 정하여 陰을 낳는다.'라고 한 말을 극도로 부정하고, '동정이

---

233) 王夫之, 『張子正蒙注』, 卷1, 太和篇, "老氏以天地如橐籥, 動而生風, 是虛能於無生有, 變幻無窮, 而氣不鼓動則無, 是有限矣. 然則孰鼓其橐籥動而令生氣乎? 有無混一者, 可見謂之有, 不可見遂謂之無, 其實動靜有時而陰陽常在, 有無無異也. 誤解太極圖說者, 謂太極本未有陰陽, 因動而始生陽, 靜而始生陰. 不知動靜所生之陰陽, 乃固有之緼, 爲寒暑, 潤燥, 男女之情質, 其絪縕充滿動靜之先, 動靜者卽此陰陽之動靜, 動則陰變於陽, 靜則陽凝於陰, 非動而後有陽, 靜而後有陰, 本無二氣, 緣動靜而生, 如老氏之說也.", p.24.

234) 王夫之, 『張子正蒙注』, 卷1, 太和篇, "浮屠爲眞空常寂之圓成實性, 止一光明藏, 而地水火風根塵等皆緣妄現, 知見妄立, 執爲實相, 若謂太極本無陰陽, 乃動靜所顯之影象, 則性本淸空, 禀於太極, 形有消長, 生於變化, 性中增形, 形外有性, 人不資氣而生而於氣外求理, 則形爲妄而性爲眞, 陷於其邪說矣.", p.25.

136

란 태극에 내재해 있는 음양동체로서의 동정'임을 강조한다. 왕부지
의 입장을 들어보도록 한다.

> "주돈이는 〈태극이〉 '동하여 양을 낳고 정하여 음을 낳는다.'고 하
> 였다. 〈왕부지 주장에 의하면〉 낳는다는 것은 음양의 공용 발현을
> 말한다. 동은 양의 변화 작용이고, 정은 음의 본체의 안정성이다. 이
> 것은 시초에 음양이 없다가 동정으로 인하여 음양이 있게 되는 것은
> 아니다. 태극에 음양의 실체가 없다면 실체를 어디로 운반할 것이며
> 어디에 놓아 둘 수 있겠는가? 음양의 실체에 두 가지가 있다는 것은
> 분명하다. 그러나 기가 구체화되지 않고 은밀하여 아직 응결하지 않
> 는 상태로 본다면, 음양은 나타날 수 없다. 그것이 합일하여 함께 변
> 화하는 상태로 본다면, 태극 가운데 혼륜하여 하나(一)가 된다. 또
> 청탁, 허실, 대소의 특수한 차이로부터 본다면, 본래 둘(二)이 된다.
> 둘(二)에 입각해서 성정과 공효를 통합하여 말하면, 강건성(剛健性)
> 이고 유연성(柔軟性)이다. 음양이 반드시 동하고 반드시 정하기 때
> 문에 동정이란 음양의 동정이다."235)

왕부지는 운동이야말로 사물의 고유한 속성이라고 생각했다. 그래
서 그는, 먼저 사물이 있고 나중에 속성이 드러나며, 사물과 속성은
성정과 공효 관계에 있고 성정과 공효는 서로 분리될 수 없다고 주
장하였다. 그리고 그는 음양이기(二氣)가 있은 후에 동정은 공존하
고 "양(陽)이 있으면 동(動)도 있고 정(靜)도 있다. 음(陰)이 있으
면 또한 정(靜)도 있고 동(動)도 있다"236)라고 하여, 구체 세계가

---

235) 王夫之, 『周易內傳發例』, 卷8, "周子曰:「動而生陽, 靜而生陰.」生者, 其功
用發見之謂, 動則陽之化行, 靜則陰之體定爾. 非初無陰陽, 因動靜而始有也.
今有物於此, 運而用之, 則曰動, 置而安處之, 則曰靜. 然必有物也, 以效乎動
靜. 太極無陰陽之實體, 則抑何所運而何置邪? 抑豈止此一物, 動靜異而遂判
然爲兩邪? 夫陰陽之實有二物, 明矣. 自其氣之沖微而未凝者, 則陰陽皆不可
見, 自其成象成形者言之, 則各有成質而不相紊. 自其合同而化者言之, 則渾
淪於 太極之中而爲一, 自其淸濁, 虛實大小之殊異, 則固爲二, 就其二而統言
其性情功效, 則曰剛, 曰柔. 陰陽必動必靜, 而動靜者, 陰陽之動靜也.", p.659.
236) 王夫之, 『周易內傳發例』, 卷8, "而陽有動有靜 陰亦有靜有動.", p.659.

'끊임없이 운동하는 까닭'은 바로 태극의 실체인 음양 속에 동정이
공용으로 발현한다고 보았다. 사실, 우리가 생각해 보건대, 운동이 이
원론에 기인한 외인(外因)의 주장에서 볼 때는 동정(動靜)에 의해서
음양(陰陽)이 발생한다고 할지 몰라도 왕부지의 기일원의 주장에서
는 태극 속에 내재한 음양, 즉 태극음양동체(太極陰陽同體)에서의
내인(內因)에 의한 음양동정(陰陽動靜)인 것이다. 실제적으로 구체
세계에 있어서, 운동이란 외인(外因)에 의한 운동은 없었을 뿐 만
아니라, 모든 존재자들은 내인(內因)의 의한 운동으로 존재하고 있
는 것 또한 사실이다. 왕부지는 이점에 대해서 잘못 생각한 사람이
바로 주희라고 생각했다. 따라서 우리는 이러한 작업을 해결하기 위
하여 주희의 『주자어류』에 나타난 주희와 양문숙과 문답 과정 중 다
음과 같은 주희의 주장에서 우리는 더욱 명백히 간파할 수 있다.

　　양 문숙이 주희에게 물음: "원초에 사물이 있지 않았을 때에는 태
　　극을 어떻게 칭합니까?" 주희가 양문숙에게 답함: "천하의 공공의
　　이(理)는 하나의 사물에 갖추어 있지 않았을 때에도 천하의 공공지
　　리(公共之理)는 있었다.(…) '태극이 동하여 양을 생하고 정하여 음
　　을 생한다.' 태극이 동한 이후에 양이 있고 정한 이후에 음이 있다.
　　확실히 절연하여 량단이 된다. 먼저 이것이 있은 후에 저것이 있다.
　　다만 태극의 동이 곧 양이고, 정이 곧 음이다."237)

　그리고 주희는 먼저 태극과 음양을 나누고, 태극은 하나의 완전무
결한 이(理)가 되어 형이상자이며, 음양은 동정으로 분리되어 형이
하가 된다고 주장한다. 이에 반해, 왕부지의 생각은 이러하다.

237) 朱子, 『朱子語類』, 卷94, 「周子之書 太極圖」, "問, 未有一物之時如何? 是有
　　天下公共之理 未有一物所具之理(…)「太極動而生陽, 靜而生陰」, 非是動而
　　後有陽, 靜而後有陰, 截然爲 兩端, 先有此而後有彼也. 只太極之動便是陽,
　　靜便是陰.", p.2373.

　　"음양이라는 것은 두 가지 근본이며, 그리고 이 두 가지 근본에서 강유라는 작용으로 나눈다. 이 작용에는 8괘에서 서로 교착되고 56 卦에서 착종이 되어 서로가 〈인人·사事의 철학적〉 가치를 지니게 한다. 이것을 어떻게 두 가지로 절연하고 분석한다고 말할 수 있겠는가? 그리고 천존지비란 위치에서 정해지고, 진퇴존망은 시기에 따라 다르다. 시비선악은 기미에서 판별되며 기강을 세우고 오래 있게 하려면 사(事)에서 분별된다. 이 같은 일들을 어떻게 두 가지로 절연하고 분석한다고 말할 수 있겠는가?"238)

　　"대사열반(大死涅槃), 귀근복명(歸根復命), 무전무이(無轉無移)를 외쳐 대는 사악한 학설들이 바로 이러한 이단의 학설을 어찌 깨우쳐 알 수 있겠는가?"239)

　　왕부지는 주희의 '태극'(太極)과 '도'(道), 그리고 '이(理)'는 모두 추상적 관념에 불과하고 비판한다. 왕부지가 주장하는 내재 관점에서 보면 천과 음양은 실유이므로 태극이 음양과 함께 동존하고 있다. 그는, 양이 동하고 음이 정하는 세계를 유기적 통일체로 환원하는 근거에서 불가와 도가·주돈이·주희의 설을 뒤집고, 동정이란 곧 음양의 동정임을 강조하였다. 왕부지는 태극 밖에 동정이 있다는 '외인'(外因)을 부정하고 '동정은 음양의 동정'이라는 '내인'(內因)을 전제로 하고 있다. 왕부지는, 〈동은 밖으로부터 동정하지 않는다.〉라고 하는 장재의 이론을 수용하여 태허는 본래 자체가 움직인다는 자신의 이론으로 변모시켰다. 이제 우리는 왕부지의 내재 관점에서 보는 동정관계는 어떤 것이며, 또한 그것은 구체세계와 어떠한 관계에 놓

238) 王夫之, 『周易外傳』, 卷7, 「說卦傳」, "陰陽者二儀也, 剛柔者分用也. 八卦相錯, 五十六卦錯綜相值, 若是者, 可謂之截然而分析矣乎? 天尊地卑, 義奠於位, 進退存亡, 義殊乎時, 是非善惡, 義判於幾, 立剛陳常, 義判於事, 若是者, 可謂之截然而分析矣乎?", p.1073.
239) 王夫之, 『周易內傳』, 卷2, 復, "而豈大死涅槃, 歸根復命, 無轉無移之邪說所得與知哉!", p.229.

여 있는가를 논의해 보려고 한다.

(2) 왕부지의 이기동정론(二氣動靜論)

왕부지에 있어서 이(理)는 본체 상에서 변화 속의 질서이며, 기(氣)는 현상계의 역동성, 즉 음양의 동정으로 나타난다. 이러한 관계를 표현하는 왕부지의 단적인 언급을 살펴보도록 하자.

"동정(動靜)은 상호 내재하여 무수한 변화의 근원이 된다."[240] "정(靜)은 곧 동(動)을 포함하고 동(動)은 정(靜)을 버리지 않는다."[241] "동(動)하여 정(靜)이 있음에 분리되지 않고 정(靜)하여 동(動)의 이치를 갖추고 있다."[242] "동(動) 밖에 양(陽)의 실체가 없는 것이 없고 정 밖에 음(陰)의 실체가 없는 것이 없다."[243] "정으로서 동과 함께 있으며, 동이란 것은 정에서 떠나지 않고 동으로 하여금 정을 움직이며 정 또한 동하고 영묘하다."[244] "비로소 정을 알면 정이 되고 동이란 본래 거기에 존재함이다. 이에 동은 정을 처음부터 떠나지 않는다."[245] 두 기(氣)가 교통하되 청명성과 안정성은 서로 잃지 않는다."[246] "동(動)은 가득 차고 뻗어서 이르지 않는 것이 없다. 그러므로 서로 연결되는 길이 되고, 정은 베풀어서 받고 유지하지 않는

---

240) 王夫之, 『周易外傳』, 卷4, 震, "動靜互涵, 以爲萬變之宗.", p.949.
241) 王夫之, 『思問錄』, 外篇, "靜卽含動, 動不舍靜.", p.430.
242) 王夫之, 『張子正蒙注』, 卷3, 誠明篇, "動而不離乎靜之存, 靜而皆備其動之理.", p.114.
243) 王夫之, 『周易外傳』, 卷5, 「繫辭上傳」, 第5章, "非動之外無陽之實體, 靜之外無陰之實體.", p.525.
244) 王夫之, 『張子正蒙注』, 卷7, 大易篇, "靜以居動, 則動者不離乎靜, 動以動其靜, 則靜者亦動而靈.", p.308.
245) 王夫之, 『尙書引義』, 卷1, 「益稷」, "故方其靜見爲靜, 而動者固然矣. 乃卽其動, 而靜者初未離也.", p.275.
246) 王夫之, 『周易內傳』, 卷1, 「泰卦」, "二氣交通, 淸寧不失.", p.141.

140

것이 없어 교감함이 되며 동류하니 막히지 않고 원만함이 된다."247) "동하여도 정의 바탕이 없으면 원활한 동이 아니고 정하여도 동의 위치가 없으면 원활한 정이 아니다."248) "천하에 위대한 근본을 세우려면 모름지기 동정을 겸해서 공효를 이루어야 하고, 만약에 천지화육을 알려면 동의 바탕을 체회(體會)해야 한다."249) 왕부지는, 동정의 관계 과정에서 음양은 서로 호함·교감·동류·교통되기 때문에 '선동(善動)과 선정'(善靜)의 조화를 이루기 위해서 상수관계(相需關係)로 나타난다고 생각하였다. 왕부지는 이것을 말하여, "천도의 성실함은 반드시 동(動)하여 비로소 실유(實有)한다. 동(動)이 없으면 역시 성실함도 없다. 그렇지 않으면 천도라고 말할 수 없다"250)고 하였다. 즉 왕부지에 있어서 천도의 성실성은 동으로 전제되며, 또한 동은 세계의 본질적인 기능으로 간주되었다.

왕부지의 본체는 언제나 움직여서 율동적 조화를 이루고 쉬지 않는 태화인온지기의 음양이기이다. 그래서 그는 '본체'와 '현상'의 동을 모두 본질상의 '동'으로 규정하고, "이 동은 결코 '정'자와 대비시켜 말한 것이 아니고 동·정은 모두 동의 동정이다."251)라고 하였다. 그리고 이러한 이론을 발전·변화시킨 것이 바로 태허인온의 동론, 즉 '기본동론'(氣本動論)이다. 그는, "정이라는 것은 동한 상태(본체 세계의 운동)에 있는 정이지 결코 동작을 그만 두거나 부동이 아니

---

247) 王夫之, 『周易內傳』, 卷5, 「繫辭上傳」, 第9章, "動者橫以亙, 無不至也, 故爲徑, 靜者張以受, 無不持也, 故爲交, 動流而不濡, 故爲圓.", p.1017.
248) 王夫之, 『周易內傳』, 卷2, 上, 「豫卦」, "動而無靜之體, 非善動也. 靜而無動之體, 非善靜也.", p.178.
249) 王夫之, 『讀四書大全說』, 公孫丑上, 卷8, "立天下之大本, 則須兼動靜而致功.(…) 若其知天地之和育, 則只在動處體會.", p.944.
250) 王夫之, 『讀四書大全說』, 卷3, 「中庸」17, "其實天道之誠, 亦必動而始有. 無動則亦無誠, 而抑未可以道言矣.", p.530.
251) 王夫之, 『讀四書大全說』, 卷10, 「孟子」, 告子上, 細注, "此動字不對靜字言, 動, 靜皆動也. 緣動之靜, 亦動也", p.1053.

다"[252]고 하며, 또한 그는 정에 대한 부단한 운동 연속성에 대해 동
정으로 환원시키고 있다. 그래서 그의 동론은 정주학의 '이(理)에 의
한 동론'과는 완전히 구분된다. 그는 자신의 주동논리를 다음과 같이
분명하게 정리하고 있다.

　　"태극이 동하여 양을 낳는다는 것은 동(현상 세계의 운동)중의 동
　　(본체 세계의 운동)이다. 동이 없이 정만 있다면 음은 어디에서 생
　　겨나는가? 한번 동하고 한번 정하는 것은 닫치고 열림을 말한다. 닫
　　힘이 있음으로 열리고 열림이 있음으로 닫힌다. 이것은 모두 동(動)
　　이다. 아무 것도 없는 정지된 정(靜)이라면 이는 변화의 종식일 것
　　이다. 지극한 성실은 쉼이 없다 하였다. 하물며 천지에서야 말할 수
　　있겠는가? 오직 하늘의 명령은 그윽하여 그치지 않는데 어떻게 지극
　　한 정(靜)이 있겠는가?"[253]

　　"태허중에 음양의 작용이 갖추어 있고, 인온(絪縕)은 불식(不息)
　　이라서 반드시 정지의 계기는 있을 수 없고 한 사물이 가면, 한 사
　　물이 발생하고, 한 일이 끝나면, 하나의 일이 일어나며, 한 생각이
　　없어지면 한 생각이 일어나서, 생하고 또 생하며 막힘이 없고 천하
　　의 이치를 다 실현하니 이것은 모두가 태허의 조화로운 기(氣)의 필
　　연적으로 동(動)하는 계기(契機)들이다."[254]

　왕부지에게 있어서 합(闔)과 벽(闢)은 음양이 서로 교대로 갈마들
며 작용한다. 이 작용 중에 관통한 천도는 주야를 하나로 추행시킨
다. 그래서 그는 "음은 양이 기울어져 닫힘을 수용하고, 양은 음에

---

252) 王夫之, 『思問錄』, "靜者靜動, 非不動也.", p.411.
253) 王夫之, 『思問錄』, 內篇, "太極動而生陽, 動之動也, 靜而生陰, 動之靜也. 廢
　　然無動而靜, 陰惡從生哉! 一動一靜, 闔闢之謂也. 繇闔而闢, 繇闢而闔, 皆動
　　也. 廢然之靜, 則是息矣. 至誠無息, 況天地乎! 維天之命, 於穆不已, 何靜之
　　有.", p.402.
254) 王夫之, 『張子正蒙注』, 卷9, 可狀篇, "至虛之中, 陰陽之撰具焉, 絪縕不息,
　　必無止機. 故一物去而一物生, 一事已而一事興, 一念息而一念起, 以生生無
　　窮, 而盡天下之理, 皆太虛之和氣必動之幾也.", p.364.

기울어져 열림을 수용한다."[255]라고 하였으며, 또한 음, 양, 동정, 합
벽은 기(氣)의 영원한 변화 속에 본동(本動)의 세계를 이룸으로 지
극한 정(靜)이란 존재하지 않는다고 주장하였다.

왕부지에게 있어서, 본질은 사물의 운동 변화 속에 있으며, 그리고
구체현상에서 자각하여 사물의 내적구조에서 분석 가능한 연관관계
가 바로 감응(感應)이다. 감응은 실체와 운동 사이에 연계된다. 그러
므로 왕부지는, "동정은 감응인 것이다. 감응이란 원래 물(物)과 상
대할 때 비로소 발생한다."[256]라고 하였다. 이 감응은 현상 사물의
분석이나 해명을 질료적, 기계적으로 해결하려는 것이 아니고, 기
(氣)의 굴신동정(屈伸動靜)으로 조화의 상보적 본질을 이루는 우주
의 합리성이다. 그는 사물의 원리나 합리성을 심 본체로 해결하였던
기존의 성리학과는 다른 차원에서, 상위구조의 비물질 요소들을 하
위구조로 하향시켜 이러한 연계구조 속에서 본질을 해명하였다. 이
러한 그의 기 철학적 존재론과 인식론은 중국 철학사에 있어서 독특
한 영역을 이루고 있다.

2) 시생(是生)과 화생론(化生論)

왕부지에 의하면, "천지(天地)의 대덕(大德)은 생(生)이다."[257] 그
리고 생은 세계의 존재들이 합리적으로 존재하는 본질 소재이며, 또
한 생은 자신의 철학에 있어서 변증법적 논리의 발전 과정을 함유하
고 있다. 그리고 왕부지는 먼저 시생(是生)을 다음과 같이 말한다.

---

255) 王夫之,『張子正蒙注』, "陰受陽施而闔, 陽施於陰而闢.", p.376.
256) 王夫之,『張子正蒙注』, "動靜感也, 感者, 因與物相對而始生.", p.367.
257) 王夫之,『周易外傳』, 卷5,「繫辭下傳」, 第5章, "天地之大德曰生", p.1042.

"『역』에는 본래 태극이 있는데 태극은 양의를 생하고, 양의는 사상
을 생하며, 사상은 8괘를 생한다. 고유(固有)하면 생성하고, 동시공존
(同時共存)함으로 함께 생성하는 것을 '시생'(是生)이라 일컫는다."258)

그는 시생(是生)의 특징을 두 가지로 나누고 있다. 하나는 〈고유固
有함의 생生〉이고, 또 다른 하나는 〈동유同有함의 생生〉이다. 태극은
본연 상에서 음양이기를 고유하고 있기 때문에, 음양은 필연코 노음,
노양, 소음, 소양의 사상을 생한다. 이 사상은 시간상에서 태극과 음양
이 동시 공존, 즉 동유(同有)하기 때문에 여기에서 산생된 것이 천지,
풍뢰, 수화, 산택이다. 이러한 기본적 물질에서 〈고유固有의 생생生〉과
〈동유同有의 생생生〉으로 말미암아 만유와 천차만별의 물질이 화생된다
는 것이다. 따라서 중국의 사상가인 왕무는 "생(生)에는 '시생'(是生)
과 '화생'(化生)의 두 가지로 구분한다하고 있으며, 시생은 물질세계의
자체 운동으로 간주되고, 자체에 소장되어 있는 본원들이 발랄하게 전
개되어 가는 내부기제를 가리킨다."259)라고 하였다.
　이 점에서 내부 기제(幾制)란 세계가 생성되는 과정, 즉 본연에
잠재한 특성의 개발 및 자체 작용을 가리킨다. 그러므로 기의 "시생
은 본원에 입각하여 생산되는 것이며, 외부에 의지해서 생함이 불가
능하다"260)는 것이 왕부지의 내재적 기 철학의 기본 논리이며, 시생
은 타에 의거해서 생하는 것이 아니라, 자기 본성에 의해 생겨나는
것이다. 따라서 시생은 기 자체의 내재적 모순 작용의 결과일 뿐이
며 외부작용의 결과에서 온 것은 아니다. 그러므로 천지 만물의 실

---

258) 王夫之, 『周易外傳』, 卷5, 繫辭上傳 11章, "易有太極, 固有之也, 同有之也.
　　太極生兩儀, 兩儀生四象, 四象生八卦, 固有之則生, 同有之則俱生矣, 故曰
　　'是生'. PP.1023~1024. 脚註. 225. 再引用.
259) 王茂外 共著, 『淸代哲學』, 「生及其邏輯衍演」, 安徽人民出版社, pp.227~233.
260) 王夫之, 『周易外傳』, 卷5, 繫辭上傳 11章, "是生者, 立於此而生, 非待推於
　　彼而生之". P.1024.

144

상은 순간의 틈도 없이 다른 사물과 연계관계 속에 교통(交通)하며, 개체성으로는 생을 이루고 전체성에서는 우주원리를 이룬다. 이 우주의 원리를 종합하여 소한명(蕭漢明)은 '시생'과 '화생'을 이렇게 구분하고 있다.

　　"시생(是生)은 형태가 형성되기 전, 즉 본체 세계의 운동이며, 화
　　생(化生)은 형태가 형성된 후, 즉 현상 세계의 운동이다"[261]

　왕부지는 세계 본체의 본성에서 혼륜성을 제시한다. 이 혼륜이란 본체의 단독적인 인온성에 외연의 인온 계발 작용을 합한 것이 된다. 이 때 인온의 혼륜성은 기의 화생 작용을 야기 시킨다. 그러므로 잠재적 물질의 본원이 외재적 물질의 형태로 변화 발전하는 관계가 바로 그의 "천은 물질의 자연적 형성을 간섭하지 않는다. 그러므로 인온(絪縕: 시생是生)으로부터 화생(化生)하게 된다."[262], "무릇 물체는 원초적 인온의 기에 의해 형성되는바 질이 있은 즉 성도 보유하게 된다."[263]는 이론이다. 왕부지는, 기가 집결하여 물이 되며 그리고 물은 기의 질을 넘겨받을 뿐만 아니라 기의 고유한 본성까지도 품수 받는다고 하였다. 다시 말하자면 혼륜한 인온이 없으면 천지의 화생도 없고, 화생에서 발생하는 구체 사물도 형성되지 못한다는 것이다. 그래서 왕부지는 "인온(絪縕)이 불식(不息)함은 돈화(敦化)의 근원(根本)이 된다."[264]고 하여 천지의 본체는 본질상 하나의 운동 실체인 인온이라고 하였다. 이 인온에서 내포하고 있는 운동력이 발산되어 내부에 있었던 잠재력이 외부에 변화하고 화생하며 천지간에

---

261) 蕭漢明,『船山易學硏究』, 第8~9章, 華夏出版社, 1987.
262) 王夫之,『思問錄』, 內篇, "天不德物之自然, 是故絪縕而化生.", p.402.
263) 王夫之,『張子正蒙注』, 卷5, 至當篇, "凡物皆太和絪縕之氣所成, 有質則有
　　　性", p.195.
264) 王夫之,『張子正蒙注』, 卷2, 神化篇, "絪縕不息, 爲敦化之本", p.76.

광생(廣生)과 대성(大成)의 바탕을 이룬다. 인온 화생은 동정간의
관계가 복잡하게 얽혀 있어도 그 작용은 불상(不爽)이며 상부적(相
符的) 관계에 놓여 있다. 이제 우리는 이러한 점에서 인온과 동정,
동정과 음양 관계를 종합해 보도록 하자.

　인온은 화생을 초래하고 화생은 동정이라는 두 가지 형태로 속에
서 동정은 다시 음양의 두 가지 성질로 나뉘어 지는데, 음양의 합이
바로 인온이다. 다시 말해서 음양이 동정을 구현하고 동정과 인온은
화생이라는 현상 세계를 구현하게 된다. 만물이 화생된 후 돈화의
근본이 물체의 성(性)을 마련하게 되는데 이 물체에 내재된 성(性)
을 신(神)이라고 부른다. 그러므로 왕부지는, "신(神)이란 화생의 이
(理)가 함께 돌아가고 하나로 이르는 위대한 본원이다"265)라고 하였
다. 신(神)이란 모든 변화의 이치이며, 변화의 이치는 기(氣) 내부의
조리와 형식이다. 변화의 이(理)를 궁극적으로 귀납한 것이 신(神)
인 셈이다. 왕부지는 '신'과 '변화의 이치'를 종합하여 '신리'(神理)라
고 불렀다. 신묘한 진리는 도의 영원한 항구성으로 존재하며 우주는
일정한 시각 속에 시작도 마침도 없는 무시(無始)·무종(無終)을 이
루고 있다. 천지의 도(道)가 항구한 까닭은 기(氣)가 그침이 없기
때문이다. 이 시종의 범주는 상대적으로 두 가지 연관을 갖고 있다.
하나는 내부적 연관으로 질(質)을 구성하고, 또 하나는 외부 연관으
로 변화를 갖고 있다. 즉 한 운동의 시작은 다른 운동의 끝남이며
이것은 또 다른 운동의 시작이다. 시종(始終)의 생성(生成) 세계는
순간순간으로 변화하여 시작과 끝남은 간격이 없고, 과거와 현재 그
리고 미래가 서로 갈마들어 유행(流行)을 지속하고 있다.

---

265) 王夫之,『周易內傳』, 卷6 上,「繫辭下傳」, 第5章, "神者化之理, 同歸一致之
　　大原也.", p.592.

"천지의 미생(未生)과 이생(已生)은 모두 현재시각에 있다."266)

"천지의 시(始)와 종(終)도 현재 시각에서 말함이다. 이것은 하나
(一)일 뿐이다."267)

"오직 날로 생(生)함은 과거에도 생(生)하지 않음이 없고 미래에
도 생(生)함이 이르지 않음이 없다."268)

"우주란 것은 오랜 시간이 누적되어 항구함과 광대함을 이룬다.
이기인온(二氣絪縕) 역시 서로 버릴 수 없는 관계이므로 항구함과
광대함을 이룬다."269)

우주와 시공간의 무한성에서 물질 존재의 '광연성'과 물질 운동의 '
지속성'의 논리에 입각하여 왕부지는 유가철학이 지니는 사물의 참
모습을 일관하고, 『역』에 근저하고 있는 변화 인식과 궁리의 철리성
을 포괄하였다. 왕부지의 자연사관 속에 많이 거론되는 사상은 〈화생
化生과 변역變易〉, 〈신新과 고故〉, 〈생生과 사死〉가 중심을 이룬다. 화생과
변역에서 화생이 점진적인 시간의 흐름을 말한다면, 변역은 그것이
공효로 드러남을 말한다. 그리고 어떠한 인(人)·사(事)과정에서도
"'굴(屈)하고 사라짐'은 불가사의한 힘이며 '펼침'과 '그침'은 신묘함
이다. 신묘한 즉 '생(生)'이며 불가사의한 즉 사(死)이다."270) 낡은
사물은 굴하고 사라지며, 새로운 사물은 펼침과 그침의 연속 과정에
서 변역의 본분을 다한다. 구체 세계의 끊임없는 생은 그침이 없는
생명 운동으로써 자연사와 인간사의 본질을 이룬다. 이 본질에 대처

266) 王夫之, 『周易外傳』, 卷2, 復卦, "未生之天地, 今日是也. 已生之天地, 今日
是也.", p.885.
267) 王夫之, 『周易外傳』, 卷4, 未濟, "天地始者今日也, 天地終者今日也, 一而已
矣", p.979.
268) 王夫之, 『周易外傳』, 卷2, 復卦, "唯其日生, 故前無不生, 後無不生", p.885.
269) 王夫之, 『思問錄』, 內篇, "宇宙者, 積而成乎久大者也. 二氣絪縕, 知能不舍,
故成乎久大.", p.420.
270) 王夫之, 『思問錄』, 外篇, "其屈而消, 卽鬼也, 伸而息, 則神也. 神則生, 鬼則
死.", p.434.

한 구절이 '사중유생'(死中有生)과 '생중유사'(生中有死)라는 것이다. 따라서 "생사가 서로 번갈아 일어나고, 옛것과 새것이 서로 갈마들고"271) "영고(榮枯)가 서로 교대하여 갈수록 새로움을 나타내고,"272) "새것과 옛것이 서로 밀어내어 날로 생(生)하여 응체하지 않는 현상이 있게 된다."273)

구체세계는 내성(內成)과 외생(外生)관계를 이루는 음양이기의 순환에 바탕을 두고 있다. 이 내성은 사물의 규정성 내에서 질과 량을 의미하고 이 질과 량은 스스로 이루고 자체의 변통성을 갖고 있기 때문에 외생으로 이어진다. 질료는 날로 바뀌나 겉모습은 여일하여 "천지의 덕은 바뀌지 않으나 천지의 변화는 날로 새롭다"274)는 것이다. "날로 새로움은 옛것과 어긋나지 않고"275) 서로 상부(相符)한다. "변화는 반드시 뚫리고 막히면 반드시 변화하는"276) 것이 천칙(天則)이다. "낡은 것을 추진시켜 새 것이 도래되는"277) 생명 운동의 소사(消死)와 생육은 상호 균형을 이루며, 그리고 본래 합일체인 천리의 영속성이 생으로 자리 잡는다. 왕부지는, 다양한 세계가 원리에 따라 현성되며 불변성과 변성을 유기적 상대 속에 관련지어서 구체세계 중에 현시되는 세계를 양적 변화로 보고, 불변성의 세계를 질적 변화로 보았다. 이 질적 변화는 다름 아닌 음양이기로 구성되는 천도가 영구적으로 유행하는 기의 상호적 조건관계이다. 그러므로 왕부지는, 물질이 소장사생(消長死生)하는 자연의 필연성이듯이 인간의 신진대사도 새롭게 태어나서 번연(蕃衍)하다가 쇠퇴하여 자발

271) 王夫之, 『莊子解』, 卷22, 外篇, 「知北遊」, "生死相貿, 新故相迭.", p.334.
272) 王夫之, 『張子正蒙注』, 卷7, 大易篇, "榮枯相代, 彌見其新.", p.312.
273) 王夫之, 『尙書引義』, 卷3, 「太甲二」, "新故相推, 日生不滯", p.302.
274) 王夫之, 『思問錄』, 外篇, "天地之德不易, 而天地之化日新.", p.434.
275) 王夫之, 『思問錄』, 外篇, "日新而不爽其故.", p.454.
276) 王夫之, 『周易外傳』, 卷5, 「繫辭上傳」, 第6章, "變必通, 窮必變", p.1010.
277) 王夫之, 『周易外傳』, 卷4, 革卦, "謝故以生新.", p.943.

적 자기 형성으로 변통성을 갖고 토납(吐納: 진부陳腐한 것을 밀어
내고 새것이 오게 함)하고 은밀히 추이(推移)해 간다고 보았으며,
그리고 그는 이러한 질료를 『주역』이 주류하고 있는 불변의 세계로
보았다.

3) 왕부지의 변역론(變易論)

(1) 원(原)과 반(反)

왕부지의 변역론에서 볼 때, 현상의 질량은 본체에서 볼 때 '증감'
이 없다. 즉, 왕부지는, 가시적 현상에서 볼 때 물질이 산멸되는 것
같이 보이지만, 산멸된 물질은 다시 태허로 돌아가 인온 본체에 복
귀하는 것이기 때문에 소멸은 아니라고 강조한다. 즉 그는, 생성과
소멸은 영원한 우주의 순환 법칙일 따름이며, 교체와 반복이라는 음
양이기(陰陽二氣)의 영원한 합리성이라고 주장한다.

> "『주역』에서 왕래는 언급한 적이 있지만 생멸을 말한 곳이 없다.
> 근원과 복귀의 의미는 드러난다는 뜻이다. 이것으로써 인간과 사물
> 이 생한다는 것은 안다. 하나의 원리는 이기(二氣)의 극도로 풍만한
> 변화에 있다. 그리고 사(死)는 인온화합에 복귀한다. 이것은 때를 기
> 다리고 반복하기도 한다. 특히 변화라는 것은 예측할 수 없고 본래
> 의 규칙성을 따르는 것도 아니다. 생(生)이란 새로이 창조되어 있는
> 것이 아니고, 사(死) 역시 소멸이 아니며 음양자연의 이치이다."278)

왕부지는 생(生)과 사(死)에 있어서 구체 세계의 생은 음양 이기

---

278) 王夫之, 『周易內傳』, 卷5, 「繫辭上傳」, 第4章, "易言往來, 不言生滅, 「原」與
「反」之義著矣. 以此知人物之生, 一原於二氣至足之化, 其死也, 反於絪縕之
和, 以待時而復, 特變不測而不仍其故爾. 生非創有, 而死非消滅, 陰陽自然之
理也.", p.520.

에서 비롯된 동정의 산물이라 하고, 그리고 죽음은 인온 화합의 변화로 인해서 태허 본체로 복귀한다고 주장한다. 이것은 왕부지 내재철학의 특이한 발상이다.

왕부지가 생각하는 생(生)과 사(死)의 의미는 사계절과 자연현상을 설명하는 그의 예시에서 분명히 드러난다. 왕부지는 다음과 같이 말한다.

> "자연 운행과 만물 현상에서 말하면, 봄과 여름은 생성하고 와서 펼치는 것이고 가을과 겨울은 소멸하여 물러나고 굽히는 것이다. 그리고 가을과 겨울에는 생기(生氣)가 땅 속에 잠재되어 가지와 잎은 시들더라도 뿌리는 여전히 번성하므로 가을과 겨울에는 완전히 소멸되고 남김이 없는 것이 아니다. 한 수레의 장작이 불에 탈 때 한 번 세차게 타고나면 불꽃이 되었다가, 연기가 되고 재가 된다. 나무는 그대로 나무로 돌아가고, 물은 그대로 물로 돌아가며, 흙은 흙으로 돌아간다. 다만 미세해서 사람이 보지 못 할 뿐이다. 한 솥에 밥을 짓는데, 뜨거운 수증기가 끓어올라도 반드시 돌아가는 곳이 있다. 만일 뚜껑에 증기를 새지 못하게 한다면 증기가 모여 흩어지지 않는다. 수은은 불을 만나면 날아가는데 어디로 갔는지 알 수는 없으나 결국 땅으로 돌아온다. 형체를 가진 것도 그러한데 하물며 형상이 될 수 없는 인온(絪縕)에 있어 서랴!"279)

왕부지는 자연의 변화에서, 봄과 여름에는 생하고 이르고 펴며, 그리고 가을과 겨울에는 숙살(肅殺)하고 굽힌다고 한다. 그렇지만 뿌리는 다시 펴기 위해 생명력이 충만하다고 주장한다. 즉 그는 생·사의 왕래에 있어서 래처(來處)와 왕처(往處)는 반드시 근원에 복귀

---

279) 王夫之, 『張子正蒙注』, 卷1, 太和篇, "以天運物象言之, 春夏爲生, 爲來, 爲伸, 秋冬爲殺, 爲往, 爲屈, 而秋冬生氣潛藏於地中, 枝葉槁而根本固榮, 則非秋冬之一消滅而更無餘也. 車薪之火, 一烈已盡, 而爲焰, 爲煙, 爲爐, 木者仍歸木, 水者仍歸水, 土者仍歸土, 特希微而人不見爾. 一甑之炊, 濕熱之氣, 蓬蓬勃勃, 必有所歸, 若盍蓋嚴密, 則鬱而不散. 汞見火則飛, 不知何往, 而究歸於地. 有形者且然, 況其絪縕不可象者乎!", p.21.

한다고 주장한다. 그의 이러한 주장을 좀더 자세히 살펴보기로 하자.

> "남여가 정에 끌리어 인간을 낳게 되고 태어남은 진정 스스로 래(來)가 있는 까닭이 있고, 형체는 기가 이반하여 죽으니 죽은 것은 진실로 스스로 왕(往)이 있는 까닭이다. 성인과 이단이 모두 이것을 말하였다. 그러나 저절로 오는 곳을 알고자 하면, 저절로 간 곳에 증험해야 한다. 기(氣)가 떠나가면 아득히 먼 곳과 합하는 것은 밥 지을 때에 열이 올라가서 증기가 됨과 같고 형체가 떠나가면 흙에 합하는 것은 장작과 숯이 작아져서 재가 됨과 같으니 생겨난 것은 어디로 갔는가? 형(形)은 음(陰)이고 기(氣)는 양(陽)이다. 음과 양이 합하면 도(道)는 그것을 균등하게 조화시켜 주재하고 유지할 수 있지만 분리되어 각기 제 위치로 가게 되면 조화를 시행할 길이 없어 주재자가 되기에는 적합하지 못하다. 아득히 먼 곳에도 법칙이 있고 흙에도 내실이 있으니 간 것은 다시 돌아올 수 있는 법이다. 그렇다면 가는 것에서 되돌아올 수 있다는 것은, 그 오는 것을 가능하게 하는 까닭이다."[280]

왕부지에 의하면, 음양 결합이 오는 것을 의미한다면, 음양의 분리는 돌아가는 것이라고 여겨서, 그는 현재란 항상 과거라는 바탕을 갖고 있으며 과거에 받은 원질로부터 현재 재 변화를 구성하고 이것은 다시 보다 새로움에 밀려서 태허로 반환해야 하는 필연적 순환과정을 이룬다고 주장한다.

> "만일 주희와 같이 '흩어져서 다 없어지고 남음이 없다는 이론'으로 말한다면, 이 혼륜한 태극에서 어느 곳에 사물이 흡수되고 소멸

---

280) 王夫之, 『周易外傳』, 卷6, 「繫辭下傳」, 第5章, "男女搆精而生, 所以生者誠有自來, 形氣離叛而死, 所以死者誠有自往. 聖人與異端, 胥言此矣. 乃欲知其所自來, 請驗之於其所自往. 氣往而合於杳冥, 猶炊熱之上爲濕也, 形往而合於土壤, 猶薪炭之委塵也. 所以生者何往乎? 形陰氣陽, 陰與陽合, 則道得以均和而主持之. 分而各就所都, 則無所施和, 而莫適爲主. 杳冥有則, 土壤有實, 則往固可以復來. 然則歸其往者, 所以給其來也.", p.1043.

되어 돌아가는 장소가 되겠는가? 창조하고 변화하여 날로 새로워지
며 옛것을 이용하지 않는다고 한다면, 태허 속에 다함이 없는 저장
물을 얻어 어디로부터 소멸하고 영원히 없어지지 않도록 할 수 있겠
는가?"281)

왕부지는 생명체의 신진대사에도 음양 이기의 측면을 적용한다.
즉 그는 음양이 서로 감응하여 음은 형체를 이루고 양은 운동력을
일으킨다고 보았다. 그리고 이 양자의 음양은 서로 화합하고 베풂으
로써 자양분을 흡수하여 생을 당위 한다는 논지를 분명히 밝히고 있
다. 그는 다음과 같이 말한다.

"무릇 살아있는 것은 배태함, 유탕함, '보살펴 기름', '쇠퇴하고 감
소함', 흩어져 소멸함이 있음은 원래 인연에 따른 화합이며 자연의
묘한 합일이다. 만물이 나가고 들어가며 인의(仁義)가 펼쳐 보이는
것이다. 배태(胚胎)함이란 음양의 충실이며 음양이 쌓이고 모여서
기반을 정한 것이다. 유탕(流蕩)이란 고요함과 움직임의 왕래이며,
음이 있으면 양은 감응하는 것이다. 보살펴 기른다는 것은 형체와
정(情)을 주며, 본래 스스로 그러한 마음이 일어나는 것이고, 동류끼
리 인도하며, 음양이 베풀어주면서 쉬지 않는 것이다. 이미 베풂이
끝나면 쇠퇴하여 감소하고 기본적 활동의 양이 마침에 가까웠기 때
문에 주어도 거의 받을 수 없다. 그것이 이미 끝난다면 흩어져 소멸
한다. 쇠퇴와 감소가 다하면 주어도 먹지 못한다. 그리하여 '진부한
것'을 밀어내고 '새로운 것'을 오게 한다."282)

281) 王夫之, 『張子正蒙注』, 卷1, 太和篇, "儻如朱子散盡無餘之說, 則此太極渾淪
之內, 何處爲其翕受消歸之府乎? 又云造化日新而不用其故, 止此太虛之內,
亦何從得此無盡之儲, 以終古趨於滅而不貳邪.", p.22.
282) 王夫之, 『周易外傳』, 卷2, 「無妄」, "凡生而有者, 有爲明胚胎, 有爲流盪, 有
爲灌注, 有爲衰減, 有爲散減, 固因綠和合自然之妙合, 萬物之所出入, 仁義之
所張弛也. 胚胎者, 陰陽充, 積聚定, 其基也. 流盪者, 靜躁往來, 陰在而陽感
也. 灌注者, 有形有情, 本所自生, 同類隔納, 陰陽之施予而不倦者也. 其旣則
衰減矣, 基量有窮, 予之而不能多受也. 又其旣則散減矣, 衰減之窮, 與而不
茹, 則推故而別致其新也", p.888.

　　왕부지는, 생명에 대한 음양이기에 의한 신진대사의 활동 순서가
음기는 형체를 이루고 외부로부터 자양분을 흡수하여 체 내를 무결
하게 하며, 양기는 운동을 일으켜 동정·왕래한다고 보았다. 그래서
음양은 감응하고 동류끼리 인도하며, 베풀어주고 유탕하며 관주하고
쇠멸단계에 이르러 마지막 산멸과정을 이룬다고 한다. 즉 그는 음양
동정에 의한 인온 본체의 무궁한 저장고로 복귀하는 것은 자연현상
뿐만 아니라 신진대사에 있어서도 예외가 아님을 주장하였다. 여기
에서 우리는 왕부지의 일신(日新)에서 오는 근거는 어디에 있으며,
그리고 '새로움'이란 개념은 철학적인 관점에 있어서 그것은 무엇을
의미하는가를 논의하고자 한다.

　왕부지에 있어서 내재세계는 진화적으로 불변하는 물질적 기체를
의미하는 것이 아니고, 그것은 우리들이 예측할 수 없는 '생(生)'도
아니다. 왕부지가 말하는 세계는 현상의 구체 세계에 발현하는 물질
대사로 말미암아 기작용의 측면에서 끊임없이 새로워지는 그러한 세
계이다. 왕부지는 음양 '합'(闔)·'벽'(闢)의 작용이 만물을 새롭게 한
다고 정의한다.

　　"(음양의) 닫힘으로 인해 열림이 있고, 열림으로 인해 닫힘이 있다.
　그러므로 감은 옴에 막히지 않고, 옴도 감에 막히지 않는다. 감은 옴
　에 막히지 않고 감 또한 이에 막히지 않는 것을(비유한다면) 냇물의
　흐름이 여러 번 바뀌면서 정지하지 않는 이유이다. 옴은 감을 막지
　않아 옴이 장애되지 않은 것은 만물이 번창하고 날로 번영하여 소멸
　하지 않는 이유이다. 그러므로 닫히고 열림은 서로 상적(相敵)하기
　때문에 가고 오는 것, 서로 반대되는 것에 의심하기도 한다. 그러나
　닫히기 때문에 열리는 이치인데 닫힘이 없다면 어떻게 열리겠으며,
　열리기 때문에 닫히는 이치이며 열림이 없다면 어떻게 닫히겠는가?
　그래서 닫히고 열림이 정(情)을 달리하고 서로 적대하고 왕래의 변세
　를 달리함에서 서로 상반된다고 한다면, 그것에서 〈인간〉은 위대한
　변화의 장구한 신묘성에 참여할 수 없을 것이다."[283]

---

283) 王夫之, 『周易外傳』, 說卦傳, "闔有闢, 闢有闔, 故往不窮來, 來不窮往. 往不

왕부지는 인간 사유를 구체 세계의 가시적 의식과 불변성의 불가시적 의식으로 구분한다. 그는, 질료는 항상 상호 침투성의 성질을 갖고 있기 때문에 합벽·왕래의 순환성은 얼핏 보기에 상적하고 상반되는 것 같이 보이지만, 실제로는 상보상성 관계에 있어 영원한 순환 조화를 이룬다고 보았다. 따라서 그는 음양의 합벽으로 말미암아 주야가 있고 동일한 사물은 존재할 수 없다고 주장한다.

> "사물이 부유하다는 것을 앎은, 오직 날로 새로워서 日月이 곧고 밝으며, 한서가 항성할 수 있음을 알 것이다. 양은 실하여 닫는 까닭으로 주간이 밝은 것은 반드시 응취하여 태양이 되고, 음은 허하여 여는 까닭으로 야간의 광명은 반드시 응결하여 달이 된다. 한서가 발산하고 거두고 끝이 없는 것도 이와 같다. 낡은 것을 이용하지 않으니 없어지려 하자마자 생하고 나누어 고루 재단함이 없어도 스스로 혼란하지 않음으로 동일한 사물은 존재하지 않는다."[284]

왕부지는 구체 세계에서 어떤 면에 비교해 보아도 동일한 것은 없다고 주장하면서, '금일의 일월과 어제의 태양', '올해의 한서와 지난해의 기'(氣)는 다르다고 하는데 있다. 그것은 기(氣)에서 오는 부유와 정명으로 말미암아 구체 세계는 항성을 유지한다는 뜻이다. 만약에, 이전의 기(氣)가 계속된다면 해와 달의 밝음과 그리고 더위와 추위의 왕성함은 없을 것이며, 양(陽)은 실(實)하지 않고 음(陰)은 허(虛)하지 않는 것 또한 사실이다. 그러므로 왕부지는 이렇게 말한다.

窮來, 往乃不窮, 川流之所以可屢遷而不停也. 來不窮往, 來乃不窮, 百昌之所以可日榮而不匱也. 故闔闢者疑相敵也, 往來者疑相反也. 然而闔故闢, 無闔則何闢? 以闢故闔, 無闢則何闔? 則謂闔闢以異情而相敵, 往來以異勢而相反, 其不足以與大化之神, 久矣.", p.1082.

284) 王夫之, 『周易外傳』, 卷6, 「繫辭下傳」, 第5章, "是以知其富有者惟其日新, 斯日月貞明而寒暑恒盛也. 陽實而翕, 故晝明者必聚而爲日, 陰虛而闢, 故夜明者必凝而爲月. 寒暑之發斂而無窮, 亦猶是也. 不用其故, 方盡而生, 莫之分劑而自不亂, 非有同也", p.1044.

"천지(天地)는 덕(德)으로써 사람과 사물을 생한다. 그것은 반드시 양육하고 생을 더해주고, 성(性)으로 그 부류들이 인과관계의 연쇄(連鎖)와 유대(紐帶)를 지키고 있다. 양육함은 형기를 바탕으로 하지만 운행하는 것은 형기가 아니다. 성(性)은 선(善)을 바탕으로 하지만 이루어진 것은 형기(形氣)와 함께 한다. 형상을 움직이는 것은 음(陰)의 덕(德)을 좇으며 흐리다. 기(氣)를 움직이는 것은 양의 덕을 좇으며 맑다. 맑은 것과 흐린 것이 서로 응취하여 이미 생한 이후에 양육과 성을 이루는데, 흐린 것은 식색이 되고 맑은 것은 인의가 된다. 그것이 생하려면 상운(相運) 상자(相資)하며, 죽음에서는 서로 여의고 돌아간다. 여기에서 여의고 돌아감은 즉 저기에서 운행과 바탕이 된다. 그래서 이미 생(生)한 뒤에 생(生)이 일어나자마자 연달아 생(生)을 일으킨다."285)

송명이학에서 주장한 '성즉리'(性卽理)의 명제와는 달리, 왕부지는 "성(性)은 이(理)이며, 이것은 곧 기질지리(氣質之理)이며, 성(性)은 본래 기(氣)의 기강(紀綱)이며 질(質)은 성(性)의 거처하는 곳이 된다."286)라고 하였다. 그리고 그는 성(性)으로 인해 자연과 인간은 '음의 덕'과 '양의 덕'을 받는다고 주장한다. 왜냐하면, 음의 덕은 흐리기 때문에 형상(形象)을 움직이게 되고, 양의 덕은 맑기 때문에 기를 움직인다고 생각하기 때문이다. 그러므로 기의 청탁은 주지(主持) 분제(分劑)에 의해 양의 맑음은 인의(仁義)가 되고 음의 흐림은 식색食色이 되어, 양자의 혼륜성에 의해 상자(相資), 상운(相運)함으로 날로 새로운 생(生)의 과정을 이루며 생(生)한 이후에는 양육(養育)되고, 생(生)하자마자 또 다시 생(生)함을 일으키는 무한한 세계

---

285) 王夫之, 『周易外傳』, 卷6, 「繫辭下傳」, 第5章, "是故天地之而德生人物也, 必使之有養以益生, 必使之有性以紀類. 養資形氣, 而運之者非形氣, 性資善, 而所成者麗於形氣. 運形者從陰而濁, 運氣者從陽而淸. 淸濁互凝, 而成旣生以後之養性, 濁爲食色, 淸爲仁義. 其生也相運相資, 其死也相離相返. 離返於此, 運資於彼, 則旣生以後, 還以起夫方生.", p.1044.
286) 王夫之, 『讀四書大全說』, 卷7, 「論語」, 陽貨篇, "蓋性卽理也卽此氣質之理 性者氣之紀也 質者性之也", p.1044.

를 이룬다고 주장한다. 그리고 이것이 바로 왕부지 내재철학의 화생
론의 요지이다.

한편 왕부지는 자신의 독창적인 기화일신(氣化日新)의 입장을 구
체 세계를 예로 들어 설명한다. 그의 말을 좀 더 들어보도록 하자.

> "천지의 덕은 불역(不易)이며 천지의 변화는 일신(日新)이다. 오
> 늘의 바람과 우레는 어제의 바람과 우레가 아니다. 오늘의 태양과
> 달이 어제의 태양과 달이 아님을 안다. 바람은 기(氣)와 함께 하고
> 우레는 소리와 함께 하며 달은 백(魄: 달의 윤곽에 빛이 없는 부분)
> 과 함께 하고 태양과 밝음이 함께 하는 것은 항상 일정하다.(…) 옛
> 것을 지니고 날로 새로울 수 없으면, 비록 그것이 아직 소멸하지 않
> 았더라도 말라죽을 것이다."[287]

송명이학에서는 이(理)라는 사변적인 본체를 가정해 두고 일체의
현상을 분석하고 해석해 내는 객관관념론(客觀觀念論)을 수립하였다.
그리고 심학(心學)에서는 심(心)의 본체를 양지(良知)로 규정하고
양지로 말미암아 세계를 지극히 주관적이고 의식적인 것으로 해석하
였다. 이러한 철학적 작업은 인간의식 속에서만 우주의 원리를 형성
시키고 천착하여 일반화(一般化)하였던 것이다.

이에 반해, 왕부지는 이러한 극단적 원리를 배제하고 상대적 입장
에서 세계의 합리성은 사물의 배후에 있는 질료적 조건에 내재한다
는 내재철학의 입장을 견지하였다. 그리고 불가(佛家)의 돈오(頓悟)
나 왕수인(王守仁)으로부터 비롯된 심학(心學)의 양지(良知)에서는
구체세계의 질료에 어떤 합리성도 없다고 단언하였다. 그러자, 왕부

---

287) 王夫之,『思問錄』, 外篇, "天地之德不易, 而天地之化日新. 今日之風雷非昨
　　日之風雷, 是以知今日之日月非昨日之日月也. 風同氣, 雷同聲, 月同魄, 日同
　　明, 一也. 抑以知今日之官骸非昨日之官骸, 視, 聽同喩, 觸, 覺同知耳, 皆以
　　基德之不易者類聚而化相符也.(…) 守其故物而不能日新, 雖其未消, 亦槁而
　　死.", p.434.

지는 천지의 자연, 즉 소장사생(消長死生)하는 덕(德)은 바뀌지 않
고 천지의 변화는 날로 새롭다는 명제로써, 옛것을 지니고 있으면
날로 새로울 수 없으며 그것은 곧 아직 소멸하지 않았다하더라도 결
국 말라죽는 과정에 놓여있다고 강변하였다. 왕부지는 새로운 것이
낡은 것을 밀어내어 날로 생(生)하며, 응체(凝滯)하지 않는 것은 혼
연(渾然)한 태화인온지기(太和絪縕之氣)에 기인하여 생(生)하기 때
문이라고 보았다. 그러므로 그는 언제나 구체세계가 풍성하다고 믿
었다. 왕부지는 이 풍성함을 세계 생성의 근본원리로 삼고 인간과
사물은 영원한 음양이기(陰陽二氣)운동을 세계 자체 내에 내재(內
在)하고 있다고 주장하였다. 이러한 세계의 풍성함이야말로 왕부지
내재철학의 화생론(化生論)을 자리 잡게 하는 주요사상이다. 그리고
이것은 그의 '기화일신설'(氣化日新說)과 함께 중국 철학사의 기 철
학 부분에서 독창적인 사유라고 할 수 있겠다.

(2) 신화(神化)와 성(誠)

왕부지의 역 철학에서 『주역외전』, 『주역내전』, 그리고 특히 화생
론의 중심을 이루고 있는 저작인 『장자정몽주』에서는 '신'(神)과 '신
리'(神理)가 중심 개념의 역할을 하고 있다. 신과 신리를 이해하지
못한다면 왕부지 기 변역론을 제대로 이해할 수 없다. 왕부지가 의
도하는 '신'이란 개념의 의미는, 대립이나 차별성을 초월해 있는 유일
절대자가 아니라, 기(氣) 속에 내재하여 이르지 않는 곳이 없는 보
편성, 또는 사물의 운동원리이다. 왕부지는 "(신에 대한) 기미가 기
이며, 신이라고 함은 이법과 동일하게 이해되어야 한다."[288]라고 강
조한다. 왕부지에 있어서 신은 한 번은 음이 되었다, 다시 한 번은

---

288) 王夫之, 『思問錄』, "其幾, 氣也. 其神, 理也.", p.434.

양이 되게 하는 원리이다. 그리고 그는 한 번은 닫혔다 다시 한 번
은 열렸다 하는 변화야말로 '만물을 고동(鼓動)치게 하는 이법'(理
法)289)이라고 주장한다. 한편, 왕부지는 기(氣)의 묘함을 현상의 실
유(實有) 관점에서 적용시키고 있다.

> "신(神)이란 헤아릴 수 없고 막힘이 없는 즉 허(虛)이며, 잘 변역
> 한 즉 영(靈)이라 하고, 태화지기(太和之氣)는 음(陰)과 양(陽)에
> 모두 있으며, 인간에게도 동일하다. 기(氣)는 허(虛)를 머금고 인간
> 신체에도 모두 접촉하고 있지만, 영활(靈活)함은 헤아릴 수 없는 소
> 재(所在)이다."290)

왕부지가 주장하는 신은 신묘하고 인간이 헤아릴 수 없다는 의미
를 지닌다. 이것은 구체적으로 무엇을 의미하고 있는가? '묘함'이란
말은 왕부지 기 철학 입장에서 인간의 인식으로는 불가시성에 있기
때문에 인간의식에서 불가사의함에 적용시키는 개념인 듯 하다. 그
래서 김충렬은 왕부지의 신(神)의 의미를 기(氣)의 기미(幾微)로 해
석하며 이렇게 말하고 있다.

> "(신神은) 마땅히 우주 발생론으로 이해되어져야 한다. 발생이라
> 할 때, 이미 기미에는 시간개념을 내포하고 있다. 그래서 잠시도 쉼
> 없이 변화하는 현상계의 생성 과정을 설명한 것이며, 이 때 시간상
> 의 선후 인과적 설명은 필수적이다.(…) 만약 시간성이 배제된다면
> 그것은 '살아 있는 자연'을 '죽은 자연'으로 표현함이 된다."291)

---

289) 王夫之, 『張子正蒙注』, 卷2, "天下之動, 神鼓之也.", p.78.
290) 王夫之, 『張子正蒙注』, 卷1, 參兩篇, "神者, 不可測也. 不滯則虛, 善變則靈,
　　太和之氣, 於陰而在, 於陽而在. 其於人也, 含於虛而行耳目口體膚髮之中, 皆
　　觸之而靈, 不能測其所在.", p.46.
291) 金忠烈, 『東洋文化』, 第12輯, 「東洋的이란 意味」, 嶺南大學校 東西文化硏
　　究所, 1971.

사실 우리는 현실에서 언어로서는 변화와 실재(reality)의 진면목을 말할 수는 없다. 그래서 '신묘함' 또는 '불측'이라고 표현된다. 왕부지 또한 신(神)에 대해 설명하기를, "자취의 나타남이 없기 때문에 언어로 말미암아 상(象)을 상상하며, 헤아릴 수도 없고 말로써 신(神)의 기미와 미묘성을 명료하게 말하기에는 부족함이 있다"[292] 고 하였다. 다시 말하자면, 그는 '실유의 공효가 나타나기 전에는 신의 실체를 알 수가 없다'고 주장하였다. 인간의 감각·지각으로 신묘함의 진의를 헤아릴 수 없다는 말은 곧 왕부지 철학에 있어서 그가 태화인온을 실유로 말하면서도 신을 표현함에 신묘함 또는 불가지론으로 언급하는 것에서 비교될 수 있다.

한편 그는 신(神)을 성(誠)으로 대체하여 말하기를, "성(誠)은 신(神)의 실체이며 기(氣)의 실유(實有)하는 실용(實用)이다."[293]라고 하였다. 또한 그는 신을 '기미'와 '미묘함', "유용성의 우주원칙"[294], 그리고 "음양(陰陽)의 실유성(實有性)"[295]이라 하고 '성(誠)'을 실유성(實有性)의 요의(要義)로 삼고 있다. 그리고 "신묘한 운동은 그침이 없고, 구체 세계는 성(誠)에서 하나로 결합된다."[296]라고 하여 그는 신(神)과 성(誠) 이 둘은 서로 떨어질 수 없다고 주장한다.

> "형이상의 도(道)는 기(器) 가운데서 동존(同存: 麗)하고, 기(器)에 의존하여 원리로써 철저히 주재(主宰)하는 일을 담당한다. 그래서 만사 만물은 지극한 통일성의 변화에 회통하지 않을 수 없다. 그러므로 말하기를 아래에서부터 배워(下學) 위로 도달(上達)하며 신

---

292) 王夫之, 『張子正蒙注』, 卷2, 神化篇, "迹不顯, 而繫辭以想其象, 神爲不測, 故緩辭不足以盡神.", p.79.

293) 王夫之, 『張子正蒙注』, 卷3, 誠明篇, "誠者, 神之實體, 氣之實用.", p.114.

294) Alison Harley Black, *Man and Nature in the Philosophical Thought of Wang Fu-Chih*, University of Washington Press, 1989, p.227.

295) 王夫之, 『張子正蒙注』, 卷2, 天道篇, "此至誠存神之實也.", p.70.

296) 王夫之, 『張子正蒙注』, 卷2, 神化篇, "天地神化不已, 化而一合於誠.", p.86.

묘함을 알려고 함은 하늘에 있을 것이다. 천의 덕은 형색에 나타나지 않으면서도 만사 만물을 이루어 주고, 형색의 조박 함에 끼어들어 관통하는 것은 모두 기의 유행이 아님이 없으며 원리가 밝게 드러나지 않음이 없다. 이 기(氣)의 유행(流行)과 원리(原理)는 성스러운 공능(功能)으로써 신묘함을 보존하고 극진히 하는 것은 오로지 형색(形色)을 버리지 않고 자신의 성실성을 다하고 있다. 이것은 이단이 공허하다고 주장한 것에서 실유가 없다고 하는 것에서 보면 다른 이유이다."[297]

왕부지는 "신(神)에 성(誠)이 없으면 비유할 수 없다"[298]라고 단언하고, 신(神) 자체는 〈기氣의 신神〉,〈기氣의 화化〉라고 하였다. 이러한 주장에서 그의 사상을 현대학자들이 유물론적 기일원론으로 해석하는 주요 원인이 여기에 있으며, 그리고 그것은 유가(儒家)의 의리역학(義理易學)의 학역(學易) 정신을 잘 반영하는 것이 된다. 한편 그는 '성'(誠)의 의미를 기(氣)의 영원한 작용, 그리고 기(氣) 본질적 변화라고 주장한다.

"기(氣)가 존재하는 것은 실유(實有)이다. 그것은 인온(絪縕) 운동을 하면서 하늘의 강건(剛健)함과 땅의 순응(順應)함의 본성을 머금고 승강(升降)·굴신(屈伸)하는 기(氣) 운동 가운데 드러나는 조리의 필연적으로 인간의 신뢰함이, 곧 신(神)이다. 신묘함의 작용은 응취하여 상(象)과 형(形)을 이루고 온갖 변화를 생(生)하는 것, 그것이 '화'(化)이다. 여기에서 신(神)은 기(氣)의 신(神)이며, 화(化)는 기(氣)의 화(化)이다."[299]

---

297) 王夫之, 『張子正蒙注』, 卷6, 三十篇, "而形而上之道麗於器之中, 則卽器以精其義, 萬事萬物無不會通於至一之變化, 故曰 下學而上達, 知我者其天乎! 天之爲德, 不顯於形色, 而成形成色, 淪浹貫通於形色之粗, 氣非氣之所流行, 則無非理之所昭著. 聖功以存神爲至, 而不舍形色以盡其誠. 此所以異端之虛而無實.", p.232.

298) 王夫之, 『周易內傳』, 卷5, 下, 「繫辭上傳」, 第9章, "而神非誠不喩.", p.551.

299) 王夫之, 『張子正蒙注』, 卷2, 神化篇, "氣, 其所有之實也. 其絪縕而含健順之性, 以升降屈伸, 條理必信者, 神也. 神之所爲聚而成象成形以生萬變者, 化

160

왕부지에 있어서, '신'(神)은 '이'(理)와 동격으로 결국 '신리'(神理)
란 복합 개념을 이루게 되며, 그리고 이 신리는 조리의 필연성이 된
다. 그래서 기 본성에 간직된 건순의 성질로 말미암아 승강·굴신의
운동은 시작된다. 이러한 성질과 운동은 같은 의미로 음양의 기(氣)
가 응취하여 변화를 발단시킨다. 이 발단으로 말미암아 양은 상(象)
을 형성시키고 음은 형(形)을 이루어, 형상(形象)은 구체세계에서
모습을 드러낸다. 그리고 〈닮은 것相肖〉과 〈닮지 않는 것不相肖〉은
천태만상을 이루는 기(氣)의 소산물들이다. 이러한 사상은 결국 일
관된 기(氣)의 사상(思想)으로서, 특히 기지신(氣之神), 기지화(氣之
化)의 개념이 핵심이 된다. 그리고 〈기지신氣之神, 기지화氣之化〉의
개념은 왕부지 내재철학의 일관된 사상으로서 중국 철학사에 있어서
다른 어떤 철학자에게서 보다도 탁월한 점이며, 즉 그는 변화의 '신
리'(神理)를 구체세계의 실유적(實有的) 진상(眞象)에서 찾았던 것
이다. 이와 관련된 왕부지의 언급을 들어보도록 하자.

"위로는 하늘의 작용으로 소리도 없고 냄새도 없고 닫히고 열리면
서 변화한다. 거기에 진실한 질서의 본성이 있어 차등과 다름이 이
루어지며 하나의 사물 가운데 찬연히 드러난다. 한 마리의 소리개가
하늘에서 날고, 물고기가 물에서 뛰어 놀 수 있는 것은 드러난 사실
로서 우러러보고 굽어보아도 드러나지 않는 것은 없다. 성(誠)에 근
거하여 밝게 드러내는 실유(實有)만이 그러한 성질을 갖기 때문에
그것을 나타내는 것이다."300)

자연현상은 개개의 성(性)을 갖고 전체 질서에 동참하고, 어긋남
이 없이 전체 조화를 영원히 이루고 있다. 그래서 왕부지는 다음과

也. 故神, 氣之神, 化, 氣之化也.", pp.76~77.
300) 王夫之, 『讀四書大全說』, 「中庸」, 第21章, "上天之載, 無聲無臭, 而翕闢變
化, 有具實然, 則爲營爲殺, 粲然昭著於萬物之中, 一鳶飛魚躍之可以仰觀俯
察而無不顯. 自誠而明者, 惟其有之, 是以著之也.", p.539.

같이 말한다.

> "천지의 변화는 지극히 정밀하다. 한 포기의 풀과, 한 그루의 나
> 무, 한 마리의 새와 벌레에 이르기까지, 지극히 작은 것에서 살피더
> 라도 모두 헤아릴 수 없는 차원에서 묘한 이치를 다하고 있다. 혹은
> 춥기도 하고, 덥기도 하고, 혹은 비가 오기도 하고, 개이기도 하고,
> 기후를 살피는 사람에게 예측할 수 없는 날씨를 드러내기도 한다.
> 그러므로 『역』은 이러함에 체현하여 사람들로 하여금 법을 행하게
> 하고 명을 기다리게 하여, 한 시라도 두려워하지 않음이 없도록 하
> 고 하늘의 도움을 받게 한다."[301]

왕부지 철학에 있어서, "신(神)은 화(化)의 이(理)이며 모든 것을
하나로 복귀하게 하고 일치하게 하는 대원(大原)이다. 그리고 화(化)
는 신의 자취이며 다양한 방법과 다양한 사고의 변동이다."[302] 인간
사유에서 신을 말함에 여러 가지 강구하는 방법은 다르지만 궁극에
는 하나로 돌아가며, 사고함은 다양하지만 목표에 도달함은 하나이
니 '일본만수'(一本萬殊)이다. 작용 상에서 다양한 방법과 사고로 개
개물이 존재하지만 이것은 나눌 수 없으니 '이본이무분'(二本而無分)
이다. 왕부지에 있어서 '동일'(同一)은 오는 까닭이고 '수백'(殊百)은
가는 까닭을 말한다. 그는 〈다름과 같음〉, 〈하나와 백〉이 되는 견문
지(見聞知)의 단순한 사변에만 의존하는 사사로운 지혜는 용납하지
않는다. 바로 이 점에서 다양한 방법은 하나로 돌아가고, 다양한 사
고는 하나에 이른다.

"만물에는 모두 고유한 작용이 있고, 만사에는 당연의 법칙이 있

---

301) 王夫之, 『周易內傳發例』, 卷13, "天地之化 至靜至密. 一卉一木, 一獸一蟲,
察於至小者皆以不測而妙盡其理. 或寒或著, 或雨或晴, 應以其候者抑不可豫
測其候. 故易體之, 以使人行法候命, 無時不懼, 以受天之祐.", p.668.

302) 王夫之, 『周易外傳』, 卷6, "神者化之理, 同歸一致之大原也. 化者神之迹, 殊
塗百慮之變動也.", p.592.

다. 이것이 바로 '이법(理法)'이다."303) 왕부지는 『역』의 변역 가운데
체體보다는 용用에 비중을 두고, 내재적(內在的) 요체는 작용을 다
하고 덕(德)을 높임에 있다고 주장한다. 아무리 숭고한 원리와 이법
이라 할지라도 그 자체만으로는 원리가 성립될 수 없고, 오직 인간
과 대립하고 대대해야만 원리는 원만해 지는 법이다. 이러한 원리를
받은 인간은 항상 아래로는 작용을 이루려 하고, 위로 도달하려 한
다. 그리고 이러한 성실성으로 말미암아 모든 구체세계의 공효는 드
러나기 마련이다. 그래서 지극한 성실은 실유(實有)를 극추(極推)하
는 데 있다. "궁극의 원리는 자신 안에 자족(自足)하여 독립적으로
완전한 것이 아니다. 오히려 구체세계를 형성하고 그 속에 내재함으
로써 자신의 성실성과 완전성을 다할 때, 덕(德)은 고양(高揚)되는
것이다."304)

그리고 신에 대한 예측할 수 없는 신묘함을 궁구하는 것은, 사물
의 변화에 관한 변화의 인식에서 전체적 궁리에 도달하는 방법이 된
다. 인간이 그 스스로 자신의 참모습을 구현하는 성실에로 나아갈
때 '신'의 의미는 저절로 해결된다고 할 수 있다. 왕부지는, "인간의
심량은 광대함에서 막히고 미소함에서 막힌다."305)고 한다. 그리고
"형체나 모습의 차이성에 집착한 결과로 근본의 동일성을 알지 못하
게 된다."306)라고 하고, 인간이 변화의 이연한 자취만을 좇지 말고,
사사로운 태도에서 출발하여 국한성이 없는 본질세계의 대명한 태도
로 전환할 것을 강조한다. 인간 학문의 최고 도달점은 본질이 하나

---

303) 王夫之, 『四書訓義』, 卷8, 「論語」4, 理仁, 第4, "萬物皆有固然之用, 萬事皆
   有當然之則, 所謂理也", p.377.
304) 李圭成, 『王夫之 氣哲學體系研究』, 서울大學校 哲學博士學位 論文, p.108.
305) 王夫之, 『張子正蒙注』, 卷1, 太和篇, "心量窮於大, 耳目之力窮於小.", p.28.
306) 王夫之, 『張子正蒙注』, 卷9, 可狀篇, "有形有象之後, 執形象之異而不知其本
   一.", p.378.

인 이치이며, '활연대명'(豁然大明)의 '통달'(通達)에 이르려는 인간의 성실성은 바로 "하학(下學)하여 성인의 공효를 성취하는 데 있고, 또한 자기를 다하여 각 사물의 변화원리를 살피는 가운데 있다."[307] "천(天)은 하나(一)에 의거하여 만(萬)을 통어(通御)하고 성인은 만(萬)을 통합하여 전체를 통일한다."[308] 그리고 혼연한 본체에서 인간이 자신의 성실성에 의거할 때, 대명(大明)한 세계경지로 나아간다. 이것이 바로 왕부지의 역 철학에 있어서 〈신神·화化〉개념의 특징이라 할 수 있다.

---

307) 王夫之, 『張子正蒙注』, "下學而作聖之功在矣, 盡己而化物之道存矣", p.382.
308) 王夫之, 『尙書引義』, 卷3, 有一德, "天居一以統萬, 聖合萬而皆一.", p.304.

V. 인도(人道)와 역사에 대한 성찰

1. 인도론(人道論)

1) 역학(易學)에 근거한 성론(性論)

(1) 도道·선善·성性

종래 '인도론'(人道論) 및 '심성론'(心性論)에 대한 이론적 근거는 대략 두 가지 기본 노선이 있다. 그 중 가장 많이 논의해 온 유가의 논리체계가 『중용』의 〈성性·도道·교敎〉의 개념이고, 다른 하나는 『역전』의 〈도道·선善·성性〉의 개념이다. 전자에서는 정이를 대표로 하여 주희에 이어져 심성(心性)의 종합 체계를 세웠고, 후자에서는 주돈이를 대표로 하여 장재 등에게서 인도론(人道論)을 세웠다.[309] 왕부지가 세운 학설은 후자에 속한다. 즉, 왕부지의 학설은 『역전』에 근거했으며, 기(氣) 본론에 근거한 인도론은 음양의 이어짐에서 구체세계는 실유적 단초를 제공했으며, 생리(生理)의 생성함이 단절 없는 지속으로 도(道)와 부합된 성(性)의 종합체계를 이룬다. 그는 자신의 저작인 『주역내전』에서 『역』의 오묘한 이치는 이러한 〈도道·선善·성性〉의 관계에서 성(性)을 바탕으로 추구해야 한다고 주장한다.

> "도(道)는 크지만 성(性)은 작다. 성은 작지만 도의 큼을 남김없이 실행하고 있다. 도는 드러나지 않지만, 성은 드러난다. 즉, 성은

---

309) 勞思光, 鄭仁在譯, 『中國哲學史下』, (明淸篇), 서울: 探求堂, pp.305~306 參照.

드러나지만 성을 드러나게 하고 존재하게 하는 소이(所以)는 끝내 숨어 있다. 도외에 성이 존재하지 않으며 성은 바로 도에 내함 해 있다. 이는 도의 일음일양하는 신묘함이 순차적으로 인간에게 연계 되고 함께 응취하여 사람의 성(性)을 이루고 있다. 그러므로 『역』의 전체 이치는 성의 범위에서 벗어 날 수 없다. 따라서 『역』의 오묘한 이치는 성(性)을 바탕으로 추구해야 한다."[310]

성(性)은 구상 물로써 드러나지만, 도(道)는 개별자와 개별자간의 제약성으로 인해 존재 법칙성이 되며 개별자들을 존재케 하는 소이로 서 자신은 드러나지 않는다. 도는 일음일양하는 신묘한 작용 속에 성을 이루어 주어, 인간은 성을 부여받아 『역』의 이치를 남김없이 실행 하고 있다. 이 오묘한 도의 작용 속에 성이 존재하고 성은 도 속에 내 재해 있다. 이러한 관계를 왕부지는 '도(道) 외에 성(性)이 존재하지 않음'의 원리를 『역』의 원의(原義)로 부여 받아, 도는 크지만 성은 작 다고 한다. 그리고 성은 작지만 도의 큼을 남김없이 싣고 자기 역할을 수행하고 있다고 주장한다. 왕부지의 인도론은 『역』의 〈도道・선善・ 성性〉의 3관념을 본원으로 하여 자신의 『주역외전』「계사상전」에서 일관성을 이루고 있다. 그렇다면 왕부지는 도와 현상의 성과의 관계를 어떻게 해명하였는가? 그는 인간이 도를 따를 수 있는 까닭과 인간이 현상의 존재 자체 속에 내재된 도를 체득함에서 성과 도가 내통된다 고 생각하였다. 그리고 그는, 도 자체는 초월해 있으면서도 음양의 구 체 세계에 내재되어 변화와 법칙을 제공하고 다양의 세계는 오직 한 길로 그 법칙성을 따르게 되어 자신의 유가적 본성, 즉 생을 지속시킨 다고 주장한다. 동일성과 다양성의 범주로써 존재하는 원리는 외적 결

---

310) 王夫之, 『周易內傳』, 卷5, 上, 「繫辭上傳」, 第5章, "道大而性小, 性小而載道 之大以無遺. 道隱而性彰, 性彰而所以能然者終隱. 道外無性, 而性乃道之所 函. 是一陰一陽之妙, 以次而漸凝於人, 而成乎人之性. 則全易之理不離乎性 中, 卽性以推求之.", p.526.

합의 구성이 아니고, 내적 상호 연대성으로 이루어져 있다. "음양의 질서를 다만 도라고 할 수 없고, 도는 음양을 통일적으로 통섭함"311) 이다. 여기에 입각해서 그는 도와 성의 관계를 분명히 설명하고 있다.

"하나(一)라고 말하는 것은 서로 합하여 이루고 있다. 이것은 주지(主持) 분제(分劑)함에서 말함이다. 음이 있고 양이 없음이 아니고, 양이 있고 음이 없음이 아니며, 둘은 서로 의지하고 떠나지 않는다. 나타나고 숨음에 따라 이것과 저것은 상호 왕래하고, 비록 과다하고 부제하지만 반드시 교대하면서 이루어진다. 하나의 형태가 이루어지면 거기에는 반드시 사(事)가 일어나고, 하나의 정교한 작용은 반드시 일기(一氣)에서 행해진다. 탁함에서 맑음이 되는 정기가 있고 맑음이 탁해지는 결정은 합동하여 화합함에 있다(…) 태극이 만물을 생하는 까닭은 만리(萬理)를 이루고 만사를 일으킴으로 자시자생(資始資生)하는 본체가 된다. 그러므로 말하여 도(道)라고 한다. 고금에 이르러 〈천天·인人·물物〉을 통섭하고, 이것은 모두 도에서 받아 이루어진 것이다. 인간에 적용되면 이로부터 '선'(善)이 되고 '성'(性)이 된다. 일음일양(一陰一陽)은 『역』 전체의 위대한 작용이다. 선(善)과 성(性)이 좇아 나온 근원을 거슬러 올라가면 도(道)에서 통종(統宗)된다. 이것이, 즉 이(理)이다."312)

우리는 개별자가 어떻게 보편자와 함께 존재하며 합하여 조화를 이루고 융회하며, 상호 작용하는 것은 무엇인가 하는 점을 거론하지 않을 수 없다. 우리는 왕부지의 인도론(人道論)을 이해하기 위해서

---

311) 王夫之, 『周易外傳』, 卷5, 「繫辭上傳」, 第5章, "則以陰以陽而皆非道, 而道統爲攝.", p.1003.

312) 王夫之, 『周易內傳』, 卷5, 上, 「繫辭上」, 第5章, "一一云者, 相合以成, 主持而分劑之謂也. 無有陰而無陽, 無有陽而無陰, 兩相倚而不離也. 隨其隱見, 一彼一此之互相往來, 雖多寡之不齊, 必交待以成也. 一形之成, 必起一事, 一精之用, 必載一氣. 濁以淸而靈, 淸以濁而定.(…) 合同之之和也. 此太極之所以出生萬物, 成萬理而起萬事者也, 資始資生之本體也, 故謂之道, 亘古今, 統天人, 攝人物, 皆受成於此. 其在人也, 則自此而善, 自此而性矣. 夫一陰一陽, 易之全體大用也. 乃遡善與性之所從出, 統宗於道者, 固卽此理.", p.525.

그의 철학이 정초하고 있는 '성'(性)의 새로운 해석에 주안점을 두어야 한다. 왕부지는 '이'(理)는 질(質)에 내재(內在)되며, '사물은 기(氣)에 의해서 생긴 현상체'(現象體)라는 면에서, 현상체는 성과 형질을 갖고 인간은 본성을 품수 받아 성에 의해서 개별자와 보편자는 상호 융회하여 각자의 풍요로운 삶을 당위(當爲)한다. 라고 주장한다. 왕부지는 기(氣)가 깃들 곳, 기(氣)의 한계성, 氣의 기강에 국한하여 〈질質·기氣·성性〉의 개념을 일원화시킨다. 이것에 대한 언지를 그는 다음과 같이 말한다.

  "질(質)이 성(性)의 장소이고, 성(性)은 기(氣)의 기강(紀綱)"[313]
  이며, "형질(形質) 가운데 천명(天命)을 성(性)이라 한다."[314]

장재도 왕부지와 동일한 맥락에서, "하늘의 성은 건곤 음양이며, 잠시도 사물과 감응하지 않음이 없는 인간의 성은 천도이다."[315]라고 하였다. 그리고 왕부지는 송명의 '성리학', 정주학의 '성즉리'(性則理)사상을 계승하여 "성(性)은 곧 이(理)이며, 성(性)은 이(理)에 감추어지고, 이(理)는 성性에서만 드러난다."[316]고 주장한다. 그리고 만휘군상을 이루는 성(性)이 각각 다른 바와, 자신의 성(性)을 이루는 것은 자체의 이(理)가 있기 때문에 성(性)은 곧 이(理)라는 천도(天道)의 관점에서 왕부지의 입장은 장재의 경우와 비슷하다. 그러나 왕부지의 인도론은 기(氣)의 속성(屬性)을 형질 속에 포섭하고

---

313) 王夫之, 『讀四書大全說』, 卷7, 「論語」, 陽貨篇, "質者, 性之府也, 性者氣之紀也.", p.861.
314) 王夫之, 『讀四書大全說』, 卷7, 「論語」, 陽貨篇, "質中之命謂之性", p.862.
315) 張橫渠, 『正蒙』, 乾稱篇, "天性乾坤陰陽也, 皆無須臾之不感, 所謂性卽天道也.", p.221.
316) 王夫之, 『讀四書大全說』, 「論語」, 公冶長篇, "性卽理也, 性藏夫理, 理顯夫性.", p.653.

혼륜불가분의 조건을 부여한 성(性)이다. "기(氣)의 〈순수성과 불순수성〉, 그리고 이(理)의 〈혼昏과 명明〉, 〈강强과 유柔〉에 따라 성(性)이 각각 구별된다. 그러므로 바람, 우레, 물, 불로부터 개, 소, 뱀, 호랑이에 이르기까지 각기 자신의 성을 이루어 자신의 이(理)가 된다."317) 왕부지의 성은 형질마다 품수 받은 양이 다르지만 다른 사물과 관계를 맺고 감응관계에 있다. 왕부지는 이러한 감응관계에서 일컬어 건순지성(健順之性)이라 하며, 기의 음양과 서로 감응(感應)한 이법(理法)이 바로 성(性)이므로 이단(二端) 즉, 〈순수함과 잡박함〉, 〈영특함과 어리석음〉등의 성의 품수 받은 바는 다르지만, 삽시간에도 감응하지 않는 것이 없다는 일반성(一般性)이 천도(天道)의 성(性)이라고 강조한다. 왕부지는 다음과 같이 구체세계의 성을 천명한다.

"천지의 추위와 더위, 비가 내리고 맑음, 바람이 불고 우레가 치며, 서리와 이슬이 내리고, 만물이 생장하여 가을에 추수하고 감추는 것은, 모두 음양이 서로 감응하여 위대한 작용을 하기 때문이다. 만물이 스스로 생하는 것은 운동의 계기로 이루어진 것이다. 그러므로 만물의 감응하는 정(情)은 순간의 틈이 없고, 한 시각도 다른 사물과 교접(交接)하지 않음이 없다. 기호와 욕망이 자연히 일어나는 것은 천리(天理)가 자연히 나오는 것이다. 그러나 탐하고 좋아하는 욕구는 한번 지나간 것에 미혹(迷惑)되어 좁은(戞然) 견문(見聞)으로 감응(感應)함에 음양(陰陽)이 교감(交感)하는 상(象)을 보지 못할 뿐이지, 결과적으로 감응하여 해(害)가 되는 것은 아니다. 만일 군자는 눈 깜박 할 사이에도 마음을 보존하고, 숨 쉴 짧은 사이에도 양육하며, 아침저녁으로 강건(剛健)하고, 경계하며 때에 따라 사물에 대응하면 감응한 것에서 천지만물의 감응하려는 연계성(連繫性)을 보게 된다. 어떠한 사물도 성(性)을 구비하지 않음이 없고, 감응(感應)으로 천도(天道)의 유행(流行)이 아닌 것이 없다.(…) 음양(陰

---

317) 王夫之, 『張子正蒙注』, 卷1, 參兩篇, "因氣之純雜, 而理之昏明, 强柔, 性各別矣. 故自風雷水火以至大牛蛇虎, 各成其性而自爲理.", p.55.

陽)이 서로 감응(感應)하는 밖에 따로 어떤 적연(寂然)하고 공요(空
窅)한 것을 性으로 삼는 것이 아니다."318)

어떠한 사물도 성(性)의 제약성이 있기 때문에, 천도(天道)에서
형질의 성질은 상대적으로 나타나고, 모든 사물을 감응하고 포용하
며 조화적 질서를 깨뜨리지 않음이 자연에서 오는 천도의 선(善)이
다. 왕부지가 말하는 성(性)은 만물이 천도에 의해 자신의 성을 갖
고 음양이 그 가운데 구비되어 막힘없이 감응하는데 이것이 바로 건
순지성이다. 이러한 건순지성(健順之性)은 청통지리(淸通之理)가 상
호(相互) 내재(內在)하여 이기(理氣)의 내외합일(內外合一)을 이룬
다. 이 성(性)이 바로 『주역』에 근거한 천도(天道)에서의 성(性)을
말함이다.

(2) 계지(繼之)와 성지(成之)

王夫之가 주장하는 계지(繼之)와 성지(成之)는 『역』의 단절이 없
는 일음일양의 천도에서 인간에게 이어지는 관계이며, 이 계지에서
이어받은 선(善)을 인간이 이루어 낸다는 철학적 문제의식이다. 도
(道)가 단절 없이 자기 위치를 지켜 가는 까닭은 구체세계에 내재하
여 〈인人·사事〉의 생리(生理)로 이어가는 관계로 규정짓기 때문이
다. 그러므로 천도의 음양이 서로 인간과 사물에 이어짐에 따라 영
원한 성의 가능 근거가 제시된다. 왕부지는 천명이 품수한 영원한

---

318) 王夫之, 『張子正蒙注』, 卷9, 可狀篇, "天地之寒暑, 雨暘, 風雷, 霜露, 生長,
收藏, 皆陰陽相感以爲大用, 萬物之所自生, 卽此動幾之成也. 故萬物之情, 無
一念之間, 無一刻之不與物交, 嗜欲之所自興, 卽天理之自出. 耽嗜慾者迷於
一往, 感以其最然之聞見而不感爾, 非果感之爲害也. 若君子曰舜有存, 息有
養, 晨乾夕惕, 以趨時而應物, 則卽所感以見天地萬物之情, 無物非性所皆備,
卽無感而非天道之流行矣. 蓋萬物卽天道以爲性, 陰陽具於中, 故不窮於感,
非陰陽相感之外, 別流寂然空窅者以爲性."(pp.365~366).

성을 인간이 이어가고 또 이어감을 주장한다. 그것을 그는 다음과
같이 말하고 있다.

"천명(天命)의 성(性)은 종시(終始)가 있다. 그러나 스스로 선
(善)을 계승하고 이어나가 연속됨은 단절이 없다. 냇물의 흐름이 끊
이지 않아 흘러 가버림을 우려하지 않는 것은 계승하는 것이 있기
때문이다. 일월이 서로 교차하여 어긋남을 우려하지 않는 것은 계승
하는 것이 있기 때문이다. 성(性)을 아는 자는 선(善)을 알고, 이어
감을 아는 자는 자연의 이법(理法)을 안다."319)

"대저 번성함은 생(生)에 있고, 순수함은 인간이 생한다. 〈질서秩
序·기강紀綱·정精함·지극至極〉함은 인간의 성(性)에서 이루어진
다. 오직 그것은 (천도天道를) 이어감일 따름이다. 도(道)는 이미 받
고 시종(始終)으로 서로 화합(和合)하여, 조절하면서 발양(發揚)하고
서로 진실되게 함은 다름 아니라 그러한 이어감 일 따름이다."320)

"계(繼)라는 것은 하늘과 사람이 서로 접속 할 때에, 명(命)이 사람
에게 유행함을 말한다.(…) 맹자는 〈성선설에서〉인간은 불선(不善)함
이 없다고 말했다. 이것은 천도(天道)를 인도(人道)가 이어감에서 말
한 것이다. 성지(成之)라는 말은 이미 형체가 이루어지고 그 속에 응
취함을 말한다. 이것은 곧 생한 이후에 시종(始終)이 서로 의존하는
것이니 지극함에 달한 성인은 더 보탤 것이 없으며, 최하로 인간이 곡
망(牿亡)한 이후에도 오히려 존재한다. 그래서 인간에게 각각 성(性)
이 있으며, 그것은 일음일양(一陰一陽)의 도(道)가 묘합(妙合)함에서
응취한다. 그래서 성(性)이나 명(命)은 모두 도(道)에서 하나의 범주
로 통극(通極)된다. 일지일지(一之一之)하는 신묘함이 점차 화생한
것으로 인(仁)은 드러나고 용(用)은 감추어진다."321)

---

319) 王夫之, 『周易外傳』, 卷5, 「繫辭上傳」, 第5章, "天命之性有終始, 而自繼以善
無絶續也. 川流之不匱, 不憂其逝也, 有繼之者爾. 日月之相錯, 不憂其悖也,
有繼之者爾. 知其性者知善, 知其繼者知天.", p.1008.
320) 王夫之, 『周易外傳』, 卷5, 「繫辭上傳」, 第5章, "夫繁然有生, 粹然而生人, 秩焉
紀焉, 精焉至焉, 而成乎人之性, 唯其繼而已矣. 道之不息於旣生之後, 生之不
絶於大道之中, 綿密相因, 始終相洽, 節宣相允, 無他, 如其繼而已矣.", p.1007.

천도(天道)는 일음일양(一陰一陽)하고 일지일지(一之一之)하는 생성과정에 있는 끊임없는 연속체이므로 천지에서 상정해 보면 본체가 된다. 이것으로 인해 천도가 명(命)을 내림에 인간은 천명을 이어받음이 계선(繼善)이다. 천도를 보편단계에서 보면, 태화인온(太和絪縕)의 혼일한 양태에 있게 되고, 특수의 계선(繼善)과 성성(成性)단계에서 보면, 만물 중 맨 먼저 생하여 영특한 것이 사람이기 때문에 하늘과 사람이 서로 접속하는 사이에 명(命)이 사람에게만 유행된다는 것이다. 이를 두고 맹자는 불선(不善)이 없다고 말한다. 이것은 맹자가 구체사물이 형질로 이루어지지 않는 상태의 선천적 입장을 언급한 것이며, 또한 천지의 기능적 성질이 공효로 나타나는 건순지성의 입장에서 말한 것이다. 그리고 성지(誠之)단계에서는 이미 형(形)이 이루어지고 인성(人性) 속에 도(道)가 우거(寓居)하여 시종(始終)이 서로 의존관계에 있고, 성인(聖人)도 더 보탤 것이 없고, 인간이 곡망(牿亡)하더라도 도(道) 자체는 인간과 더불어 영구히 존재한다. 그래서 성(性)과 명(命)이 모두 천도에서 하나의 범주로 환원하게 된다. 그는 음양이 서로 이어감은 천도의 계승이며, 인간이 천도를 이어감을 인간의 삶의 이치라고 보았으며, 구체세계는 부단한 생성으로 이어지며 도와 융합하여 서로 용납하고 보존하는 관계에 있다고 보았다. 왕부지는 이러한 관계를 다음과 같이 말한다.

"심하도다. 그것을 이어가는 것은 하늘과 사람에게는 공(功)이 되는 것이다. 천(天)은 이것으로써 자신의 성취하는 능력을 현시(顯示)하고, 인간은 이것으로써 삶의 이치를 이어가는 것이다. 성(性)은

---

321) 王夫之, 『周易內傳』, 卷5, 上, 「繫辭上傳」, 第5章, "繼者, 天人相接續之際, 命之流行於人者也. 孟子曰: 人無有不善, 就其繼者而言也. 成之, 謂形已成, 而凝於其中也. 此則有生以後, 終始相依, 極至於聖而非外益, 下至於牿亡之後猶有存焉者也. 於是人各有性, 而一陰一陽之道, 妙合而凝焉. 然則性也, 命也, 皆通極於道, 爲一之一之之神所漸化, 而顯仁藏用者.", p.526.

이것으로 이루어지고, 이루어짐 때문에 이어가는 것이다. 하늘과 인간이 이루어지는 때에 하늘에 보존한 것은 이음보다 더 묘한 것이 없다. 그렇다면 사람이 하늘의 기미에 통달하는 것과 〈하늘이〉 사람에게 이르는 것은 역시 어느 것도 계지(繼之)해야 하는 일 보다 더 선행(先行)을 요하는 일이 있겠는가?"[322]

구체세계는 계지(繼之)할 때에 생리(生理)는 부단히 연속된다. 그리고 천도(天道)는 초월해 있으면서도 현상세계와 분리될 수 없다. 여기에 직면하여 우리가 〈계지繼之와 성지成之〉의 개념을 좀 더 구체적으로 말하자면, 그것은 규칙적 이법으로 규정적인 면에서는 다르지만, 도(道)는 구체세계에서 상호 필요 불가분의 상수(相須) 관계에 있어서는 동일하다. 이루어지지 않으면 성(性)을 잇지 못하고 이어가지 않으면 이룰 수가 없다. 인간이 하늘의 기미에 통달하려는 연계성과, 하늘이 명하여 인간에게 이어주어야 할 일이 음양의 필연적 법칙이며, 하늘은 자신의 고유성으로 영원히 어길 수 없는 필연의 이법을 갖고 있다. 그리하여 왕부지는, 인간은 성(性)으로 하여금 자신의 능력을 현시하는 일 외에 더 선행적으로 요할 일이 없음을 강조한다. 그리하여 그가 주장하는 〈도道·선善·성性〉에서 도(道)란 음양의 서로 이어감이며, 또한 도(道)는 선(善)이 나오는 근원이다. 도(道)가 인간의 성(性)에 내재(內在)되어 계지(繼之)해 갈 때 선善이 된다고 주장한다. 왕부지는 도와 성 그리고 성과 선 관계를 다음과 같이 설파하고 있다.

---

322) 王夫之, 『周易外傳』, 卷5, 「繫辭上傳」, 第5章, "甚哉, 繼之爲功於天人乎! 天以此顯其成能人以此紹其生理者也. 性則因乎成矣, 成則因乎繼矣. 不成未有性, 不繼不能成. 天人相紹之際, 存乎天者莫妙於繼. 然則人以達天之幾, 存乎人者, 亦孰有要於繼乎!", p.1007.

"작은 것은 전일(專一)하고 정밀함에 이르며, 큰 것은 박대하고 친하지 않다. 그러므로 계지(繼之)함으로써 도(道)를 언급하든가, 성지(成之)하면서 선(善)을 언급함으로써 인간은 넓히고 확대하려는 욕망은 있지만 그렇게 한다면 정밀함을 이룰 수 없음을 알지 못하고 있다. 선(善)으로 넓히고 확대한다면 사람의 성이 소의 성이고, 소의 성이 개의 성이다고 할 수 있다. 계선(繼善)을 말할 때는 서로 유사함이 있게 된다. 그러나 이미 사람의 성(性)에서 이루어짐에는 유사하다고 말할 수 없다. 만약에 그것이 구체사물의 일반성에서 말한다면, 천지는 나와 뿌리를 같이하고 만물은 나와 명(命)을 함께 한다고 말할 수 있다. 당연히 도(道)에서 말할 때는 동근(同根)이며 공명(共命)이다. 그러나 천(天)과 인간이 서로 이어지고 베풀 수 있는 관계에서만 선(善)이라고 말할 수 없다. 그것(性)이 도가 동존하여 계지함으로서 선을 얻을 수 있다. 도는 선이 나오는 근원이다. 오직 그것에 선과 함께 하여 인간이 성지(成之)할 때 성(性)이 된다는 것이다. 선이란 성의 바탕이 된다. 이것은 비로소 도가 선이 된 이후에 도에 선이 있게 되고 선이 성된 이후에 선이 성에 응취하게 된다."[323]

왕부지가 말하는 선(善)은 '도가 무형이며 넓고 친할 수 없다'는 것을 전제로 한다. 그리고 독립된 도는 자의성(恣)에 흐르기 때문에, 성 속에 내재할 때 비로소 자신의 성실성과 완전성이 드러나게 된다. 그러므로 구체적 세계에서 자신의 정합성을 발견할 수밖에 없고 현실적으로 실유(實有)하는 성(性)과 분리될 수 없는 관계에 있다. 천(天)과 인간이 서로 이어지는 관계를 피상적으로 언급하려는 것이 아니고, 오직 성 속에 도가 공존하여 계지(繼之)하고 나서 선을 얻을 수 있으며, 성에 선이 함께 하여 인간이 성지(成之)할 때 성이

---

323) 王夫之, 『周易外傳』, 卷5, 「繫辭上傳」, 第5章, "小者專而致精, 大者博而不親. 然則以善說道, 以性說善, 恢恢乎其欲大之, 而不知其未得其精也. 恢恢乎大之 則曰人之 性猶牛之性 牛之性猶犬之性亦不可矣. 當其繼善之時 有相猶者也. 而 不可槪之已成乎人之性也. 則曰 天地與我同根, 萬物與我共命 亦可矣. 當其 爲道之時, 同也共也, 而不可槪之相繼以相授而善焉者也. 唯其有道, 是以繼之 而得善焉, 道者善之所從出也. 惟其有善, 是以成之爲性焉, 善者性之所資也. 方其爲善, 而後道有善矣. 方其爲性, 而後善凝於性矣.", pp.1006~1007.

된다는 것이다. 그래서 계선(繼善)으로 말미암아 성지(成之)하여 성이 있게 되고 선은 성지(成之)의 바탕으로 되어 도가 선이 된 이후 도에 선이 있게 된다. 왕부지는 선이 성된 이후 비로소 선이 성에 응취된다는 기일원론에 입각한 질료적 배후에서 사유하는 선(善)으로 보았다.

이러한 점과 관련하여 저명한 현대 철학자인 당군의(唐君毅)의 논평을 들어보도록 하자

"왕부지의 천도가 크다고 말한 까닭은 도의 이름을 가리켜 외연에서 말하고, 성(性)의 전일한 것은 성의 이름을 '내함'(內函)에서 말하였다. 도가 크다고 말함은 근본적으로 기(氣)의 변화에 있고 도는 따르지 않는 것이 없다. 기는 도가 따름으로써 변화하게 되고, 기를 이루고, 사물을 이루며 인간도 생한다. 이루어지는 것이 있은, 즉 계(繼)도 있다. '선'도 있다.(⋯) 무릇 하나의 사물을 이룬, 즉 하나의 '선'이 있다. 구체사물과 관계함에서 서로 계지(繼之)하고 성지(成之)하면 善은 끝없이 이루어진다. 그러므로 도(道) 자체만으로 선(善)이라 말해서는 안 된다. 도가 있은, 즉, 기(氣)의 유행이 있게 되고, 기(氣)의 유행이 있은, 즉 사물을 이룸이 있고 선(善)도 있다. 도(道)는 선(善)의 조건이 된다. 천도(天道)는 선(善)이 아닌 것이 없다. 기화(氣化)함에는 도(道)가 그 중에 있고, 본디부터 물(物)을 이루면 당연히 거기에는 선(善)이 있다."[324]

도(道)는 선(善)의 조건이지만 존재한 후 선은 본래의 자리를 차지한다. 그러기 때문에 도는 기화작용에 질서를 제공하여 물(物)을 이룬 후에 자신의 공효를 인정받게 됨으로 천명의 성에는 시종이 없고, 스스로 선하게 이어나가 끊어지지 않는다. 차별상의 상호 연계는 차별상의 배후에 존재하는 도에 의해 존재로부터 내재 관계에 있을 때, 서로 자신의 영역은 내실(內實)을 기하게 된다. 외연적으로 천도는 〈박博·친親〉의 관계에서 선이 나오는 근원이 되지만, 내재 관계에서는 기(氣)의 유행에 따라 구체사물 또는 만물 가운데 가장 으뜸

---

324) 唐君毅, 『中國哲學原論』, (原敎篇), 臺灣: 臺灣學生書局, p.545.

으로 여기는 인간 존재를 이루고, 인간 존재는 기화(氣化)에 의해 받은 성(性)으로 계지(繼之)하여 만선(萬善)을 이어간다. 계선(繼善)이 성성(成性)의 연역근거가 된다. 즉, 성성(成性)은 계선(繼善)으로 인해 천도의 선을 보증 받아 구체세계에 전일하고 또한 신묘한 조화를 이루는데 이것은 바로 『역』철학의 의미와 논리를 확보해 주는 것이다. 이제 성을 바탕으로 한 인도론을 논의해 보기로 하자.

2) 왕부지 내재철학의 인도론

(1) 왕부지의 기질중지성(氣質中之性)

왕부지 철학의 천도론은 『역』사상이 그 중심을 이루고 있으며, 인도론 역시 『역』에서 연원한 〈도道 · 선善 · 성性〉 관념의 인성적 내재관이 기반을 이루고 있다. 왕부지에 있어서 인간이나 사물은 음양이 기의 통일적 고유한 본질이라는 관점에서 천도론이나 인도론은 동일한 철학 차원에 있다. 왕부지는 천(天)의 기(氣) 즉〈원元 · 형亨 · 이利 · 정貞〉과 인(人)의 기(氣) 즉, 〈인仁 · 의義 · 예禮 · 지智〉를 모두 선(善)으로 간주한다. 그리고 그는 음양의 서로 이어감을 선으로 간주하기 때문에 사람과 사물의 성도 모두 선하다고 주장한다.

"『역』에 태극이 있는데 이것이 양의를 생한다. 양의는 기(氣)를 말한다. 오직 그것은 선하고 인간이 본 받는다. 건(乾)의 6양과 곤(坤)의 6음은 모두 원형이정(元亨利貞)의 사덕을 갖추었다. 화(和氣)는 원(元)이 되고, 통기(通氣)는 형(亨)이 되며, 화기(化氣)는 이(利)가 되고, 성기(成氣)는 정(貞)이 된다. 천(天)의 기(氣)는 선(善)하지 않음이 없다. 천(天)은 이기(二氣)로서 5행을 이루고 사람은 이수(二殊)로써 5성(性)을 이룬다. 온기(溫氣)는 인(仁)이 되고, 숙기(肅氣)는 의(義)가 되고, 창기(昌氣)는 예(禮)가 되고, 정기(晶氣)는 지(智)가 된다. 사람의 기(氣)는 선(善)하지 않음이 없다."[325]

---

325) 王夫之, 『讀四書大全說』, 卷10, 「孟子」, 告子上篇, "易有太極, 是生兩儀, 兩

왕부지는 천기와 인기를 모두 선으로 간주하였다. 그러나 인간은 동적 존재이며, 정(情)과 재(才)를 받아야 함에도 불구하고, 재(才)는 항상 선한 추세만을 갖고 있지 않다. 그러므로 우리는 여기에서 악(惡)의 문제를 언급하지 않을 수 없다.

주돈이는 성(性)을 이분하여 본연지성과 기질지성으로 나누고, '심(心)에는 선(善)이 있고 악(惡)은 없다'라고 하여, 〈선善·불선不善〉을 이분하였다. 주돈이가 심에는 선만 있고 악은 없다고 주장하는 것은 곧 본연지성의 관점에서만 선악만의 문제를 보았기 때문이다. 즉 주돈이는 기질지성을 현상 사물로 구체화시키고 이것을 악의 근원으로 낙착시켰던 것이다. 이에 대해 왕부지는 주돈이와 장재의 선악설을 비판한다. 왕부지의 주장을 들어보도록 하자.

> "성(性)은 성(誠)이고, 심(心)은 기미(幾微)이다. 기미란 성(誠)의 기미이다. 그것에 미치어 기미가 된다. 성(誠)이 그 곳에 본래 감추어져 있다. 이것이 바로 심이 성(性)을 통섭함이란 말이 된다. 그러나 성(誠)이 있으면 선하지 않음이 없다. 유동적인 기미에 있으면 선악이 분기되어 나온다. 그러므로 주돈이는 기미가 선악이 된다고 말한 까닭이다. 이것에서 심에는 선만 있고, 악이 없다는 이름을 첨가해서는 안 된다. 장재가 말하기를 성(性)과 깨달음을 합하여 악(惡)의 개념을 알고, 악을 행동으로 느낀다는 것은 역시 심(心)이 이것을 통섭한다는 의미이다. 이에 심이 성을 통섭하고 성은 심을 버리지 않는다면, 어찌 악의 기미가 있다고 하겠는가? 대저 심의 기관은 사색하게 되고 변화하고 움직이는 기미로써 〈이耳·목目·구口·체體〉의 지각작용을 담당하게 된다. 마음이 본래 자리를 지켜서 기능 역할을 다 한다면 오직 사(思)와 성(性)이 서로 응하게 된다. 만약에 사(思)를 이목구체로 여기고, 지각작용에 임무를 맡긴다면,

---

儀, 氣也, 唯其善, 是以可儀也. 所以乾之六陽, 坤之六陰, 皆備元, 亨, 利, 貞四德. 和氣爲元, 通氣爲亨, 化氣爲利, 成氣爲貞, 在天之氣無不善. 天以二氣成五行, 人以二殊成五性. 溫氣爲仁, 肅氣爲義, 昌氣爲禮, 晶氣爲智, 人之氣亦無不善矣.", p.1052.

스스로 그 자리를 비워 놓고 물(物)을 좇아 그 기능을 드러낸다면,
악(惡)은 이로써 일어나게 된다."[326]

왕부지는 기질지성을 성(誠)이라 규정하고, 이것이 심(心)의 본체
이며 유동하는 기미라고 생각하였다. 즉 그는 기질지성의 기미가 바
로 성(誠)과 연계된다고 보았으며, 그러므로 기질지성의 기미와 성
(誠)은 동시에 존재한다고 주장한다. 다만 그는 심(心)이 성(誠)에
있으면 선(善)이 형성되지만, 심(心)이 기질지성의 기미에 있으면
선악(善惡)이 갈리어 나온다고 주장한다.

그는 맹자의 성선설에서 후천의 성품을 익힘의 습관으로 보았기에,
도덕실천의 주체를 긍정하였으며, 성(性)을 받들고 심(心)을 다스린
다면 심이 외물에 따라 움직이기도 하고 본성 즉, 천도에 따라 움직
이기도 한다고 믿었다. 그래서 심의 움직임을 내외로 구분하며, 이렇
게 설명하고 있다.

"선하지 않음은 모두 본래 불선함이 아니다. 불선함이 되는 것은
단지 사물을 교접함에서 서로 이끌리고, 서로를 필요로 하지 않기
때문에 나오는 것을 살피지 못한 것이다. 오직 마음이 용기(勇氣)를
좋아하고 재물을 좋아하고 색(色)을 좋아한다. 이것으로 〈천덕天
德·천도天道〉의 실마리이다. 그러므로 측은, 수오, 사양, 시비가 하
물며 외물에 움직이고 성으로 말미암아 움직이지 않는다고 한다면
그것이 불선을 이룬다. 맹자는 이 점에서 지극히 성선설의 철저함을
보인다.(…) 재화와 색(色)이 마음에 앞서 나가고 눈이 음란함을 살

---

326) 王夫之, 『讀四書大全說』, 卷10, 「孟子」, 盡心上篇, "蓋性, 誠也, 心, 幾也.
幾者誠之幾, 而迨其爲幾, 誠固藏焉, 斯心統性之說也. 然在誠則無不善, 在幾
則善惡歧出, 故周子曰 幾善惡. 是以心也者, 不可加以有善無惡之名. 張子曰
合性與知覺, 則知覺覺惡亦統此矣. 乃心統性而性未舍心, 胡爲乎其有惡之幾
也? 蓋心之官爲思, 而其變動之幾, 則以爲耳目口體任知覺之用. 故心守其本
位以盡其官, 則唯以其思與性相應, 若以其思爲耳目口體任知覺之用爲務, 則
自曠其位, 而逐物以著其能, 於是而惡以起矣.", p.1106.

피지 못하고 그것을 찾아 나선다면 기는 중도를 지키지 못하고 본래 의지는 기를 유지하지 못한다. 이것은 기(氣)의 과실이 아니며 기(氣)는 선(善)함 자체이다. 그것이 선하다고 하는 까닭은 기(氣)가 바로 천도(天道)이기 때문이다. 맹자가 본성이 선하다고 한 취지는 바로 여기에 있다."327)

왕부지는 기(氣)자체를 선(善)으로 보는 입장에서, "인욕에서 천리를 인식하고"328), "인욕에서 천리에 통달한다."329)는 주장을 펼친다. 왕부지는 "인욕은 곧 천리이다"330)라는 명제를 긍정하고, 천형(踐形)을 중히 여기고 삶을 존중한다. 왕부지에게 있어서 인욕은 호용(好勇), 호화(好貨), 호색(好色)하는 현실적 삶이며, 이 현실적 삶이 즉, 천(天)이 인간에게 내리는 〈천덕天德·천도天道〉이며, 이것은 곧 인간의 본성이다.

주자철학은 '주리론'(主理論)을 주장하는 입장에서 본연지성과 기질지성을 나누었다. 그러므로 주희는, "본연지성만이 오로지 지선하고, 기질지성에 대해 말할 것 같으면 이것은 본원으로부터 말미암았다고 할 수 없으며, 여기에는 혼명(昏明:어둡고 밝음), 개색(開塞:열리고 막힘), 강유(剛柔: 강하고 부드러움), 강약(强弱: 강하고 약함)의 차이가 있음을 알 수 있다."331)라고 하여, 본연지성과 기질지성을

---

327) 王夫之, 『讀四書大全說』, 卷8, 「孟子」, 勝文公上篇, "凡不善者, 皆非固不善也. 其爲不善者, 則只是物交相引, 不相値而不審於出耳. 惟然, 故好勇, 好貨, 好色, 卽是天德, 天道之見端, 而惻隱, 羞惡, 辭讓, 是非, 苟其但綠物動而不綠性動, 則亦成其不善也. 孟子此處, 極看得徹. (…) 自內生者善, 內生者, 天也. 天在己者也, 君子所性也. 自外生者不善, 外生者, 物來取而我不知也, 天所無也, 非己之所欲所爲也. 故好貨, 好色, 不足以爲不善, 貨, 色進前, 目淫不審而欲獵之, 斯不善也. 物搖氣而氣乃搖志, 則氣不守中而志不持氣. 此非氣之過也, 氣亦善也. 其所以善者, 氣亦天也. 孟子性善之旨, 盡於此矣.", pp.960~961.

328) 王夫之, 『讀四書大全說』, 卷4, 「論語」, 里仁篇, "人欲見天理.", p.639.

329) 王夫之, 『讀四書大全說』, 卷4, 「論語」, 里仁篇, "於天理達人欲.", p.639.

330) 王夫之, 『讀四書大全說』, 卷4, 「論語」, 里仁篇, "其人欲卽天之理.", p.639.

이분화하고 기질지성을 평가 절하시켰다. 또한 주희는 천리와 인욕
에 대해 말하기를, "인심이 모름지기 천리에 있으면 천리를 보존하
고, 인심이 인욕에 있으면 인욕은 버려야 한다."332)라고 주장한다.
이러한 주장은 곧 천리를 일차적 지위에 두고, 그리고 기질의 인욕
은 이차적 위치에 자리 매김하는 것이다.

　왕부지는 주희가 말한 인욕을 부정하고, 삶 자체를 존중하여 식욕,
성욕을 모두 본성으로 보았다. 왕부지의 주장을 들어보도록 하자.

　　"성인에게도 인욕이 있다. 인욕은 곧 천리이다. 천에는 인욕이 없
　　다. 이(理)는, 즉 인간의 욕망이다."333)

　그러나 왕부지는 인욕에서 천리가 인식되며 인욕을 부정하고는 천
리를 인식할 바탕이 서지 않고 삶의 이치가 성립되지 않는다고 보았
다. 그리고 그는 천리가 인욕에 내재해 있음으로 인욕 자체가 악이 될
수 없다고 주장한다. 주희의 입장에서는, 인간의 마음이 당연의 천리
를 자각하면 천리가 보존되고, 자각하지 못하면 물질에 가리게 되어
인욕을 따라가게 된다. 그러나 왕부지는 내재적 입장에서 인욕(人欲)
의 선(善)·불선(不善)을 음양이기(陰陽二氣)의 유동(流動) 즉, 기
(氣)의 변합(變合) 차이로 설명하고 있다. 이러한 입장을 종합해 볼
때, 왕부지의 기질중지성(氣質中之性)은 주희의 본연지성(本然之性)
과 다를 바가 없다. 우리는 이러한 입장을 왕부지의 『독사서대전설』
「논어, 양화편」을 통해 그의 인성론의 일관성을 살펴보도록 하자.

---

331) 朱子, 『朱子語類』, 卷59, 「孟子·9」, "蓋本然之性只是至善, 徒論氣質之性, 而
　　不自本原言之則雖知有昏明, 開塞, 剛柔, 强弱之不同.", p.639.
332) 『朱子語類』, 卷78書, "人心須是在天理, 則存天理, 在人欲, 則去人欲."
333) 王夫之, 『讀四書大全說』, 卷4, 「論語」, 里仁篇, "聖人有欲, 其欲卽天之理.
　　天無欲, 其理卽人之欲. 學者有理有欲, 理盡卽合人之欲, 欲推卽合天之理. 於
　　此可見.", p.639.

180

　　"이른바 기질지성(氣質之性)은 기질중지성(氣質中之性)이라 하는
것과 같다. 질質은 사람의 형질(形質)이며, 범위가 드러남은 삶의 이
치에 내재한다. 형질 내에는 곧 기(氣)가 충만케 되니 천지간에 가
득 차게 되어 인간의 신체 내외에 기(氣)가 아닌 것이 없는 까닭에
또한 천리(天理)가 아닌 것이 없다. 이(理)는 기(氣) 가운데 운행하
니, 기(氣)와 함께 사물을 주지(主持)하고 분제(分劑)한다. 그러므로
질質은 기(氣)를 내포하고 기(氣)는 이(理)를 내포하고, 이(理)는
기(氣)를 내포한다. 그리하여 한 사람에게 한 사람의 생(生)이 있고,
기(氣)는 이(理)를 내포하기에 한 사람에게는 한 사람의 성(性)이
있게 된다.(…) 그러므로 기질중지성(氣質中之性)은 본연지성(本然
之性)에 다름 아니다."334)

　　왕부지의 '기질 중의 성'은 오직 천리가 기질에 내포 또는 기질 가
운데 빈틈없이 충만 되어 있기 때문에 그것은 바로 주희가 주장하는
천도의 본연지성과 다를 바 없다. 왜냐하면, 주희의 세계 본원은 천
도가 인간에게 품수되는 본연이 진정한 본성이라고 말한다면, 왕부
지의 세계 본원은 끊임없이 천도의 선기(善氣)를 받아 인간과 삼라
만상이 삶을 당위 하는 필요충분조건이라고 할 수 있다. 주희는 본
연지성을 기질지성과 대비시켜 본연지성, 즉 초월적 내면세계와 기
질지성, 즉 현상적 외면세계를 이분 적으로 정립한 다음 구체적 현
실 세계의 법칙을 등한시한 채, 개인의 내면적 초월 세계에만 관심
을 기울인 나머지, 인간 현실의 사회·역사적 조건을 해명하는 경험
적 실증적 지식의 발현을 억압 왜곡하는 존재론 가치론으로 구성된
철학 체계를 세웠다고 할 수 있다. 따라서 본연지성은 기질지성과는
별개로 독립해서 존재하는 초월자 혹은 절대자의 지위를 갖는 천리

334) 王夫之,『讀四書大全說』, 卷7,「論語」, 陽貨篇, "所謂 氣質之性者, 猶言氣質
中之性也. 質是人之形質, 範圍著者生理在內, 形質之內, 則氣充也. 而盈天地
間, 人身以內人身以外, 無非氣者, 故亦無非理者. 理, 行乎氣之中, 而與氣爲主
持分劑者也. 故質以函氣, 而氣以函理. 理以函氣, 故一人有一人之生, 氣以函
理, 一人有一人之性也.(…) 是氣質中之性, 依然一本然之性也.", pp.857~858.

에로 상등시켜 기질지성의 논리 조건으로서 인간의 사회성과 역사성 그리고 자연의 일체 법칙으로부터 규정되거나 동류되지 않을 뿐만 아니라, 이를 주재하고 심판하고 규정하는 위계적 원리로 상정한 다음, 기질지성은 인간 존재가 천리를 자각하여 본연지성을 발현함에 있어서 반드시 제거되어야 할 장애물, 즉 모든 악의 근원으로 간주하여 기껏해야, 질료성이라는 존재적 지위로 부여하고 폄하시켰다. 그리고 이것은 천리를 미 자각한 것이라 사료되어 결국은 멸해졌던 것이다. 이와는 대조적으로 왕부지는, 질이 곧 형질이며, 형질은 곧 생기(生氣)로 구성되어 있음으로 질은 곧 생기와 다를 바 없다. 그러기에 우리는 이러한 '기(氣) 즉, 질'(質)이 바로 인간(소우주)과 자연(대우주)에 충만하여, 삼라만상의 부단한 생기(生氣), 화육(化育), 조화(調和)함 그 자체인 천리(天理)의 운행에 공동으로 참여하는 이른바, 왕부지가 주장하는 '기질중지성'(氣質中之性)은 결국 주희가 주장하는 '본연지성'(本然之性)과 다름 아니다. 다시 말해서, '기질 중의 성'은 기질에 이(理)가 포함되어 있기에, 이(理)는 기(氣)의 선후에 존재하는 것도 아니며 기 자체의 일지일지(一之一之)하는 운동변화 가운데 이(理)는 내재한다. 그래서 기(氣)는 질을 이루고, 이(理)는 사물을 주지(主持)하면서 분제(分劑)한다. 이러한 사상을 한 마디로 표현한 것이 바로 '본연지성과 기질지성은 둘(二)이 아니고 하나(一) 라는 '기질중지성'(氣質中之性)의 의미이다.

(2) 기(氣) 변합(變合)에 의한 선(善)·불선(不善)

왕부지는 인간의 성(性)을 선천과 후천의 성(性)으로 나누고, 선천의 성은 태어날 때부터 이루어진다고 보았으며, 후천의 성은 습관에 의해 이루어진다고 보았다. 왕부지에 있어서 성(性)은 자체 본유(本有)의 가변성과 가소성으로 인해서 습관을 갖게 되고, 습관은 기

182

계적이고 반복적이며, 창의적이지 못하고 항상 고정되어 있기 때문에, 심(心)자체는 외물에 가리게 되고 자색하게 된다고 생각하였다. 그리하여 그는 '사물(事物) 자체에서 인간(人間)에 오는 기미'(幾微)가 정당하게 상응하지 못함을 후천의 성에 기인한 습(習)의 불선(不善)으로 간주하였다.

왕부지는 『논어』를 원용하여, 본성은 서로 비슷하지만, 습관은 본성과 차이가 있다고 하였다. 그리고 그는 습관으로 이루어진 후천의 성(性)에서 인간의 불선이 이루어진다고 분명히 밝히고 있다. 왕부지는 다음과 같이 말한다.

"오직 사물과 인욕의 교감함이 혹은 천박하고 혹은 심원하여 다만 성인(聖人)과 중인(衆人)이 완전히 다를 뿐만 아니라 중인(衆人)중에서도 역시 다름이 있다. 그렇다면 중에서 펼쳐 나온 것이라 해도 일치한다고 주장할 수 없다. 그러나 공자는 본래 말하기를 습관은 서로 멀다고 하였다. 사람의 감응이 없어도 불선을 생각하는 것은 반드시 습관에 있는 것이 아니다. 그리고 익힌 것은 역시 외물에서 습관된 것이다. 밖에서 익히고 심(心)에서 생성된다. 그러므로 습관은 성(性)과 더불어 이루어진다. 이것이 후천의 성(性)이 불선(不善)을 갖고 있는 소이(所以)이다. 그러므로 습(習)이 성(性)과 더불어 이루어짐을 말한다. 그리고 습(習)이 불선(不善)을 이루는 까닭은 외물에 있다. 대체로 외물에 의해 인간이 어떻게 불선을 갖게 되는가? 물건을 취한 이후에 편폐됨을 받은 것이다 이것을 정자(程子)도 허물을 기품(氣稟)에 돌린 까닭이다. 비록 그러한 기품이 어떻게 불선함을 갖고 있는가? 그러나 불선이 좇아 나온 것은 반드시 스스로 일어나는 것이 있다. 그런 즉, 기품과 외물이 서로 주고받는 교접에 있다. 기품을 향해 갈 수 있으나 간다고 모두 불선이 아니고, 외물은 올 수는 있으나 온다고 모두 불선이 아니다. 한번 가고 한번 오는 사이의 시공간에 있다. 기화(氣化)가 서로 왕래하는 것은 항상 시공간에 꼭 들어맞을 수는 없다. 그리하여 부당한 물(物)이 있게 되고, 사물이 시공에 부당하게 되면 왕래하는 것을 인간과 사물은 수득(收得)할 수 없다."335)

　왕부지는『독사서대전설』을 주석하는 과정에서, 선천성은 천이 이루어 놓은 것이며, 후천성은 습관이 이루어 놓은 것이라고 천명하였으며, 그는 습관은 성(性)과 함께 이루어지고 이것 때문에 불선(不善)이 이루어진다고 보았다. 그리고 그는 습(習)이 불선을 이루는 까닭을 외물에 기인한 것으로 보았다. 왜냐하면, 성(性)은 사물과 상응한 후에 기품이 편폐되고 자색하기 때문에 이(利)를 좇아가게 되고, 이(利)의 본성은 습(習)에 의해서만 형성되기 때문이다. 그리고 정자가 허물을 기품에 돌린 까닭도 바로 습(習)의 발원처에서는 언제나 이(利)가 존재한다는 의미를 갖고 있다.

　그는 물(物)과 기품이 서로 주고받는 교접에서 기화(氣化)가 〈일왕一往·일래一來〉하는 사이에 시공간에 놓여 적정할 때도 있고 부당할 때도 있다고 주장한다. 그리고 그는 사물이 시공간에서 부당하게 되면 기화의 왕래는 수득할 수 없게 되어, 이 때를 불선(不善)이라 규정하였다. 정주학의 주리론에서는 선과 불선을 기(氣)에서 추구하지 못했을 뿐만 아니라, 이와는 달리, 왕부지에 있어서는 기(氣)가 유행하는 자체 속에서, 또는 기의 기능역할에서 불선이 이루어진다고 보았으니 이 점이 왕부지 성론의 독창적인 면이다. 왕부지는, 천도가 항상 쉼이 없이 움직이기 때문에, 시공에서 기화(氣化)를 이

---

335) 王夫之,『讀四書大全說』, 卷8,「孟子」, 勝文公上篇, "唯物欲之交, 或淺或深, 不但聖, 狂之迥異, 卽在象人等夷之中, 亦有不同者, 則不得謂緣中發者之皆一致. 然孔子固曰 '習相遠也.' 人之無感而思不善者, 亦必非其所未習者也. 而習者, 亦以外物爲習也, 習於外而生於中, 故曰習與性成. 此後天之性所以有不善, 故言氣稟不如言後天之得也. 後天之性, 亦何得有不善? 習與性成之謂也. 先天之性天成之, 後天之性習成之也. 乃習之所以能成乎不善者, 物也. 夫物亦何不善有哉? 取物而後受其蔽, 此程子之所以歸咎於氣稟也. 雖然, 氣稟亦何不善之有哉? 然而不善之所從來, 必有所自起, 則在氣稟與物相投受之交也. 氣稟能往, 往非不善也, 物能來, 來非不善也. 而一往一來之間, 有其地焉, 有其時焉. 化之相與往來者, 不能恒當其時與地, 於是而有不當之物. 物不當, 而往來者發不及收, 則不善生矣.", p.961.

184

루고 시공에서 불상응하거나 부당한 사물에서 불선이 일어난다고 주
장한다. 왕부지는 『주역』에서 이어 받은 기(氣) 변합(變合)의 〈선
善·불선不善〉을 자신의 인도론에서 전체적으로 적용시킨다. 왕부지
는 다음과 천명한다.

"대체로 음양의 자리는 정해져 있으나 변합의 기미는 정해짐이 없
으니 어찌 천도가 아니겠는가?(…) 천지에는 선(善)의 사물이 아닌
것이 없다. 그러나 사물에는 선하지 않는 기미를 갖고 있다. 사물은
반드시 불선의 기미만을 갖고 있는 것도 아니다. 인간의 움직이는
기미는 사물의 기미에서 불선을 갖는다. 나의 움직이는 기미 역시
불선한 기미만을 갖고 있는 것이 아니다. 〈사물의 래기來幾〉와 〈인
간의 왕기往幾〉가 서로 상응하여 그것이 바름을 얻지 못할 때 〈불선
不善의 기미幾微〉는 이루어지는 것이다. 그러므로 오직 성인은 기미
(幾微)를 잘 알 수 있다. 기미(幾微)를 알면 자리를 살핀다. 자리를
살피면 안으로는 이것으로써 나의 형색의 재질을 극진히 함에 있고,
밖으로는 이것으로 〈물형物形·물색物色〉에서 품부 받은 천명을 바
르게 함에 있다."336)

왕부지가 주장하는 〈선善·불선不善〉은 인간의 의지와는 상관없이,
오직 기 변합의 기미 때문에 생겨난다고 주장한다. 그리고 그는 인
간이 학역(學易)하는 요체는 『주역』에 함의하고 있는 〈흉凶·구咎·
회悔·린吝〉의 산정원칙(刪定原則)을 제대로 익히는 데에 있다고 보
았다. 그리고 그는 산정 원칙에서 인사는 길흉으로 나누어지고, 길흉
은 또 다시 득실의 기미로 나누어진다고 강조한다. 우리는 이제 왕
부지가 주장하는 기(氣)의 기미(幾微)를 어떻게 이해해야 하며, 또

336) 王夫之, 『讀四書大全說』, 卷8, 「孟子」, 滕文公上篇, "夫陰陽之位有定, 變合
之幾無定, 豈非天哉?(…) 天地無不善之物, 而物有不善之幾. 物亦非必有不
善之幾. 吾之動幾有不善於物之幾. 吾之動幾亦非有不善之幾, 物之來幾與吾
之往幾不相應以其正, 而不善之幾以成. 故唯聖人爲能知幾. 知幾則審位, 審
位則內有以盡吾形, 吾色之才, 而外有以正物形, 物色之命.", pp.962~963.

한 기미(幾微)와 우리 인간과의 연계성(連繫性)에서 오는 철학적 의미가 무엇인가를 해명해 보고자 한다.

> "공자는 산정(刪定) 원칙에 대해 〈길吉・흉凶〉은 하나같이 득실(得失)에서 비롯되고, 사물은 하나같이 〈성性・명明〉에서 근본을 밝혔으니 설책(揲策)을 헤아려 괘상(卦象)을 통해서 점(占)을 치는 가운데 천하의 도(道)를 총괄한다."[337]

왕부지에 있어서 〈길吉・흉凶・회悔・린吝〉의 점치는 자리는 항상 유동적이며 변화한다. 자리는 정합(正合)에만 부합되는 것이 아니고 부정합(不正合)에서도 올 수 있기 때문에 정합에 오는 '득위'(得位)와 부정합에 오는 '실위'(失位)로 나누어진다고 생각한다. 그리고 그는 득실(得失)의 기미에서 선과 불선이 나누어진다고 보며, 선일 때는 길(吉)을 말하고 불선일 때는 흉(凶)으로 변화한다고 생각하였다. 그리고 그는 "숭덕광업(崇德廣業)이 인간의 이상이므로 일음일양하는 음양의 속성은 모두 선의 소산이다. 그러므로 잘 수양하면 길하게 되고 패하면 흉하게 된다."[338]라고 주장한다.

또한 왕부지는, "한 번은 강이 되었다가 한번은 유가 되고, 한 번은 나아갔다가 한번은 물러나며, 그리고 한번은 굽었다가 한번은 펴진다. 그리하여 음양의 동의 기미는 빠르지 않으면서도 신속하고, 행하지 않으면서도 이르게 되는 것이 조화(造化)의 저울이다"[339]라고 하였다. 그리고 그는 이러한 음양의 자리는 정해져 있으나 변합(變

---

337) 王夫之, 『周易內傳發例』, 卷3, "孔子刪而定之, 以明吉凶之一因於得失, 事物之一本於性命, 則就揲策占象之中, 而冒天下之道.", p.652.
338) 王夫之, 『周易內傳』, 卷5, 上, 第5章, "故德業, 皆一陰一陽之善所生, 修此則吉, 悖此則凶.", p.530.
339) 王夫之, 『周易內傳發例』, 卷4, "一剛一柔, 一進一退, 一屈一伸, 陰陽之動幾, 不疾而速, 不行而至者, 造化之權衡.", p.654.

186

合)의 애초의 기미(幾微)는 정해짐이 없으니 〈사물에서 인간에 오는 기미〉와 〈인간이 사물에 가는 기미〉가 상응하지 못하여 정합을 얻지 못했을 때, 불선의 기미는 〈온 것〉은 폐해를 이루고, 〈간 것〉은 역(逆)을 이루어 〈길吉·흉凶·구咎·린吝〉이 정(正)에 부합하지 못할 때, 불선(不善)의 습(習)은 불선(不善)의 성(性)으로 흐르게 된다고 보았다. 그리고 그는 이것이 악의 원인이라고 강조하였다. 왕부지에 있어서 선악자체는 인간 내면에 있는 의지로 존재하는 것이 아니라 음양이기 운행 자체의 상태에서 인간과 기의 부합하는 연계성에서 선악이 발생하는 관건을 찾을 수 있다. 그러하다면 왕부지의 인도론에 있어서 선악의 발생 근거를 종합적으로 논의해 보자.

첫째로, 인간의 본성과 외물이 시공간에 서로 주고받는 관계에서 적정할 때 〈자리를 얻어〉득위(得位) 선(善)이 되고, 부당(不當)할 때는 〈자리를 얻지 못하여〉부득위(不得位) 악(惡)으로 낙착된다. 그리고 여기에서 〈자리를 얻는다는 것〉은 음양 변합의 차이 및 성(性)과 물(物)이 서로 주고받는 시간 및 장소를 의미한다. 둘째로, 인간과 자연 그리고 자연과 인간이 서로 왕래하는 기미에서 선악을 판정한다. 예컨대, 사물에서 인간에게 오는 기미와 그리고 인간이 사물에 가는 기미가 서로 상응하여 정합의 상태에는 선이며, 반대로 정합을 얻지 못 했을 때는 불선이 된다. 즉, 왕부지가 주장하는 인도론은 『역』의 전통에서 천이 인간에 천명을 내려 계지(繼之)하게 하고, 인간은 천이 이어주는 성을 성지(成之)하는 연계성에서 기 본체의 형이상학적 존재를 도덕철학과 직면하게 하여 인성 논리로 간주하려는 것이 바로 왕부지에 있어서 〈선·불선〉설의 요지이다.

(3) 성일생일성론(性日生日成論)

왕부지는 본체론에서, 생기(生氣)있게 발현하는 기(氣)의 내적본질이 '동'(動)에 있듯이 '성'(性) 역시 날로 생(生)하고 날로 이루어진다는 성일생일성론(性日生日成論)을 주장하였다.

그는 "천지의 성질은 바뀌지 않고 천지의 변화는 날로 새롭다"[340]는 명제를 제기하고, 그는 "천지의 도가 항구한 까닭은 그것이 그침이 없기 때문이다"[341]라고 하여, 기가 그 자체는 영원하지만 부단한 변화를 거듭한다고 주장한다.

> "만물은 바야흐로 여기에서 마치는가 하면 곧 여기에서 시작한다. 돈후(敦厚)함에서 마침은 돈후함에서 시작된다. 돈후하다는 것은 의(義)의 지극함이요, 인(仁)의 다함이다. 그러므로 말하기를 간괘(艮卦)에서 시작하고 간괘(艮卦)에서 마친다. 이것은 간괘에서 끝날 수 있고 시작할 수도 있다. 만물을 변화시킨다는 것은 돈후(敦厚)하지 않는 날이 없다. 지난해 곡식의 얻음은 올해 곡식의 어머니이다. 어찌 그것이 음(陰)의 하루에만 그칠 것이라고 의심할 수 있겠는가? 박괘(剝卦: 쇠퇴)에서 소멸되면 복괘(復卦: 생성)에서 부흥한다. 사람의 일이 그치면 허물이 되는 법이다. 간괘(艮卦)에서 그치게 되면 진괘(震卦)에서 일어나기 마련이다. 천도의 이치는 존재하고 또 존재하는 것이다."[342]

구체세계는 시간상에서 〈과거·현재·미래〉는 언제나 현재에서 과거와 미래를 엮어나간다. 그래서 왕부지는, 시종(始終)에는 〈틈이 없다〉는 유가적 『역』에서 이(理)를 연원하고 세계가 단절 없는 변화로 생성하고 또 다시 생성하는 관계에 있다고 보았다. 그는 이러한 생성하고 생성하는 관계에 대해서, 〈천명은 인간에게 품부되고〉, 〈본성

---

340) 王夫之, 『思問錄』, 外篇, "天地之德不易, 而天地之化日新.", p.434.
341) 王夫之, 『周易內傳』, 卷3, 上, "天地之道所以恒久者, 以其不已也.", p.285.
342) 王夫之, 『周易外傳』, 卷4, 艮卦, "萬物方以此終, 卽以此始. 終於厚者始於厚. 厚者, 義之至, 仁之盡也. 故曰, 始終於艮. 艮可以終而可以始, 化萬物者, 无不厚之日, 舊穀之登, 新穀之母也. 而何疑其有卒乎陰之一日哉! 故剝消而復長, 人事之休咎也, 艮止而震起, 天理之存存也.", p.954.

은 언제나 천명을 받는〉관계에서 인간과 자연은 원융(圓融)하면서
일치(一致)된다고 주장한다. 그의 말을 들어보도록 하자.

　　"대저 성(性)이란 것은 생(生)하는 이치이다. 날마다 생하므로 날
　마다 이루어진다. 그렇다면 천명이란 것은 어찌 처음 태어난 잠깐의
　짧은 순간에만 천명이라 하겠는가? 대체로 하늘이 만물을 생겨나게
　하고 음양변화는 그침이 없다. 처음 생겨 날 때에도 명한 바가 없는
　것이 아니다. 어떻게 그것이 명한 바가 있는지 알겠는가? 명한 것이
　없으면 인의예지는 근본이 없게 된다. 유년이 소년으로, 소년이 장년
　으로, 장년이 노년으로 되는 것 역시 명한 바가 있다. 그것에서 어찌
　명한 바를 알겠는가? 명한 바가 있지 않으면 해가 기울고 성(性) 역
　시 날로 망각해 갈 것이다."343)

　천명(天命)이 계속 끊임없이 내리기 때문에 구체세계는 계속 받는
관계에 있다. 세계의 끊임없는 변화는 양(陽)의 강건성(剛健性)과
음(陰)의 유연성(柔軟性)이 교차하기 때문이다. 이것은 영원한 우주
의 영속성(永續性)으로 연계된다. 하늘이 날마다 명(命)을 내린다는
것은 불변(不變)이며, 삼라만상이 명(命)을 받는다는 것은 변화(變
化)이다. 〈불변과 변화〉는 다름 아닌 하나(一)이다. 즉, 왕부지에 있
어서 질적 변화는 세계 이법(理法) 안에 있는 자기동일성(自己同一
性)이며, 세계의 합리성은 질료적 조건을 매개로 하여 존재 자체에
내재해 있다고 왕부지는 강조한다. 예컨대, 그는 〈유년에서 소년〉그
리고 〈소년에서 장년의 변화〉는 현실과 동떨어져 추상적이거나 초월
해 있는 것이 아니고 자가 동일성 안에 있는 동일범주(同一範疇)라
고 주장한다. 왕부지는 질적 변화를 이루는 기(氣)의 역할은 형질의

---

343) 王夫之,『尙書引義』, 卷3,「太甲2」, "夫性者生理也. 日生則日成也. 則夫天命
　　者, 豈但初生之頃命之哉! 夫天之生物, 其化不息. 初生之頃, 非無所命也. 何
　　以知其有所命? 無所命, 則仁・義・禮・智無根也. 幼而少, 少而壯, 壯而老,
　　亦非無所命也. 何以知其有所命? 不更有所命, 則年逝而性亦日忘也.", p.299.

안팎을 무한량으로 운행하고 항서(恒舒)하면서 마지막으로 사물을 관통하며 주재적(主宰的) 역동성(逆動性)을 발휘한다고 강조한다. 왕부지는 구체 세계의 질적 변화를 다음과 같이 말한다.

> "물物에는 모두 근본이 있고 사(事)에도 모두 비롯함이 있다. 이것을 원(元)이라 한다. 『역』에서 원(元)을 말하는 경우는 다양하다. 오직 순수한 건(乾)이 원(元)이 된다. 이것은 태화(太和) 청강지기(淸剛之氣)로써 동(動)하여 쉼이 없으며, 큰 것에 굴(屈)하지 않음이 없고, 작은 것에 살피지 않음이 없으며, 땅 가운데로 들어갔다가 땅 위로 나온다. 발동(發動)하여 일어나는 생성, 변화하는 이법은 형체를 만들기 시작해서, 본성을 만들고 여기에서 흥기하고 작용하여 덕(德)으로 나타난다."344)

구체 세계는 하늘의 명(命)을 받아 변화는 끊임없이 연속된다. 그리고 생성하는 자체는 기(氣)가 진부한 것을 밀어내고 새로운 것이 이르게 되는 관계에 있다. 천명은 품부하고, 성(性) 자체는 천명을 받는 연계 속에서 "물(物)의 성정(性情)은 모두 조리를 받아 통하지 않음이 없이"345) 자기 본성을 바르게 확정한다.

우리는 이제 왕부지 철학에 있어서 본체의 기(氣)가 음과 양의 작용 속에 각자 역할을 다하며, 날마다 새로움을 생하게 하는 근거는 어디에 있는가? 그리고 구체세계에 주는 철학적 공효는 무엇인가를 밝혀 보려고 한다. 왕부지의 다음과 같은 언급을 보도록 하자.

---

344) 王夫之, 『周易內傳』, 卷1, 上, 「乾卦」, "物皆有本, 事皆有始, 所謂元也, 易之言元者多矣, 唯純乾之爲元, 以太和淸剛之氣, 動而不息, 無大不屈, 無小不察, 入乎地中, 出乎地上, 發起生化之理, 肇乎形, 成乎性, 以興起有爲而見乎德.", p.50.
345) 王夫之, 『周易內傳』, 卷1, 上, 「乾卦」, "則物之性情皆受其條理, 而無不可通.", p.44.

　　"천지는 덕으로써 사람과 사물을 생한다. 반드시 그것들을 양육함으로써 생을 보태 주고, 성(性)으로써 무리들의 기강을 바로 잡게 한다. 양육함은 형기를 바탕으로 하지만, 기(氣)가 운행하는 것은 형기(形氣)가 아니다. 성(性)은 선(善)을 바탕으로 하고, 이루어진 것은 형기(形氣)에 부착된다. 형태가 〈이미 이루어져〉 운행하는 것은 음(陰)을 좇으며 흐리게 되고, 기(氣)를 운행하는 것은 양(陽)을 좇아 맑음이 된다. 맑음과 흐림의 본성은 서로 응취하여 이미 생한 이후 양육과 성(性)을 이루는데 흐린 것은 식색(食色)이 되고, 맑은 것은 인의(仁義)가 된다. 그것이 생(生)함에 있어서 서로 운행하고 서로 공동바탕이 되어, 질(質)을 다하면 서로 여의고 돌아간다. 여기에서 여의고 돌아감은 연달아 곧 저기에서 운행하고 바탕을 이룬다. 그리하여 이미 생(生)한 이후 생(生)함을 일으키고 다시 환원 상태를 이룬다."346)

　　천지는 덕(德)으로 〈인人·물物〉을 생한다. 생함 자체는 음양의 혼합에 있다. 기(氣)의 운행은 양기로서 맑음이 인의를 이루며, 음기로서 흐림이 식색을 이룬다. 서로 운행하고 서로 바탕이 되며 성(性)을 갖게 되어, 성(性)이 흐리고 맑음을 좇아 기강을 바로 잡아 세운다. 생한 이후에 양육하고 형기(形氣)를 바탕으로 하며 형기에 의존하여 부착하게 되는데 형기는 응취하는 성질을 갖고 있다. 그러나 기(氣) 자체가 운행함은 형기(形氣)로서 불가능하기 때문에 양기(陽氣)에 의존할 수밖에 없고 양기는 운행하여 신묘함을 갖는다. "음(陰)으로서 질(質)이 서게 되면, 양(陽)으로서 신묘함이 발용(發用)한다. 양기(陽氣)가 먼저 동(動)함으로써 본래 있는 음기(陰氣)에 교통(交通)하여 물(物)이 이에 생(生)하게 된다."347) 그러므로 왕부

---

346) 王夫之, 『周易外傳』, 卷6, 「繫辭下傳」, 第5章, "天地之以德生人物也, 必使之有養以益生, 必使之有性以紀類. 養資形氣, 而運之者非形氣, 性資善, 而所成者麗於形氣. 運形者從陰而濁, 運氣者從陽而淸. 淸濁互凝, 以成旣生以後之養性, 濁爲食色, 淸爲仁義. 其生也相運相資, 其死也相離相返. 離返於此, 運資於彼.則旣生以後, 還以起夫方生.", p.1044.

347) 王夫之, 『周易內傳』, 卷1, 下, 「屯卦」, "陰以爲質, 陽以爲神, 質立而神發焉.

지는 기(氣)가 허명(虛明)하고 원활히 동(動)하는 범위에는 제한이 없다고 보며, 음(陰)과 양(陽)의 역할을 다음과 같이 설득력 있게 제시한다.

"음(陰)은 비록 번성하지만, 음기(陰氣)는 스스로 地上에서 단절되지 않고, 움직임이 있으면 반드시 감응이 있고 지중(地中)의 양(陽)은 아래에서 흥하게 되고, 지상의 양은 감응하여 조화에서 주인이 된다."[348]

"양(陽)은 동(動)하여 공(功)을 이루고 반드시 음(陰)은 따르고 받아 들여 얻은 이후에 화생(化生)함을 이룬다."[349]

왕부지는 형화(形化)와 기화(氣化)를 구별한다. 형화(形化)가 잉태되지만 천도는 계속 양육하고 보양하여 처음 품수(稟受)받은 상태에서 계속 변화하고 있다. 즉, 인간의 성(性) 자체는 계속 변화의 과정에 놓여 있음을 암시한다. 구체 세계의 생명 현상도 다름 아닌 음양이기(陰陽二氣)와 오행(五行)〈수水・화火・목木・금金・토土〉의 실질이므로 인간도 예외는 아니다. 그러므로 기(氣)는 날마다 번성하고 이(理)는 날마다 이루는 관계에 있다. 왕부지는 다음과 같이 말한다.

"형(形)의 변화는 화(化)하여 순박하고, 기(氣)의 변화는 화(化)하여 생(生)함이 된다. 이기(二氣) 운행과 오행의 실질이 비롯함으로써 잉태(孕胎)하게 되고, 잉태한 후에 성장과 자양(滋養)이 있게 되는데 정(精)을 취하고 물(物)의 작용이 한결같이 천지가 산출한 정영(精英)을 받아들임에 변화가 없다. 태어난 형(形)은 날마다 양

陽氣先動, 以交乎固有之陰, 物乃以生.", p.92.

348) 王夫之, 『周易內傳』, 卷1, 下, 「屯卦」, "陰雖繁盛, 陰氣自不絶於地上, 有動則必有應. 地中之陽興於下, 地上之陽卽感而爲主於中.", p.93.

349) 王夫之, 『周易內傳』, 卷1, 下, 「屯卦」, "陽動而有功, 必得陰之順受, 而後生化以成.", p.97.

육되고, 기(氣)는 날마다 번성하며 이(理)는 날마다 이룬다. 비로소
생(生)하니 받아들이고, 날마다 생(生)하고 날마다 받아들인다. 받아
들인다는 것은 스스로 사람에게 명(命)하고 인간은 날마다 하늘로부
터 명(命)을 받아들인다. 그래서 말하기를, 성(性)은 생(生)이고 날
마다 생(生)하여 날마다 이루고 있다."[350]

천도의 변역에서 형화(刑化) 그리고 기화(氣化)는 이법(理法)과의
조화로 말미암아 〈날로 생하고〉, 〈날로 이루는〉 관계에 있다. 형(形)
은 이법의 작용을 받아들여 기(器)가 되며, 기(氣)는 천리로 말미암아
가득 채우고, 이법은 구체세계 속에 개개 사물이 체현되는 덕으로 나
타난다. 구체 세계의 존재들은 음양이기의 운행과 오행의 실질이 잉태
하여 성장하고 자양되는데, 정(精)을 취하고 물(物)의 작용함은 모두
천지가 산출한 정영(精英)들이다. 〈천天・지地・인人〉 삼재가 만나고
생하고 이루는 관계는 언제나 연계성을 이룬다. 『역』에서는 천이 유기
적 공능을 발휘하는 청허일대의 범위를 인간이 벗어날 수 없음을 더
욱 분명히 하고 있다. 왕부지의 형기 자체는 처음 생할 때만 명을 받
아 생한 것이 아니고 항상 변화 과정 중에 있는 것이다. 전통 유가철
학에서는 잉태하고 〈양육養育・보양保養하는 과정過程〉에서 천(天)이
끊임없이 인간들에게 그 명(命)을 품부한다고 보는데, 이것은 유가적
(儒家的) 내재론(內在論)에 입각한 왕부지 『주역』사상의 동론과 그
맥락을 같이 한다.

송명이학에서는 오행의 실질에서 천리를 추구하지도 못했으며, 그
들의 인성론은 성(性)의 회복(回復)을 추상적이고 사변적인 면에서

---

350) 王夫之, 『尙書引義』, 卷3, 「太甲2」, "形化者化醇也, 氣化者化生也, 二氣之
運, 五行之實, 始以爲胎孕, 後以爲長養, 取精用物, 一受於天産地産之精英,
無以異也. 形日以養, 氣日以滋, 理日以成, 方生而受之, 一日生而一日受之.
受之者有所自授, 豈非天哉? 故天日命於人, 而人日受命於天. 故曰性者生也,
日生而日成之也.", p.300.

추구했을 뿐만 아니라, 〈천리天理를 보존保存하고 인욕人欲을 멸滅하는 존천리멸인욕存天理滅人欲〉을 주장함으로써 인간의 삶과는 동떨어진 세계에서 인성(人性)을 추구해 왔음은 주지의 사실이다. 이와는 유비적 입장에서, 왕부지는 〈형形·기氣·이理〉가 날마다 생하고 날마다 이루는 구체세계의 생명 현상에서 인간의 인성(人性)이 고정되거나 퇴화되지 않고, 세계에 대해 유동적이고 발전적이며, 날로 개방하고 날로 성취하는 창조를 주체(主體)로 하는, 즉 인성(人性)을 구체세계와 연계시켜 자신의 성론(性論)을 확실히 정립(定立)하였던 것이다.

2. 왕부지의 역사관

1) 이세론(理勢論)

모든 역사는 과거의 역사적 사건들을 현재 시점에서 온고(溫故)하면서 현재의 시련(試鍊)들을 극복하려는 의지 속에 이뤄지게 된다. 왕부지는 명조(明朝)의 멸망을 자신이 직접 목도(目睹)하고 체험(體驗)하였던 바, 현실을 바꿀 수 있는 저력은 오로지 '개혁정신'에만 있다고 단언하였다. 그래서 그는 송명대의 전통철학이 세계를 형이상학적 초월성에서 오는 공허함과 비현실성으로 말미암아 명조(明朝)가 멸망했음을 회오(悔悟)하고, 그는 역사를 구체세계에 기반을 두고 그 정초(定礎)를 확립하고자 하였다. 다시 말해서, 그는 역사의 이법(理法)을 "실제에 내포된 이법"[351]으로 전환해야 한다고 주장하

---

351) 王夫之, 『讀四書大全說』, 卷7, 「論語」, 陽貨篇, "氣以函理.", p.857.

194

였다. 여기에서 우리는 왕부지의 역사저작인『독통감론』,『송론』,『황
서』,『악몽』에 제시된 논지를 인용해서 그의 역사론에 접근을 시도
하려 한다. 그는 〈이理와 기氣〉,〈세勢와 이理〉의 연계를 주장하며,
역사적 실사론을 제창한다. 그리고 "실질은 기(氣)를 내포해야 하고
기(氣)는 이(理)를 내포해야 한다."[352]라고 하는 왕부지의 주장, 즉
역사적 흐름의 배경으로 〈기氣와 이理〉,〈이理와 세勢〉는 불가분(不
可分)의 관계에 있다는 것을 잘 설명해 주고 있다.

"이(理)·세(勢)를 말하는 것은 이(理)의 세(勢)를 말함과 같다.
무릇 이(理)·기(氣)를 말함은 이(理)의 기(氣)를 말함과 같다. 이
(理)는 본래 하나로 이루어져 잡을 수 있는 사물이 아니며 얻거나 볼
수 없다. 기氣의 조서(條緖)·절문(節文)은 즉, 기(氣)에서 이(理)를
본다. 그러므로 시초에 이(理)가 있음은 즉, 기상(氣上)에서 이(理)를
볼 수 있고 이미 이(理)를 얻음에 이르면 자연히 그것에는 세(勢)가
형성된다. 오직 세(勢)의 필연 처에서 이(理)를 볼 수 있다."[353]

왕부지의 이(理)는 기(氣)의 질서이고 일이 일어나는 이치이며,
규칙이고 법도이다. 그는 형체(形體)에서 이치를 볼 수 있고, 이미
기(氣)가 이(理)에 의해 형체를 얻었으면 자연히 '세'(勢)는 형성되
며 그리고 세(勢)의 필연 처에서 이(理)를 볼 수 있다고 주장한다.
그러므로 왕부지의 역사론에서 〈사事·이理·세勢〉의 관계는 〈사事
가 떠나면 이理도 없는 이사무리(離事無理)〉와 〈이理가 떠나면 세勢
도 없는 이이무세(離理無勢)〉의 논리를 이루며, 이 셋의 관계는 통
일무이(通一無二)를 이룬다. 이 점에 대해서 왕부지는 다음과 같이

---

352) 王夫之,『讀四書大全說』, 卷7,「論語」, 陽貨篇, "質以函氣, 而氣以函理.", p.857.
353) 王夫之,『讀四書大全說』, 卷9,「孟子」, 離婁上篇, "言理勢者, 猶言理之勢也,
猶凡言氣者, 謂理之氣也. 理本非一成可執之物, 不可得而見, 氣之條緖節
文, 乃理之可見者也. 故其始之有理, 卽於氣上見理, 迨已得理, 則自然成勢,
又只在勢之必然處見理.", p.992.

천명한다.

　　"세(勢)는 사건이 따르는 것이고, 사건은 세(勢)가 성취하는 것이
다. 그러므로 세(勢)를 떠나서 이(理)는 없고, 이(理)를 떠나서 세
(勢)는 없다. 세(勢)의 어렵고 쉬움은 이(理)의 순역(順逆: 순조롭고
거스름)이 만드는 것이다. 이(理)가 순조로우면 세(勢) 역시 순조롭
고, 이(理)가 거스르면 세(勢) 역시 거스르게 된다. 군신의 직분은
상하, 경중, 선후, 완급의 균형이며, 순조롭고 거스름이 바뀌지 않는
이법(理法)이다. 천하를 지킨다는 것은 상하를 변별하고, 백성의 뜻
을 헤아리고 멀리 이르러도 반드시 복종하며, 오래 되어도 반드시 신
뢰한다. 이(理)의 순조로움은 즉, 세(勢)의 순조로움이다. 공격해도
이것으로 공격하고, 수비해도 이것으로 수비하는 것은 두 가지 이치
가 없고, 두 가지 세(勢)는 없다. 세(勢)가 순조롭지 못한 정황에 처
하면 사건이 비록 쉽다 하더라도 반드시 어려울 것이다. 사(事)가 이
미 어렵게 되면 세(勢)는 뒤에 있고 오래 갈 수 있는 법(法)을 미리
지니고 천하에 큰 믿음을 밝힐 수 없는 것은 필연적이다."[354]

　　왕부지는, 이(理)와 세(勢)는 확실히 구분 지울 수 없다고 강조하
며, 그러므로 이(理)가 순조로우면 세(勢)도 순조롭다고 본다. 이
(理)가 거역하면 세(勢) 역시 거스르는 관계에 있다. 그는 이세론
(理勢論)에서 이(理)와 세(勢)가 서로서로 순조롭거나 거스름을 역
사의 흐름에서 영원히 바뀌지 않는 이치로 보았다. 그리고 그는, 이
것을 군신관계에 적용하여 상하, 경중, 선후, 완급의 균형을 군신의
위계로 규정 지운다. 그는 이세론을 현실에 적용하여서, 천하를 지키
는 자는 위·아래를 변별하고, 백성의 뜻을 헤아리고, 멀리 이르러도

---

354) 王夫之, 『尙書引義』, 卷4, 「武成」, "勢者事之所因, 事者勢之所就, 故離事無
理, 離理無勢. 勢之難易, 理之順逆爲之也. 理順斯勢順矣, 理逆斯勢逆矣. 君
臣之分, 上下, 輕重, 先後, 緩急之權衡, 其順其逆, 不易之理也. 守天下者,
辨上下, 定民志, 致遠而必服, 垂久而必信, 理之順卽勢之便也. 攻以此攻, 守
以此守, 無二理也, 無二勢也. 勢處於不順, 則事雖易而必難. 事之已難, 則不
能豫持後勢而立可久之法以昭大信於天下, 所必然也.", p.335.

반드시 복종하며, 오래 되어도 반드시 믿게 된다고 하였다. 그는 세(勢)와 이(理)의 관계에서 이러한 현실적 대립관계는 통일무이(通一而無二)가 된다고 보았으며, 또한 "이(理)는 기(氣) 중에 있고 기(氣)는 이(理)가 아님이 없으며, 기(氣)는 비어있는 가운데 있고, 비어 있음은 기(氣)가 아님이 없다."[355]라고 하는 내재적 기론에 입각하여 역사도 다름 아닌 '통일무이설'(通一無二說)로 해명하려 하였다.

그리고 왕부지에 있어서 역사의 순환이치는 세(勢)의 순조로운 통합이며, 거스름은 투쟁과 분할로 변할 수 없는 연속과정에 있다. 그러므로 왕부지 이세론은 두 가지 이(理)는 존재할 수 없고 두 가지 세(勢)는 존재할 수 없다. 그는, 일이 어렵게 되면 세(勢)는 밀려나게 되고 오래 갈 수 있는 이법을 세우지 못하게 되며 또한 天下에 큰 믿음을 밝힐 수 없다고 하는 것은 세(勢)의 필연성이라고 강조한다. 그러므로 세(勢)가 부딪히고 이(理)가 그것을 따라가는 것이 천(天)이다. 이것이 바로 "자연역량이며 객관규율이다."[356] 이것에 대한 예증이 '봉건제도의 폐분'이며, '군현제의 실행'이다. 왕부지 저작에 있어서 완벽한 사론(史論)으로 볼 수 있는 『독통감론』 「진시황편」에서 그의 주장을 확인해 보도록 한다.

"옛날의 제후가 나라를 세습한 이후 대부는 이것으로 인해 관직도 세습되었는데 세력이 반드시 넘치는 것이다. 선비의 아들은 항상 선비가 되고, 농부의 아들은 항상 농부가 되었다. 천(天)이 재(才)를 생(生)하여도 선택함이 없고 선비라고 해도 완고함이 있으며, 농부 중에도 우수한 자가 있기 마련이다. 우수한 자가 완고한 자에게 굴복될 수는 없다. 그리고 세(勢)는 서로 타고서 일어난다. 세(勢)는 반드시 부딪치게 된다. 이것으로 말미암아 봉건제도가 무너지고 천

355) 王夫之, 『張子正蒙注』, 卷1, 太和篇, "理在氣中, 氣無非理, 氣在空中, 空無非氣, 通一而無二者也", p.23.

356) 李季平, 「試論王夫之的讀通鑑論」, 『中國歷史敎學問題』 第3期, 1982, p.9.

거하는 제도가 행해졌고, 수령(首領)이 제후(諸侯)의 권한을 석권하고 자사(刺史)·목독(牧督)이 방백(方伯)의 임무를 맡고, 비록 근원적 덕(德)을 뚜렷이 드러내어 공을 세웠지만 명령하지 못할 남의 자손에게 의탁할 수밖에 없다. 세(勢)가 서로 부딪혀 이(理)가 그것에 따라붙어 그것을 바꾸었는데 그 뜻이 천(天)에 있을 뿐이다! 음양(陰陽)을 편용(偏用)할 수 없고, 인의(仁義)는 서로 바탕이 되어 형리(亨利)하게 된다. 비록 성인도 위배할 수 있다. 천거함에 신중하지 않는다면 수령(首領)은 백성을 잔혹하게 다스리고, 세습의 덕이 끝나지 않는다면 제후(諸侯)는 기강(紀綱)을 잡기가 어렵게 되어 양자는 해로움이 있게 된다."[357]

왕부지는 '봉건제도'가 무너지고 '군현제'가 실행되는 것이 난세(亂世)에서 치세(治世)에로 변화하는 것이라고 보았다. 그는 본질적 기(氣)가 일음일양(一陰一陽)하고 일지일지(一之一之)하여 변화하는 과정에서 역사의 관점을 적용시켜, 봉건제에서 군현제에로 상승복귀하려는 운동을 역사의 리듬으로 파악하였다. 일반적으로 음양은 편용 될 수 없으며, 인간의 인의(仁義)는 서로 바탕이 되어 만사가 형통됨으로, 비록 성인이라도 세(勢)는 예외일 수 없다. 벼슬자리에 천거되더라도 그가 무도(無道)한 인간이라면 백성을 잔혹하게 다스릴 것이고, 그리고 왕위 세습에 있어서 도리가 없다면 제후들이 난폭해져서 기강이 제대로 세워질 수 없을 것이다. 우리는 이제 왕부지가 강조하고 있는 '천'(天)의 의미가 인간의 역사 관계에서 무엇을 의미하는가에 대해 논의해 보고자 한다. 이와 관련하여 그는 다음과 같

---

357) 王夫之, 『讀通鑑論』, 卷1, 「秦始皇」, 變封建爲郡縣, "古者諸候世國, 而後大夫綠之以世官, 勢所必濫也. 士之子恒爲士, 農之子恒爲農, 而天之生才也無擇, 則士有頑而農有秀, 秀不能終屈於頑, 而相乘以興, 又勢所必激也. 封建毀而選擧行, 守令席諸候之權, 刺史牧督司方伯之任, 雖有元德顯功, 而無所庇其不令之子孫, 勢相激而理隨以易, 意者其天乎! 陰陽不能偏用, 而仁義相資以爲亨利, 雖聖人其能違哉! 選擧之不愼而守令殘民, 世德之不終而諸候亂紀, 兩俱有害.", pp.67~68.

이 말한다.

　　"세(勢)는 정미하고 이(理)는 광대하니, 이를 합하면 곧 천(天)이
　　라고 한다."[358]

　　"도(道)가 있음과, 도(道)가 없음은 기(氣)가 아님이 없고 이것은,
　　즉 세(勢)가 성립되지 않음이 없다. 기(氣)가 치(治)의 이(理)로 되
　　면 도(道)는 있게 되고, 기(氣)가 난(亂)의 이(理)로 되면 도(道)는
　　없게 된다. 양쪽 모두 이(理)에 합당하면 세(勢)는 성립된다. 그러므
　　로 말하여 이 둘은 천(天)이다."[359]

　　王夫之에게 있어서 천(天)은 초월적이거나 인간이 자신의 깨우침
을 목적으로 하려는 종교적인 의미의 천(天)이 아니고, 자연 존재로
써, 그의 본체론에서도 언급한 〈이理와 기氣는 서로 떨어질 수 없듯
이〉, 역사 론에서도 그 일관성은 그대로 적용된다. 그리하여 왕부지
는 역사사건에 있어서도 "이(理)와 세(勢)는 나눌 수 없는 관계에
있다."[360]라고 주장한다. 그리고 이(理)는 원래 존재론에서 질료적
운동의 속성으로 운동과정에서 나타나는 질서로서, 역사 론에서는
이(理)가 도(道)의 존재여부를 결정해 준다. 바로 이 점에서 왕부지
는 치리(治理)이면 유도(有道)가 되고, 기(氣)가 어렵게도 난이(亂
理)로 되면 무도(無道)로 되어 기(氣)가 이(理)의 성립을 가능하게
한다고 주장한다. 그리고 그는 치리(治理)와 난이(亂理)에서 '세'(勢)
를 형성시키는데 이 형성자가 기(氣)이고 이 기(氣)의 흐름이 세

---

358) 王夫之, 『讀四書大全說』, 卷9, 「孟子」, 離婁上篇, "勢字精微, 理字廣大合而,
　　名之曰天.", p.993.
359) 王夫之, 『讀四書大全說』, 卷9, 「孟子」, 婁上篇, "有道, 無道, 莫非氣也, 則
　　莫不成乎其勢也. 氣之成乎治之理者爲有道, 成乎亂之理者爲無道. 均成其理,
　　則均成乎勢矣. 故曰: 斯二者, 天也.", p.991.
360) 王夫之, 『讀四書大全說』, 卷9, 「孟子」, 離婁上篇, "知理勢不可以兩截溝分.",
　　p.992.

(勢)이며, 이 삼자를 천(天)이라 하고, 이것을 이세(理勢)의 필연(必然)이라고 하였다. 그리고 특이하게도 그는 역사의 흐름과 인간의 조직방식이 세(勢)의 작용에서 '습성'이나 '본성'이 형성된다는데 주목된다. 그리고 치리(治理)의 유도(有道)와 난이(亂理)의 무도(無道)가 이(理)의 여부에 따라 세(勢)를 성립시키는 것이 바로 왕부지의 '천'(天)의 역사관(歷史觀)이다. 그리고 왕부지가 자연의 세(勢)로써 역사관의 토대를 더욱 굳건히 하기 위해서 한유(漢儒)의 치리(治理)에 대한 득실(得失)을 비판한다. 왕부지는 다음과 같이 말한다.

"천(天)을 잘 설명하는 일은 구체 세계의 인간사에서 증험하는 것이며, 인간사를 설명하기 위해 천(天)으로부터 증험했다고 하는 것은 들은 적이 없다. 사(事)에 마땅함을 이(理)라 하고, 물(物)에 순응하는 것이 교화이다. 이(理)와 교화는 천(天)에 속하고 사(事)와 물(物)은 인간 활동에 속한다. 천(天)을 아는 방법은 없다. 구체적 일과 대상에서 그것을 알뿐이다. 일과 사물을 관리하는 일은 마음이다. 마음이란 성(性)의 영지 함이며 천(天)의 법칙이다. 한유(漢儒)들은 치리(治理)의 득실(得失)을 말함에 있어서, 한결같이 칠정〈七政: 천天 · 지地 · 인人 · 춘春 · 하夏 · 추秋 · 동冬〉과 오행〈금金 · 목木 · 수水 · 화火 · 토土〉의 재난과 상서, 그리고 순역(順逆)에서 증험을 찾았으니, 그것이 합치된 것은 우연의 합이며, 합치되지 않는 것은 사사로운 의견에 끼여, 서로 부회(附會)하고, 멋대로 거짓되게 천(天)에 위배하였으니 (이것이) 이르지 아니한 곳이 없었다."[361]

왕부지는, 한유들이 천(天)의 법칙을 전통적으로 치리(治理)의 득실(得失)로 여겨 한결같이 칠정(七政: 삼재와 사계절)과 오행(五行:

---

361) 王夫之, 『讀通鑑論』, 卷7, 「後漢和帝」, 有司因日食秦遣諸王就國, "善言天者驗於人, 未聞善言人者之驗於天也. 宜於事之謂理, 順於物之謂化. 理化, 天也, 事物, 人也, 無以知天, 於事物知之爾. 知事物者, 心也, 心者, 性之靈, 天之則也. 漢儒言治理之得失, 一取驗於七政五行之災祥順逆, 合者偶合也, 不合者, 挾私意以相附會, 而邪忘違天, 無所不至矣.", pp.280~281.

수, 화, 금, 목, 토)의 재난(災難)과 상서(祥瑞: 경사스러운 일), 순역
(順逆: 순조로움과 거스름)의 징조로 경험하였다고 여겼으며, 이것
은 곧 천(天)에 위배되는 일이라고 비판을 가한다. 그는 일에 적합
하고 대상에 순응함으로써 순조로운 교화를 인간 활동이라고 보았으
며, 또한 이것이 역사의 필연적 세(勢)라고 생각하였다. 그는 인간
활동에서 천(天)을 증험하며, 그리고 일과 사물을 다스리는 것에서
천(天)의 법칙을 이해해야 한다고 주장한다.

2) 이합(離合)과 치란(治亂)

역사의 순환은 "그 합함에 있어서 태평하며, 사물은 오래토록 합
에 머물 수 없다."[362] 그리고 "한 번 합일이 있으면 한 번은 분열하
고 한 번 치세(治勢)의 상태가 되었다가 한 번은 난세(亂勢)의 상태
가 되는"[363] 이합(離合)과 치란(治亂)이 끊임없이 반복된다는 것이
역사의 순환사이며, 그리고 인간의 권력 또한 이합집산(離合集散)의
순환사라고 주장하였다. 왕부지는 자연의 지형, 지세, 계절, 언어, 육
축(六畜)이 모두 자연의 합세로 이루어졌다고 보며, 천지의 기운은
자연을 돕고, 부득이함을 따르기 때문에 분열이 있으며 이합의 원리
는 자연의 합이라고 피력한다. 왕부지는 중국의 광활한 자연에서 역
사 과정의 결정적인 실 예가 된다고 분명히 말한다.

> "높은 산봉우리와 둘러싸인 장벽들은 담처럼 둘러 있고, 모래밭이
> 나 풀밭은 분답하게 벌어져 있으며, 절벽과 골짜기는 고랑을 만들어
> 서 구획을 이루고 바다와 미려(尾閭: 대해 밑에 있는 그칠 사이 없

---

362) 王夫之, 『黃書』, 「離合」, 卷7, "其合也泰焉, 物不可以久合.", p.535.
363) 王夫之, 『讀通鑑論』, 卷16, 「齊武帝」, 魏羣臣議五德之次, "一合而一離, 一
治而一亂.", p.611.

이 물이 솟아나서 모든 강의 출구가 된다는 곳)는 엉 켜 있다. 그
가운데는 산맥이 띠처럼 동여겼고, 지세가 굳게 뭉쳤을 뿐더러 추위
와 더위는 서로 구제하고, 언어도 서로 통하게 되며, 형상도 서로 비
슷한가 하면 여러 곡식을 서로 기르고 육축도 서로 자라며, 재물은
서로 유통되고 많은 개천은 길게 흐르며 여러 산들은 기름겨서 중앙
지역의 합세(合勢)를 이루고 있으니 이것이 자연의 합이다. 천지의
기(氣)는 자연스러움을 도우니 부득이하게 운동을 따른다. 그 자연
스러움을 돕기 때문에 합하고 부득이 함에 따르기 때문에 분열함이
있다. 그러므로 천지의 낮과 밤을 아는 자라야 이합(離合)의 까닭을
이야기 할 수 있다. 부득이함을 행하자면 분열이 있음을 알고 부득
이함이란 자연의 소출인 것이다.”364)

　　왕부지에 있어서 이합(離合)의 합세(合勢)는 자연의 〈음양 동정〉과
〈합벽과정〉의 〈확산과 수렴〉, 〈순환과 반복〉의 성격을 역사의 흐름에서
도 동일하게 보았다. 그리고 그는 분열이란 부득이한 과정에서 발생되
는 자연의 결과로 결정짓는다. 그는 이것을 이합(離合)의 불가분의 관
계에서 역사순환의 필연적 형세로 나타낸 것이다. 그러므로 왕부지는,
중국은 이합(離合)의 순환적 역사라고 하며, 또한『황서』「이합편」에서
역사적 사실을 예로 들고 있다. 왕부지의 주장을 들어보도록 하자.

　　“삼황오재(三皇五帝) 시대에는 떨어진 것을 서로 얽히게 했는가
하면, 천지의 순기(純氣)를 보존하고 분열을 경계하였던 것이다. 그
러므로 기(氣)는 바람을 가지고 응하고 하늘은 합을 가지고 보답하
였으며, 수 천 년 동안은 중앙 지역의 내부가 태평하였던 것이다. 그
런데 〈진秦·한漢〉이후에 와서 동남쪽에는 위(尉)를 일정하게 두고,

---

364) 王夫之,『黃書』, 卷7,「離合」, 第7, “崇巒沓嶂以垣結之, 沙衍茅葦以紛披之,
絶壁渴澗以溝畫之, 瀚海尾閭以凝蕩之, 其中帶束脈繞, 博聚約固, 寒暑相劑,
言語相譯, 形象相若, 百穀相養, 六畜相字, 貨貝相灌, 百川流惡, 羣山薩夕以
翕成乎中區之合, 自然之合也. 天地之氣, 輔其自然而循其不得已, 輔其自然
故合, 循其不得已故離. 是故知天地晝夜者, 可與語離合之故矣. 行其不得已,
知其有離, 不得已者抑自然之所出也.”, p.533.

서북쪽에는 후(候(를 고루 둔 다음 만국(萬國)을 한 사람의 옷깃에
붙였는가 하면 또 서하(河西)를 열고 구낙(甌駱)을 통하였으며 주애
(朱崖)를 군(君)으로, 전착(滇笮)을 현(顯)으로 삼았으니, 그것이 바
로 합이며 태평성대를 누린 것이다. 그러나 물(物)이란 오랫동안 합
에 머물 수 없는 것이다. 그런 까닭에 산하의 조파(條派)나 기걸(奇
傑)의 분배한 기(氣)는 수 백 년을 통솔해 가자면 한 번의 분열은
있는 것이다. 건안(建安) 이후에 7·8개로 분열되었다가 3개가 되었
고, 태강(太康) 때에는 이를 합하였으나 100년도 채 못 되어 분열로
인해서 16개국이 되었고 우문(宇文)과 고씨(高氏)는 약간의 합을 이
루었다. 강좌(江左)에 와서 구별되었지만 최후의 분열로 3개가 되었
다. 개황(開皇) 때에는 합일하였으나 30년 간 계속되었다. 그러나 천
보(天寶)의 난(亂)이 일어나자, 하북(河北)이 약간의 분열이 있었다.
광명(廣明)의 난이 일어나자 〈병진幷晉, 대양大梁, 유진幽鎭, 오월吳
越, 민광閩廣, 형호荊湖, 양천兩川〉등지도 무모한 자들에 의해 여지
없이 분열되고 말았다. 옹희(雍熙) 때에는 합일하여 연운(燕雲)은
끝내 분열되었으며 200년 채 못 되어 마침내 분열되어 둘로 갈라지
게 되었다. 달단(韃靼)은 분열됨을 제거하고 홍무(洪武)에게 합을
이루게 해 주었다. 그리하여 상흥(祥興) 이후에는 중앙 지역의 기
(氣)는 여기에서 영원히 합하기를 400년간 계속되었다. 그러므로 합
에 이른 후 성인이 이에 일어났다."365)

사회나 국가의 통합과 분열의 과정은 필연적 법칙이며 자연의 한
과정에 속한다. 왕부지는 "한번 합의 진행이 온 후에 한 번 분열하
고, 한 번은 치(治)의 상태로 유지하다가 다시 난(亂)의 상태가 되

---

365) 王夫之,『黃書』, 卷7,「離合」, "此三, 五之代寅渙散於糾纏, 存天地之純氣而
戒其割裂, 故氣應以正而天報以合, 數千年之間, 中區之內闇闇如也. 秦, 漢以
降, 東南壹尉, 西北均候, 綴萬國於一人之襟, 而又開河西, 通甌駱, 郡朱崖,
縣滇笮, 其合也泰焉. 物不可以久合, 故河山 條派奇傑分背之氣, 率數百年而
一離, 建安以後, 裂爲七八而離爲三. 太康合之, 未百年而又離, 播爲十六. 宇
文, 高氏稍合, 而別於江左者終離爲三. 開皇合之, 未三十年而又離, 以逮乎武
德而後, 合者幾三百年, 天寶亂而河北小離, 廣明亂而幷晉, 大梁, 幽鎭, 吳越
閩廣, 荊湖, 兩川之草據者不勝離也. 雍熙合之燕, 雲終離, 未二百年而卒離爲
二. 韃靼驅際其離, 以授其合於洪武. 祥興以後, 中區之氣, 永合於玆者四百載
矣. 是故合極而亂, 亂極而離, 離極而又合, 合而後聖人作焉.", p.535.

는 것이다. "여기에서 '천도'(天道)를 알 수 있고, 여기에서 '인치'(人治)를 알 수 있다"366)라고 주장한다.

중국 중앙지역의 역사는 무덕(武德)의 합이 300년간 계속 되었는가 하면, 상흥(祥興) 이후에 중앙 지역이 400년간의 합을 가진 이후로는 계속 분열이 있었다. 치세(治世)의 경우는 기(氣)의 유행으로 현증(顯證)할 수 있지만, 난세(亂世)의 경우는 기(氣)의 실현을 알 수 없다. 그렇다고 해서 난세는 존재하지 않는 환영은 아니다. 이미 치세 속에서 난세의 능력을 내재하고 있기 때문에 치법이 해이해지면 난세가 된다. 이 난세는 생리(生理)의 바른 질서를 잃은 혼란상태이다. 난(亂)이 극에 이르고 치(治)가 극에 이를 때, 변화의 동이 同異는 밝혀진다. 왕부지는 치란(治亂)의 논리를 다음과 같이 피력한다.

"지금 난(亂)이 극에 이르면 치(治)로 된다고 말할 수 있지만, 만약에 치(治)가 극에 이르러 난(亂)이 된다고 한다면, 이것이 정말 그렇게 된다고 말할 수 있을까? 난(亂)이 치(治)의 극에서 발생한다면 요·순·우가 서로 승계하여 치(治)가 이미 극에 이르렀을 때 어찌하여 영가(永嘉)나 청강(靖康)의 화가 보복하지 않았을까? 비로소 난(亂)이 치(治)가 되면 인간의 역사에 있어서 치법이 없어지지 않으므로 이에 치(治)는 존속된다. 치(治)의 경우에도 난(亂)은 나오는 법이다. 인간의 치법(治法)이 해이해지면 이에 난(亂)이 생기게 된다. 음양(陰陽) 동정(動靜)은 본래 그렇지 않음이 없다. 양(陽)은 정(靜)의 성질을 내포하고 있기 때문에 동(動)할 무렵에 정(靜)한다. 음(陰)은 동(動)의 능력을 저장하고 있기 때문에 정(靜)할 무렵에 동(動)한다. 그러므로 동정(動靜)은 시작하고 끝나는 단초가 없게 된다. 그것이 극에 이를 때까지 기다린 후에 크게 되돌아가는 것이라면 시종(始終)의 단초는 있게 될 것이다."367)

---

366) 王夫之, 『讀通鑑論』, 卷16, 「齊武帝」, "一合而一亂, 一治而一亂, 어차가이 知天道焉, 於此可以知人治焉.", p.611.
367) 王夫之, 『思問錄』, 外篇, "今云亂極而治, 猶可言也, 借曰治極而亂, 其可乎?

204

기(氣)의 세계는 음양(陰陽) 무단(無端)의 계속적 과정에서 연계로 놓여 있듯이 역사순환도 동일한 양상이다. 양(陽)은 정(靜)의 성질을 내포하고 있기 때문에 동(動)할 무렵에 정(靜)하고, 음(陰)은 동(動)의 능력을 저장하고 있기 때문에 정(靜)할 무렵에 동(動)한다. 왕부지는 기(氣)의 역동성에는 시작과 마침의 실마리가 정해져 있지 않음을 인간 역사에도 동일한 관점으로 해석한다. 이러한 생리(生理)는 계속 자전되어 난(亂)이 치(治)로 바뀌고, 치(治)가 다시 난(亂)으로 되는 과정에서 난(亂)이 치(治)가 되면 인간의 역사는 치법(治法)으로 치(治)를 존속시키려 한다. 그러나 항상 시간적 변화관계 속에 놓여 있기 때문에, 치(治)의 순조로운 경우에도 난(亂)의 성질이 이미 저장되어 있어서 치법(治法)이 해이해지면 난(亂)이 규칙적으로 생겨나게 된다. 이것이 바로 역사 현상의 배후에 놓여 있는 자연법칙이며, 왕부지만의 독창성을 표출시키는 부분이기도 하다. 그는 종래의 기존 역사성에서 실천적 자연 원리를 접목시켜 봉건제도에서 군현제를 도출하였다. 이것은 수정과 개혁의 발전 과정이라 할 수 있다.

우리가 "치(治)에는 치(治)의 이치가 있고, 난(亂)에는 난(亂)의 이치가 있으므로, (…) 천(天)은 이(理)이고 그것이 인간에 적용한 필연적 명령은 이(理)의 유행에 있음"[368]을 인식할 때, 이론적 해명의 성립이 아니라 실천적 관계에서 실행력의 성격이 사태 필연의 발전 계기를 마련하게 된다. 이러한 관건을 갖고 그는 역사관 속에 이상적 세

亂若生於治極, 則堯, 舜, 禹之相承, 治已極矣, 胡弗即報以永嘉, 靖康之禍乎? 方亂而治, 人生治法未亡, 乃治. 方治而亂, 人生治法弛, 乃亂. 陰陽動靜, 固莫不然. 陽含靜德, 故方動而靜. 陰儲動能, 故方靜而動. 故曰 動靜無端, 待其極至而後大反, 則有端矣.", p.431.

368) 王夫之, 『讀通鑑論』, 卷24, 「唐德宗」, "治有治之理, 亂有亂之理, (…) 天者, 理也. 其命, 理之流行者也.", p.934.

계는 대공(大公)의 대동사회(大同社會) 실현으로 말미암아 인간이 더욱 더 부유해 지고 또한 행복해 질 수 있을 것이라고 믿었다.

3) 대동사회론(大同社會論)

왕부지는 한 시대의 도(道)와 구체적 인간 경험지식이 종합될 때 비로소 올바른 역사 방법론이 성립된다고 보았다. 그리고 그는, 여기에서의 도(道)는 인간 활동과 유기적 통일성을 기본 전제로 하고 있으며 사(私)가 아닌 공리(公理)로서의 도(道)가 된다고 주장한다.

"군자가 삼대에 본 받은 것은 도(道)이지 법이 아니다."[369]

"받들어 지키며 이(理)로써 공략하고, 공략의 세(勢)를 보전하면 도(道)는 하나에서 합일되고 천하는 평정된다."[370]

왕부지에 있어서 공리는 보편원리로 간주된다. 그는, 사사로움의 어느 하나의 원칙에 집착하여 그것을 일반화하려는 의도에서 어느 한 시대와 한 사람이 천고(千古)와 천하를 폐기해서는 안 된다고 보았다. 그는 이것을 다음과 같이 말하고 있다.

"한 사람에게 올바른 원칙이 있고, 한 시대에 위대한 원칙이 있으며, 고금을 통한 원칙에는 경중의 척도, 공사(公私)의 분별이 있다. 다음 세 가지를 살피지 않을 수 없다. 한 사람의 원칙으로써 한 시대의 위대한 원칙으로 본다면 한 사람의 원칙은 사적(私的)인 것이다. 한 시대의 원칙으로 고금에 통하는 원칙으로 간주한다면 한 시대의 원칙은 사적인 것이며 가벼운 것이다. 저울의 균형은 저절로

---

369) 王夫之, 『讀通鑑論』, 卷19, 「隋文帝」, "君子所師於三代者, 道也, 非法也.", p.706.
370) 王夫之, 『尙書引義』, 卷4, 「武成」, "奉守之理以攻, 存攻之勢以守, 道合於一, 而天下乎矣.", p.338.

정해지는 것이다. 세 가지는 때로는 일치되는 경우도 있다. 일치된다
면 천고(千古)에 이르고, 천하에 통하며 한 사람의 바름과도 합치한
다. 그러면 한 사람의 원리로 처리하여도 고금 천하가 그것을 어길
수가 없게 된다. 그러나 서로 교차하여 완전할 수 없는 경우에 한
시대로 천고(千古)를 폐기해서는 안 되며, 한 사람이 천하를 폐기해
서도 안 된다. 하나의 원리에 집착하여 그것의 논리를 펴고자 할 때,
그 원리가 일반화되더라도 만세의 바뀌지 않는 공리(公理)는 아니
다. 옳고 그름이 엄하면 엄할수록 그 원칙은 더욱 더 폐단(弊端)이
있기 마련이다."[371]

왕부지는, 공리(公理)는 고금의 시간, 그리고 공사(公私)를 초월해
있는 위대한 원칙이기 때문에 어느 한 시대나 어느 한 개인의 특수
원리 또는 수단과 방법으로 대치해서는 안 된다고 주장한다. 그리고
그는 이것을 사회 통제라는 범위 안에서 인간의 원칙에 실현시키고,
또한 〈통치자와 민생〉, 〈통치자와 피통치자〉간의 영원한 안정과 평
안의 원리라고 보았다. 왕부지에 있어서 공리는 천리로 간주된다. 그
는 유가의 사회제도는 자연원리에 의해서 균형을 이루어야 한다고
생각하며, 그리고 통치자는 인간의 받듦을 받아서 존귀하게 되며, 그
것으로 인해 최고의 지위에 안주하려 한다고 생각하였다. 그리고 사
(私)를 매개로 하여 오만방자하게 통치자만의 보편원리라고 여기는
것을 강조하는 것은 다름 아닌 세습의 원리라고 보았다.

왕부지는 봉건제도의 세습과, 그리고 이와는 상반되는 〈공천하公
天下를 이룬 공리公理의 실현〉에 대해 『독통감론』「진시황편」에서,

---

371) 王夫之, 『讀通鑑論』, 卷14, 「東晉安帝」, 14, 劉裕抗表伐南燕不當與桓溫專擅
並論, "有一人之正義, 有一時之大義, 有古今之通義, 輕重之衡, 公私之辨,
三者不可不察. 以一人之義, 視一時之大義, 而一人之義私矣. 以一時之義, 視
古今之通義, 而一時之義私矣. 公者重, 私者輕矣. 權衡之所自定也. 三者有時
而合, 合則亘千古, 通天下, 而協於一人之正, 則以一人之義裁之, 而古今天下
不能越. 有時而不能交全也, 則不可以一時廢千古, 不可以一人廢天下. 執其
一義以求伸其義雖伸, 而非萬世不易之公理, 是非愈嚴, 而義愈病.", p.535.

봉건제도가 변하여 군현제도가 된다고 하였다. 그리고 그는 이것을 대공(大公)이라 보며 또한 '불역(不易)의 이'(理)라고 강조한다. 왕부지는 역사의 공리를 다음과 같이 단적으로 말하고 있다.

> "인간은 스스로 귀하고자 하지 않음이 없으며, 반드시 받듦이 있으므로, 존귀하게 되는 것이 인간의 공리(公理)이다. 지위에서 편안함을 느껴서 방법에 익숙해지고 이로 인해서 세습의 원리가 있게 되었다. 비록 그들이 어리석고 난폭하더라도 초야의 무지렁이 보다는 현명하다. 이와 같은 자가 수 천 년 동안 국가를 안정시켜 온 것이다. 강자와 약자가 서로 헐뜯어 과거 신분관계를 모두 상실하고 전국시대 이르러서는 생존한 자가 거의 없었다. 어찌 구주(九州)로 하여금 몇몇 제후 왕의 명령을 따르게 할 수 있을까? 이에 분(分) 국(國)하여 군현(郡縣)으로 하고 인재를 선택하여 다스리게 하였다. 군현의 제도는 이미 진(秦)에 앞서 있었다. 진(秦)이 멸망시킨 나라가 6국이었고 삼대가 봉책한 나라를 모두 멸할 수는 없었다. 그러므로 그것을 나누어 군(郡)으로 하고, 또 나누어 현(縣)으로 하여, 재능이 있는 자를 백성의 우두머리로 삼고, 그를 백성 위에 있게 하여, 재능을 다하여 백성의 기강을 바로 잡게 하였으니 또한 어찌 천하의 공리(公理)가 아니겠는가? (…) 아! 진(秦)은 천하를 사유(私有)하는 마음으로 제후를 파하고 수령을 두었으니 하늘이 사(私)를 빌려서 대공(大公)을 실현하였다. 역사의 신묘함을 보존하는 것은 헤아릴 길이 없음으로 이와 같다고 말한다."[372]

인간의 받듦 자체는 인간의 인격이며, 제도 자체는 백성을 편안히 하기 위함이다. 그리고 지위와 방법으로 말미암아 세습의 원리가 있

---

372) 王夫之, 『讀通鑑論』, 卷1, 「奉始皇」, 變封建爲郡縣, "人非不欲自貴, 而必有奉以爲尊, 人之公也. 安於其位者習於其道, 因而有及之理, 數愚且暴, 猶賢於草野之罔據者. 如是者數千年而安之矣. 强弱相噬而盡失其故, 至於戰國, 僅存者無幾, 豈能役九州而聽命於此數諸候王哉? 於是分國而爲郡縣, 擇人以尹之. 郡縣之法, 已在秦先. 秦之所滅者六國耳, 非盡滅三代之所封也. 則分之爲郡, 分之爲縣, 俾才可長民者居民上以盡其才, 而治民之紀, 亦何爲而非天下之公乎? 嗚呼! 秦以私天下之心而罷候置守, 而天假其私以行其大公, 存乎神者之不測, 有如是夫!", pp.67～68.

게 되었다. 그 시대의 방식에 익숙해지며 또한 이러한 방식으로 일을 처리하는 것은 세(勢)의 필연성이다. 왕부지는 하늘이 인간으로 하여금 제후를 파하고 수령을 둔 것은 그렇게 하려고 하지 않아도 그렇게 된 필연적 일이라고 생각하였다. 그리고 군은 나누어져 현으로 되고, 재능이 있는 자가 기강을 잡는 일은 하늘이 사사로움을 빌어서 대공(大公)을 실현하는 것이라고 보았다. 왕부지는 군현제가 필연적 추세라고 보았다. 그는 군현제의 실현이 곧 인간 삶의 구조를 변화시키는 역사적 본성이라고 주장한다.

왕부지는 사(私)와 공(公)이 공존하는 가운데 진나라의 정치 체계에서 민생의 고통을 감소시키는 방안을 세 가지로 분류하고, 다시 대공(大公)을 강조한다. 그 의 주장을 살펴보도록 하자.

> "〈진秦이〉 인재의 천거가 신중하지 못하여 백성을 해치는 관리가 대대로 이어졌고, 천지도 허물을 책임질 수 없는데 하물며 성인에 있어서라! 군현의 허물이라 할 수 없는 것이다. 국가의 집권이 같지 못함은 하나의 성(姓)의 세습에서 말한 것이지 공(公)의 원칙은 아니다. 진(秦)이 만세에 죄를 얻은 것은 개인의 사(私)일 뿐이다. 진(秦)의 사(私)를 배척하고서 자기 자손이 장존하기를 사사롭게 바란다면, 어찌 천하의 대공(大公)이라고 하겠는가?"[373]

왕부지는 진(秦)의 정치에서, 세 가지의 그릇된 예시를 제시하고 있다. 첫째로, 백성을 해치는 관리가 대대로 나왔음은 인재 천거에 있어서 신중하지 못함이며, 둘째로, 국가의 생명이 길지 못했음은 신분제도의 세습화 때문이다. 셋째는, 만세에 진(秦)이 잘못을 저지른 것은 '공적인 일보다 사적관계를 강조한 것'에 있다고 하며, 이 세 가

---

373) 王夫之, 『讀通鑑論』, 卷1, 「秦始皇」, "選著不愼, 而賤民之吏代作, 天地不能任咎, 而況聖人! 未可位郡縣咎也. 若夫國祚之不長, 爲一姓言也非公義也, 秦之所以獲罪於萬世者, 私已而已矣. 斥秦之私, 而欲私其子孫以長存, 又豈天下之大公哉!", p.68.

지는 대공(大公)에 위배되는 예를 잘 보여주고 있다. 그는 시대의
제도를 공(公)으로 삼고 생(生)의 이치 속에 규정시키고 "하나의 성
(姓)의 흥망은 사(私)에 있다. 백성의 생사는 공(公)에 있다"[374]라
고 하여, 봉건제도는 제후가 사토(私土)와 사인(私人)에서 폐정(廢
政)됨을 인식하고, 대공(大公)의 대동사회(大同社會) 건설에 박차를
기하여 이상 세계로 복귀할 것을 요청하였던 것이다. 왕부지는 역사
의 근본정신과 제도 자체는 다른 것이라고 주장하고, 근본정신을 보
편성의 인의(仁義)에 두고, 제도 자체는 그 시대에 백성을 다스리는
법으로 보았다. 예컨대 왕부지는 주대에 대해서 윤리적 규범과 경제
적 제도를 결합하는데 있어서 사(私)에 힘을 실었으므로 세습과 혈
연관계에서 동성끼리 연대 해 왔기 때문에, 사(私)의 모순성을 내포
하고 있어서 급작스런 개혁은 불가능하다고 보았다. 그래서 지배 집
단과 피지배 집단을 제도화한다는 것은 불가능하였고 많은 시간이
흐른 후에 차등이 있도록 교훈을 주고, 인도(仁道)가 있게 한 이후
에 전체적 통합이 이루어질 수 있다고 믿었다. 그래서 그는 다음과
같이 말한다.

"친하면 그가 존귀하게 되기를 바라고, 사랑하면 그가 부유하기를
바란다. 부유와 존귀함이 합리성이 없이도 길게 유지할 수 있을까?
제도화하여 차등이 있게 하고 교훈을 주어 도(道)가 있게 한 후에
고귀하고자 하는 자는 결과적으로 고귀하게 되고 부유하고자 하는
자는 결과적으로 부유할 수 있는 법이니 의(義)가 지극해지고 인
(仁)이 실현되어야 대공(大公)은 이루어지고 사사로운 개인적 은혜
도 이루어지는 법이다."[375]

---

374) 王夫之, 『讀通鑑論』, 卷17, 「梁敬帝」, "一姓之興亡, 私也, 而生民之生死, 公
也.", p.669.
375) 王夫之, 『讀通鑑論』, 卷21, 「唐太宗」, "孟子曰: 親之欲其貴也, 受之欲其富
也, 富貴者, 其可以非所宜而長有之乎? 制之有等, 授之有道, 而後欲貴者之果
能貴, 欲富者之果能富也, 義之至, 仁之盡也, 大公行而私恩亦遂矣.", p.754.

왕부지는, 봉건제도에서는 제후가 제멋대로 토지를 사유(私有)하고 권력도 사유(私有)하는 폐단 정치, 즉 관리가 백성들을 착취하는 것에서 세력과 알력이 끊임없이 지속되고, 천하가 사유라는 적대관계에 있기 때문에 인간의 부유함과 인간의 존귀함은 바랄 수 없다고 생각한다. 그래서 그는 정치를 제도화하여 차등이 있게 하고, 교훈을 주어 도(道)가 있게 한 후에 백성들은 부유하고 존귀하게 된다고 주장하였다. 왕부지의 역사 론에 있어서 대동세계의 이상은 '근본정신'에 있을 뿐이지, '제도'나 '법'에 있는 것이 아니다. 그는 근본정신, 즉 인의(仁義)를 실현해야 한다는 것을 백성들이 자각하게 될 때, 대공(大公)의 사적(私的) 은혜도 성취할 수 있다고 생각하였다. 일반적으로, 제도자체는 인간의 삶의 가치 속에서 변천해 왔고 항상 대공(大公)과 합세(合勢)하여 온 것이 사실이다. 진(秦)나라의 경우를 보더라도 봉건제도에서 군현제에 이르러 대동의 이상세계는 형성되었다. 그는 봉건제도에서 군현제도로 전환할 것을 다음과 같이 주장하고 있다.

"고대의 천하에는 사람들이 스스로 군주가 되었고, 군주가 된 자는 스스로 나라를 창조하여 다스렸다. 백리 밖은 다른 지역과 같지만 통치에는 정책을 달리 하고, 교육은 과정을 달리 하고, 형벌은 법을 달리 하였다. 세금은 오직 경중에 따라 거두어 드렸으며 백성은 오직 형벌과 죽음뿐이었다. 좋아하면 서로 교제하고, 증오하면 서로 공격하였으니 나라를 만 가지로 하는 것은 마음을 만 가지로 하는 것이니 백성의 고통은 극도에 달하였다. 그러나 요·순·우·탕 임금도 그것을 바꿀 수 없었다. 은나라 말기에 이르러 거의 〈백성의 고통이〉 극한에 이르자 반드시 개혁할 때였으나, 오히려 하루아침에 갑자기 개혁할 수는 없는 일이었다. 주나라가 동성을 크게 봉하여 영역을 더욱 확장했으며 천하를 반으로 나누어 희씨(姬氏)의 자손에게 귀속시키자, 점차로 합일의 대세가 있게 되었다. 그리하여 후세에 군현을 합하여 하나의 군주로 통일되어 나아갔고 백성의 고통도 감소되어 갔다."[376]

왕부지는 통치자의 자질에 있어서, 무력이나 강압에 의한 물리적 강제력을 통치의 수단으로 사용하는 패도 정치를 비판하고, 그 대신 인의(仁義)에 의한 도덕적이고 교화적인 왕도정치를 주장한다. 그는 다음과 같이 말한다.

  "덕(德)은 천하의 군주 됨에 충분하고, 공(功)은 여민(黎民)을 편안하게 하기에 충분할 때, 전체 사천하(私天下)를 통일할 수 있고 백년을 잘 다스릴 수 있으며 국가도 안정된다. 이것은 다시 현명한 후세가 계승하여 통치를 재정비하고, 예악을 흥하게 하고, 백성을 교화하여 넓히고 인간은 도덕을 보존하며, 이적을 멀리하고, 천인에 위대하게 통일국가로 만드는 일을 망각하지 않으면 천하가 통치자를 존경하여 인심이 통치자를 크게 따르게 되어 화합하는 것은 당연하다."[377]

왕부지는 이러한 통치체계가 바로 '대동사회'(大同社會)라고 생각하였으며, 또한 대공(大公)의 공리(公理)가 실현된 '통일육우'(統一六宇)의 백년을 통치하여 안정시키는 공천하(公天下)의 세계라고 주장한다. 왕부지가 강조하는 대동사회는 기(氣) 자체도 선(善)한 역동성이 매일 새롭게 천하에 내리듯이 위대한 원리는 바꿀 수 없으며, 또한 도(道)의 현현(顯現)함은 거짓일 수 없으며, 도(道)를 서로 이어

---

376) 王夫之, 『讀通鑑論』, 卷21, 「唐太宗」, "古之天下, 人自爲君, 君自爲國, 百理而外, 若異域焉, 治異政, 教異尚, 刑異法, 賦斂惟其輕重, 人民唯其刑殺, 好則相昵, 惡則相攻, 萬其國者萬其心, 而生民之困極矣. 堯, 舜, 禹, 湯弗能易也. 至殷之末, 殆窮則必變之時, 而猶未可驟革於一朝, 故周大封同姓, 而益展其彊域, 割天下之半而歸之姬氏之子孫, 則漸有合一之勢, 而後世郡縣一王, 亦緣此以漸統壹於大同, 然後風教日趨於畫一, 而生民之困亦以少衰.", p.754.
377) 王夫之, 『讀通鑑論』, 卷22, 「唐玄宗」, "德足以君天下, 功足以安黎民, 統一六宇, 治安百年, 復有賢子孫相繼以飾治, 興禮樂, 敷教化, 存人道, 遠禽狄, 大造於天人者不可忘, 則與天下尊之, 而合乎人心之大順.", p.852.

212

가는 그러한 사회이다.

　왕부지는 종래의 유가에서 주장해 왔던 천리와 중국 전통의 방벌사상에서 오는 패도 정치의 봉건사회 건설을 탈피하고, 한 시기에 의한 역사는 인간에 내재한 도(道)가 공리(公理)라고 보며, 도(道)에서 '기준을 판정'하고 인도(仁道)에 의한 준칙들은 사리(私理)가 아니고 공리(公理)에 부합된다고 보았다. 그러므로 왕부지는 인도(仁道)에 의해서 통치자와 피치자, 그리고 피치자와 통치자간의 여민동락(與民同樂)하는 정치, 즉 '대동사회'(大同社會)가 이룩될 수 있다고 보았다. 이것이 그의 역사관(歷史觀)의 진정한 강조처인 것이다.

VI. 맺는 말

　우리는, 왕부지에 이르러 비로소 중국철학사에 있어서 '내재적'(內在 的) 기(氣) 철학이 완성된다고 보았다. 즉, 왕부지의 전(全) 철학체계 를 일관해서 설명할 수 있는 틀이 '기'(氣)와 '내재'(內在: Immanence) 라는 것이다. 왕부지의 철학은 우선 이(理)와 기(氣)의 관계에 있어서 기(氣)를 앞세우는 기철학이며, 그리고 왕부지 기철학의 가장 큰 특성 을 '내재적' 구조에서 찾을 수 있다. 송명철학에서 주축을 이루어 왔던 〈상하분절(上下分截)·중도경기(重道輕器)〉의 학문경향은 왕부지에 이르러 "도(道)는 기(器)의 도(道)"라고 하는 이른바 내재적 기철학의 형태를 완비하게 된다.

　왕부지의 내재적 기철학의 의미는 그가 사용하는 '도'(道)의 용례를 살펴보면 좀더 분명해 진다. 왕부지는 도(道)의 의미를 크게 두 가지 로 이해하고 있다. 우선 그는 도가 보편적 물질 실체이자 물질 일반이 라 여긴다. 그리고 이러한 도는 청통(淸通)하여 아직 상(象)으로 이루 어지지 않은 통시공(通時空)의 상태에 있는 혼륜한 기(氣)의 본체이 며, 또한 만물을 이룰 수 있는 '가능근거'(氣體之道)라고 보았다. 그러 나 왕부지 내재철학의 특징은 도에 대한 다음 두 번째 견해에서 보다 분명하게 드러난다. 즉, 그는 도가 보편적 공동규율이며 또한 물질의 공동본질이라 여긴다. 다시 말해서, '물질이 다 함께 갖고 있는 것'(物 所共有)이자 일체 事物이 공동으로 따르는 보편규율이기도 하며, 또한 '기가 변화하는 원리'(氣化之道)라는 것이다. 이러한 의미에서 볼 때 도(道)는 기(器)에 내재한 도이며, 기(器)와의 관계에서 오히려 '이차 적' 지위를 차지한다. 그러므로 왕부지는 〈천하는 바로 기(器)이며, 도

(道)는 기(器)의 도(道)일 뿐〉이라고 주장한다.

> "천하는 바로 기(器)이다. 도(道)는 기(器)의 도(道)이다. 기(器)
> 가 도(道)의 기(器)라고 할 수는 없다. 도(道)가 없으면 기(器)가
> 없다고 많은 사람들이 말하지만 실은 기(器)만 있다면 도(道)가 없
> 는 것을 고민할 필요가 없다.(…) 기(器)가 없다면 도(道)가 없다고
> 주장하는 사람은 별로 볼 수 없다. 하지만 사람들이 말하지 않을 뿐
> 이지 실은 그것이 진리(眞理)이다."378)
> "형이상학이란 무형을 가리키는 것이 아니다. 유형이기 때문에 비
> 로소형이상을 말할 수 있다."379)

이러한 왕부지의 사상은 『주역』을 해석하면서 본격적으로 전개된
다. 그는 『주역』에서 6획이 배합하여 괘를 이룬 것이 인간의 물정
(物情 : 德)이라고 보며, 또한 이 물정의 〈득得·실失〉이 바로 〈강
剛·유柔〉와 〈시時·위位〉에서 드러난다고 생각하였다. 즉, 그는 자
연에 대한 상수역학적 관점과 인간에 대한 의리역학적 관점을 상호
보완하여 결국 '자연'과 '인간'을 유기적 연관 속에서 이해하고자 하
였다. 그리고 그는 이러한 바탕에서 역철학의 정합성을 확보한 뒤
기일원론의 철학체계를 세웠다. 한편, 왕부지는 『역』을 해석하면서
특히 '도기'(道器), '은현'(隱顯), '본말'(本末), '체용'(體用)의 대대적
(對待的) 논리를 중요시하였다. 즉, 그는 "체(體 : 道)로써 용(用:
器)에 이르고, 용으로써 체를 구체세계에 드러내게 된다."380)라고 하
였다. 그러므로 전목(錢穆)은 "왕부지의 체용론은 삶의 이치를 자연

---

378) 王夫之, 『周易外傳』卷5, "天下惟器而已矣. 道者器之道, 器者不可謂之道之
　　 器也. 无其道則无其器, 人類能言之. 雖然, 苟有其器矣, 豈患无道哉!(…) 无
　　 其器則无其道, 人鮮能言之, 而固其誠然者也.", PP.1027~1028.
379) 王夫之, 『周易外傳』卷五, "形而上者, 非无形之謂. 旣有形矣, 有形而後有形
　　 而上.", P.1028.
380) 王夫之, 『周易外傳』, 卷1, 「繫辭上傳」, 第11章, "體以致用 用以備體.", p.1023.

현상에서 찾았기 때문에 일원성의 논리를 잘 설명한다."[381] 라고 하였으며, 그리고 방립천 또한 "체용 중에서 체보다는 용에 더욱 진력한 왕부지 기일원론의 철학적 전개방식은 그의 폭넓은 독창성을 고려해 볼 때 높이 평가하지 않을 수 없다"[382] 라고 하였다.

왕부지는 "도(道)가 스스로 나오는 근원, 물(物)이 스스로 생성하는 근원, 성(性)을 품수 받은 근원, 성(聖)을 실현하는 노력과 하학하는 일이 반드시 '이것'(用)을 이해한 뒤에야 가능하며, 그렇게 된 이후에 비로소 이단(異端)에 빠져들지 않는다."[383] 라고 하였다. 여기에서 왕부지가 '이단'이라고 지적한 것은 具體 세계를 추상 세계 속에 은폐시키는 전통철학의 모든 진리관을 말하며, 특히 '송명이학'을 그 비판 대상으로 삼고 있다. 왕부지는 주희 철학의 특징을 '이'(理)와 기(氣)를 근본적으로 다른 존재로 여긴다.(理與氣決是二物)는 점과, 그리고 또한 '기'(氣)가 있기 이전에 이미 이(理)가 있다(理先氣後, 未有此氣已有此理)고 하는 두 가지 관점으로 요약하였다. 그는 이러한 주희의 생각이 기(氣)에 대한 이(理)의 초월적 입장 혹은 이(理)와 기(氣)에 대한 이원적 관점이라 여겨 강력하게 비판하였으며, 또한 '태극이 동하여 양을 낳고 정하여 음을 낳는다.'(太極動而生陽靜而生陰)고 하는 주돈이의 『태극도설』 또한 '태극'을 절대원리로 간주하는 것이라 보아 비판하였다. 결국 그는 이기조화의 상보론과 '도기론'(道在器)의 내재적 철학이론을 바탕으로 하여 세계를 이해하였던 것이다. 천도론(天道論: 본체론)에서의 이러한 철학적 견해는 인도론(人道論: 인성론)에 이르러 더욱 치밀하게 전개된다.

왕부지 철학에서의 인도론은 천도론과 마찬가지로 『역』에 근원한

---

381) 錢穆, 『中國近三百年學術史』, 上册, 北京: 中華書局出版社, 1984. 10, p.99.
382) 方立天, 『中國古代哲學問題發展史』, 上册, 北京: 中華書局出版社, 1990, p.111.
383) 王夫之, 『張子正蒙注』, 卷1, 太和篇, "道之所自出, 物之所自生, 性之所自受, 而作聖之功, 下學之事, 必達於此, 復而不爲異端所惑.", p.15.

다. 왕부지는 『역전』의 〈도道・선善・성性〉의 논리체계를 빌려 인도
론을 전개한다. 그는 〈원元・형亨・이利・정貞〉을 천(天)의 기(氣)
로, 그리고 〈인仁・의義・예禮・지智〉를 인(人)의 기(氣)로 보며, 이
모두를 선(善)한 것으로 간주한다. 즉, 그는 '음양이 서로 이어가는
것'(陰陽之相繼)을 모두 선으로 간주하기 때문에 천기와 인기 모두
가 선하다고 보며 또한 사람과 사물의 성(性)도 모두 선하다고 본다.
그렇다면 여기에서 반드시 생겨나게 되는 문제가 있다. 즉 모든 것
이 선하다면 도대체 악은 어디에서 생겨났는가 하는 문제이다. 여기
에 대해 왕부지는 이렇게 답하고 있다. 즉 인간은 동적존재이며 동
함에 있어서 정(情)과 재(才)를 갖게 되는 데 이때 才는 항상 선한
추세만을 갖지 않는다고 보았다. 그 이유는 기(氣)가 재(才)를 이루
게 되는 기변합(氣變合)의 과정에서 외적 대상에 따라 〈선善・불선
不善〉의 차이가 생겨나기 때문이라고 보았다.

  왕부지는 천(天)・인(人)의 기(氣) 자체를 선으로 보는 입장이기
때문에 인욕에서 천리를 인식하고 인욕에서 천리에 통달하게 된다는
'내재적' 입장을 펼친다. 즉 그는 "인욕은 곧 천리이다"라고 주장하
며, 그러므로 우리의 구체적이고 실제적인 삶 자체를 중요시 여긴다.
그는 인욕을 〈호용好勇・호화好貨・호색好色〉하는 현실적 삶이라고
보며 이러한 인욕은 천(天)이 우리에게 부여한 덕(德)이자 도(道)이
며 또한 본성(本性)이라고 보았다. 바로 이러한 관점에서 왕부지는
주자학의 인욕 부정적 사유를 비판하고 우리의 삶 자체를 존중하여
식욕・성욕 등 인간의 기본적인 욕구 모두를 본성으로 간주하였다.
이러한 왕부지의 입장은 곧 이(理)와 기(氣), 도(道)와 기(器)의 관
계를 상호보완 혹은 내재의 관점에서 이해한 천도론의 입장을 철저
히 계승하고 있다. 즉, 천리와 인욕의 관계를 그는 상호보완의 관계
그리고 〈천리재인욕天理在人欲〉이라는 '내재적' 관점에서 이해하였던

218

것이다.

왕무 등이 주편한 『청대철학』에 의하면, 왕부지는 종래의 학문을 크게 '네 가지의 학문'(四學)으로 구분한 뒤 이러한 '사학'에 대해 다음과 같은 요지의 평가를 내린 바 있다.

> "6경이 나로 하여금 새 것을 알게 하였다. 문자나 구절에 얽매일 것이 아니고 유가 정신을 발양해야 한다. '정학'(正學)은 장재 학문을 대표로 기론의 전통을 계승하는 것이다. '속학'(俗學)과 '이학'(異學)은 육왕 및 그 후학의 사상으로서 여기에 대해서는 비판적 시각을 견지해야 한다. 그리고 '도가'와 '불가'의 사상은 조잡한 것이므로 우리는 이것을 정화해야 한다."384)

즉 왕부지는 『역』에서 기철학적 토대를 마련하고, 장재의 '정학'을 근간으로 하여 그 철학적 내용을 확립하였으며, 이에 반해 육왕학과 도·불학에 대해서는 〈속학俗學·이학異學〉이라 하여 비판적 태도를 취하였다. 그러나 위에서 인용한 사학(四學)에는 빠져 있지만, 왕부지 철학을 형성하는 데에 상당한 영향을 끼친 또 하나의 사상이 있으니 정주이학 혹은 주자학이 바로 그것이다. 왕부지 자신이 그토록 주자학을 비판하고 그 허구적 이론구조(理論構造)를 밝히려고 노력했던 것이 사실이기는 하지만, 그러나 다른 한편 왕부지 철학의 형성에 있어서 주자학적 사유가 큰 영향을 끼쳤다는 점 또한 부인할 수 없는 사실이다. 왕부지 철학의 주요 용어들이 대부분 주자학에서 형성되고 강조되었던 것들이며, 또한 왕부지 저작의 상당부분이 실은 주자학의 바탕 위에서 보완되고 부연(敷衍)한 성격이 짙다. 이러한 점을 고려할 때 우리는 王夫之 哲學의 특징을 무조건적으로 〈반주자학反朱子學 혹은 반이학反理學〉이라고 선언할 것이 아니라 그

---

384) 王茂, 蔣國保, 余秉頤, 陶淸, 『淸代哲學』, 安徽人民出版社, 1992, p.232.

계승적 측면에도 주목해야 할 것이다.

　그러므로 우리는 왕부지의 철학이 주자학적 토대를 바탕으로 하여 세워졌으며 결국에는 그 한계를 넘어서고자 했던 것으로 이해하고자 한다. 그리고 이러한 점에서 우리는 왕부지를 자연과 인간, 물질과 정신, 유물론과 관념론 간의 단절·대립의 구도를 뛰어넘어 상보적 시각에서 세계와 인간의 근원적인 문제를 해명해 보고자 노력한 기 철학자로 자리 매김 할 수 있을 것이다.

"왕부지의 기 철학" 자료모음

Ⅰ. 원전 류

1) 기본 자료

王夫之, 《船山全書》第一冊, 『周易內傳』, 長沙: 岳麓書社, 1998.

王夫之, 《船山全書》第一冊, 『周易大象解』, 長沙: 岳麓書社, 1998.

王夫之, 《船山全書》第一冊, 『周易稗疏』, 長沙: 岳麓書社, 1998.

王夫之, 《船山全書》第一冊, 『周易外傳』, 長沙: 岳麓書社, 1998.

王夫之, 《船山全書》第二冊, 『尚書稗疏』, 長沙: 岳麓書社, 1998.

王夫之, 《船山全書》第二冊, 『尚書引義』, 長沙: 岳麓書社, 1998.

王夫之, 《船山全書》第三冊, 『詩經稗疏』, 長沙: 岳麓書社, 1998.

王夫之, 《船山全書》第三冊, 『詩廣傳』, 長沙: 岳麓書社, 1998.

王夫之, 《船山全書》第四冊, 『禮記章句』, 長沙: 岳麓書社, 1998.

王夫之, 《船山全書》第五冊, 『春秋稗疏』, 長沙: 岳麓書社, 1998.

王夫之, 《船山全書》第五冊, 『春秋家說』, 長沙: 岳麓書社, 1998.

王夫之, 《船山全書》第五冊, 『春秋世論』, 長沙: 岳麓書社, 1998.

王夫之, 《船山全書》第五冊, 『續春秋左氏傳博議』, 長沙: 岳麓書社, 1998.

王夫之, 《船山全書》第六冊, 『四書稗疏』, 長沙: 岳麓書社, 1998.

王夫之, 《船山全書》第六冊, 『四書考異』, 長沙: 岳麓書社, 1998.

王夫之,《船山全書》第六冊,『四書箋解』, 長沙: 岳麓書社, 1998.

王夫之,《船山全書》第六冊,『讀四書大全說』, 長沙: 岳麓書社, 1998.

王夫之,《船山全書》第七冊,『四書訓義』上, 長沙: 岳麓書社, 1998.

王夫之,《船山全書》第八冊,『四書訓義』下, 長沙: 岳麓書社, 1998.

王夫之,《船山全書》第九冊,『說文廣義』, 長沙: 岳麓書社, 1998.

王夫之,《船山全書》第十冊,『讀通鑑論』, 長沙: 岳麓書社, 1998.

王夫之,《船山全書》第十一冊,『宋論十五論』, 長沙: 岳麓書社, 1998.

王夫之,《船山全書》第十一冊,『永歷實錄』, 長沙: 岳麓書社, 1998.

王夫之,《船山全書》第十一冊,『籜史』, 長沙: 岳麓書社, 1998.

王夫之,《船山全書》第十一冊,『蓮峰志』, 長沙: 岳麓書社, 1998.

王夫之,《船山全書》第十二冊,『張子正蒙注』, 長沙: 岳麓書社, 1998.

王夫之,《船山全書》第十二冊,『思問錄』, 長沙: 岳麓書社, 1998.

王夫之,《船山全書》第十二冊,『俟解』, 長沙: 岳麓書社, 1998.

王夫之,《船山全書》第十二冊,『黃書』, 長沙: 岳麓書社, 1998.

王夫之,《船山全書》第十二冊,『噩夢』, 長沙: 岳麓書社, 1998.

王夫之,《船山全書》第十二冊,『識小錄』, 長沙: 岳麓書社, 1998.

王夫之,《船山全書》第十二冊,『搔首問』, 長沙: 岳麓書社, 1998.

王夫之,《船山全書》第十二冊,『龍源夜話』, 長沙: 岳麓書社, 1998.

王夫之,《船山全書》第十三冊,『老子衍』, 長沙: 岳麓書社, 1998.

王夫之,《船山全書》第十三冊,『莊子通』, 長沙: 岳麓書社, 1998.

王夫之,《船山全書》第十三冊,『莊子解』, 長沙: 岳麓書社, 1998.

王夫之, 《船山全書》第十三冊, 『相宗絡索』, 長沙: 岳麓書社, 1998.

王夫之, 《船山全書》第十三冊, 『愚鼓詞』, 長沙: 岳麓書社, 1998.

王夫之, 《船山全書》第十三冊, 『船山經義』, 長沙: 岳麓書社, 1998.

王夫之, 《船山全書》第十四冊, 『楚辭通釋』, 長沙: 岳麓書社, 1998.

王夫之, 《船山全書》第十四冊, 『古詩評選』, 長沙: 岳麓書社, 1998.

王夫之, 《船山全書》第十四冊, 『唐詩評選』, 長沙: 岳麓書社, 1998.

王夫之, 《船山全書》第十四冊, 『明詩評選』, 長沙: 岳麓書社, 1998.

王夫之, 《船山全書》第十五冊, 『薑齋文集』, 長沙: 岳麓書社, 1998.

王夫之, 《船山全書》第十五冊, 『薑齋詩集』, 長沙: 岳麓書社, 1998.

王夫之, 《船山全書》第十五冊, 『薑齋詞集』, 長沙: 岳麓書社, 1998.

王夫之, 《船山全書》第十五冊, 『薑齋詩話』, 長沙: 岳麓書社, 1998.

王夫之, 《船山全書》第十五冊, 『龍舟會雜劇』, 長沙: 岳麓書社, 1998.

王夫之, 《船山全書》第十五冊, 『拾遺』, 長沙: 岳麓書社, 1998.

王夫之, 《船山全書》第十六冊, 『傳記』, 長沙: 岳麓書社, 1998.

王夫之, 《船山全書》第十六冊, 『年譜』, 長沙: 岳麓書社, 1998.

王夫之, 《船山全書》第十六冊, 『雜錄』, 長沙: 岳麓書社, 1998.

王夫之, 《船山全書》第十六冊, 『船山全書編輯記事』, 長沙: 岳麓書社, 1998.

王夫之, 『船山遺書全集』總17卷, (中華文化叢書), 自由出版社, 1973.

2) 보조 자료

黃宗羲, 《黃宗羲全集》第三冊 『宋元學案1』, 沈善洪 主編, 浙江古籍出版社, 1994.

黃宗羲, 《黃宗羲全集》第四冊 『宋元學案2』, 沈善洪 主編, 浙江古籍出版
　　　社, 1994.

黃宗羲, 《黃宗羲全集》第五冊 『宋元學案3』, 沈善洪 主編, 浙江古籍出版
　　　社, 1994.

黃宗羲, 《黃宗羲全集》第六冊 『宋元學案4』, 沈善洪 主編, 浙江古籍出版
　　　社, 1994.

黃宗羲, 《黃宗羲全集》 第十二冊 『黃宗羲全集附錄 － 碑銘・年譜・本
　　　傳・序跋 〈明儒學案仇序〉・論考・附記』, 沈善洪 主編, 浙江古籍
　　　出版社, 1994.

Ⅱ. 서적 류

1) 국내 서적

高康玉, 『周濂溪 硏究』(Ⅰ), 中和堂, 1989.

高懷民, 『中國古代易學史』, 崇實大東洋哲學硏究室 譯, 崇實大學校 出版
　　　部, 1994.

곽신환, 『주역의 이해』, 서광사, 1990.

宮崎市定, 『中國史』, 曹秉漢 譯, 역민사, 1987.

金吉洛, 『象山學과 陽明學』, 예문서원, 1995.

金容沃, 『讀氣學說』, 통나무, 1990.

金容沃, 『東洋學 어떻게 할것인가』, 民音社, 1985.

金珍根, 『王夫之의 周易哲學』, 예문서원, 1996.

金忠烈, 『中國哲學散稿』(Ⅱ), 온누리, 1990.

권순홍, 『변증법적 유물론』, 청년사, 1992.

勞思光, 『中國哲學史』(明淸編), 鄭仁在 譯, 探求堂, 1994.

廖名春·康學偉·梁韋弦, 『周易哲學史』, 심경호 역, 예문서원, 1994.

閔斗基, 『中國의 歷史認識』(下), 創作과 批評社, 1993.

末木剛博, 『東洋의 合理思想』, 崔丞灝 譯, 以文出版社, 1987.

박삼영, 『氣哲學을 넘어서』, 도서출판 라브리, 1991.

裵永東, 『明末淸初思想』, 民音社, 1992.

小野澤精一·福永光司·山井勇, 『氣의 思想』, 全敬進 譯, 圓光大學校出版局, 1993.

森三樹三郎, 『中國思想史』, 임병덕 역, 온누리, 1992.

서울大學校 東洋史學研究室 編, 『講座 中國史』(Ⅳ), 知識産業社, 1994.

申午鉉, 『人間의 本質』, 螢雪出版社, 1984.

王夫之, 『世界의 大思想』, 權重達 譯, 徽文出版社, 1979.

宇野精一, 『中國의 思想』, 김진욱 역, 열음사, 1986.

양재혁, 조현숙, 최윤수, 역 『중국철학사 방법론』, 이론과 실천사, 1990.

.劉明鐘, 『淸大哲學史』, 以文出版社, 1989.

劉明鐘, 『宋明哲學』, 螢雪出版社, 1982.

尹乃鉉, 『中國史』, 民音社, 1992.

李圭成,『黃宗羲의 內在哲學』, 梨花女子大學校 出版部, 1995.

張岱年,『中國唯物思想史』, 최형식 역, 이론과 실천사, 1989.

張閏洙,『程朱哲學原論』, 이론과 실천사, 1992.

翦伯贊,『中國全史』(下), 이진복・김진옥 역, 학민사. 1993.

조셉니담,『中國의 科學과 文明』(Ⅲ), 李錫浩・李鐵柱・林禎垈 譯, 乙
    酉文化社, 1994.

崔漢綺,『氣學』, 孫炳旭 譯, 여강출판사, 1993.

韓國東洋哲學會編,『東洋哲學의 本體論과 人性論』, 延世大學校 出版部,
    1982.

黑田源次,『氣의 硏究』, 全敬進 譯, 圓光大學校 出版局, 1987.

2) 중문 서적

葛榮晉,『中國實學思想史』(上・中・下), 首都師範大學出版社, 1992.

孔穎達,『周易正義』, 北京: 中國書店出版社, 1987.

譚嗣同,『譚嗣同全集』, 臺北: 華世出版社, 1990.

羅欽順,『困知記』, 北京: 中華書局出版社, 1990.

來知德,『周易集註』, 上海: 古籍出版社, 1990.

廖明春・康學偉・梁韋弦,『周易硏究史』, 長沙: 湖南出版社, 1991.

方 克,『王船山辨證法思想硏究』, 長沙: 湖南人民出版社, 1983.

方克立,『中國哲學思想的知行觀』, 北京: 人民出版社, 1986.

方立天,『中國古代哲學問題發展史』(上・下), 3 北京: 中華書局出版社,

1990.

北京大學哲學系 中國哲學史敎硏室編, 『中國哲學史』 北京: 中華書局出版社, 1992.

石訓・姚瀛艇・劉象彬・李書增・李之鑒・慮連章・蕭新生・李保林, 『中國宋代哲學』, 鄭州: 河南人民出版社, 1992.

蕭萐父, 『王夫之辨證法引論』, 湖北: 人民出版社, 1984.

蕭萐父, 『船山哲學引論』, 湖北: 人民出版社, 1984.

蕭萐父・李錦全, 『中國哲學史』(上下), 北京: 人民出版社, 1997.

蕭漢明, 『船山易學硏究』, 北京: 華夏出版社, 1987.

梁啓超, 『淸代學術槪論』, 北京: 東方出版社, 1996.

梁啓超, 『中國近三百年學術史』, 北京: 東方出版社, 1996.

楊憲邦, 『中國哲學通史』, 北京: 中國人民大學出版社, 1990.

王茂・蔣國保・余秉頤・陶淸, 『淸代哲學』, 安徽: 人民出版社, 1992.

王之春, 『王夫之年譜』, 北京: 中華書局出版社, 1989.

吳乃恭, 『儒家思想硏究』, 長春: 東北師範大學出版社, 1992.

溫公頤, 『中國近古邏輯史』, 上海: 人民出版社, 1993.

袁良義, 『明末農民戰爭』, 北京: 中華書局出版社, 1987.

熊十力, 『體用論』, 北京: 中華書局出版社, 1990.

韋慶遠, 『明淸史新析』, 北京: 中國社會科學出版社, 1995.

劉春建, 『王夫之學行系年』, 鄭州: 中州古籍出版社, 1989.

陸復初, 『王船山學案』, 湖北: 人民出版社, 1987.

李季平,『王夫之讀通鑑論』, 山東: 教育出版社, 1982.

任繼愈,『中國哲學史』(第4冊), 北京: 人民出版社, 1996.

林安梧,『王船山人性史哲學之硏究』, 臺北: 東大圖書公司印行, 1987.

張　載,『張載集』, 北京: 中華書局出版社, 1987.

張岱年,『中國哲學大綱』, 北京: 中國社會科學出版社, 1982.

張懷承,『王夫之評傳』, 南寧: 廣西敎育出版社, 1997.

鄭萬耕,『明淸之際三大思想家』, 山東: 新華出版社, 1991.

錢　穆,『中國近三百年學術史』(上·下), 北京: 中華書局出版社, 1989.

陳鼓應·辛冠潔·葛榮晉,『明淸實學思潮史』(上卷), 齊魯書社, 1995.

陳遠寧·王興國·黃洪基,『王船山認識論範疇硏究』, 長沙: 人民出版社, 1982.

曾昭旭,『王船山哲學』, 臺北: 遠景出版社, 1972.

朱　震,『漢上易傳』, 上海: 古籍出版社, 1989.

朱伯崑,『周易哲學史』(第4卷), 北京: 華夏出版社, 1995.

中國社會科學院哲學硏究所　中國哲學史硏究室編,『中國哲學史方法論討論集』, 中國社會科學出版社, 1980.

袁爾鉅,『大儒列傳王夫之』, 長春: 吉林文史出版社, 1997.

馮　契『中國古代哲學的邏輯發展』(上·中·下冊), 上海: 人民出版社, 1995.

夏劍欽,『王夫之硏究文集』, 河北: 敎育出版社, 1995.

韓仲民,『帛易說略』, 北京師範大學出判部, 1992.

許冠三,『王船山的致知論』, 香港: 中文大學出版社, 1981.

嵇文甫, 『王船山學術論叢』, 北京: 生活・讀書・新知三聯書店出版社, 1978.

侯外廬, 『船山學案』, 長沙: 岳麓書社出版, 1982.

3) 영문 서적

Alison Harley Black, *Man and Nature in the Philosophical Thought of Wan Fu-Chih*, University of Washington Press Seattle and London 1989.

Joseph Needham, *Science and Civillisation in China V. II*, Cambridge at the University Press 1956.

Fung Yu-Lan edited by Derk Bodde, *A Short History of Chinese Philosophy*, a Free Press Paperback Macmillan Publishing co, inc.

Fung Yu-Lan Translated by E. R. Hughes, *The Spirit of Chinese Philosophy*, Beacon Press Boston, 1967.

Stuart C. Hackett, *Oriental Philosophy*, The University of Wisconsin Press, 1979.

David L. Hall, Roger T. Ames, *Thinking Through Confucius*, State university of New York Press, 1987.

Ⅲ. 논문 류

1) 국내 논문

金忠烈, 「東洋的이란 意味」『東洋文化硏究』(第12輯), 嶺南大學校 東西
　　文化硏究所.

金珍根, 「王夫之 易哲學 硏究」, 延世大學校大學院 博士學位論文, 1995.

金得晩, 「明儒氣論探微: 羅欽順의 氣論을 중심으로」, 『哲學硏究』(第63
　　輯), 1997.

姜重奇, 「黃宗羲의 氣哲學」서울大學校大學院 碩士學位論文, 1991.

南明鎭, 「王船山의 認識論」, 『東西哲學硏究會論文集』(創刊號), 1984.

柳炳九, 「西歐近代史에 있어서 中國思想의 役割」, 成均館大學校大學院
　　博士學位論文, 1992.

方仁, 「茶山 易學思想에 對한 硏究」, 韓國精神文化硏究院 韓國學大學院
　　碩士 學位論文, 1982.

孫炳旭, 「惠岡 崔漢綺 氣學의 硏究」, 高麗大學校大學院 博士學位論文,
　　1993.

宋河璟, 「陽明學의 儒·佛·道思想 背景에 關한 硏究」『東西哲學硏究
　　論文集』(創刊號) 1984.

劉明鍾, 「性理學硏究의 問題點」, 東洋文化硏究(제20·2合輯號) 嶺南大
　　學校 東洋文化硏究所, 1971.

李圭成, 「王船山의 生涯와 問題意識」, 『哲學會誌』(第14輯), 嶺南大學
　　校 哲學科.

李圭成, 「王船山 氣哲學體系 研究」, 서울大學校大學院 博士學位論文, 1989.

李楠永, 「東洋의 世界觀과 人間觀」, 『東亞文化』(第21輯), 서울大學校 東 亞文化研究所, 1983.

李明洙, 「譚嗣同 仁學의 平等論에關한 研究」, 成均館大學校大學院 博士 學位論文, 1993.

李哲承, 「王夫之와 艾思奇哲學에 나타난 認識과 實踐의 問題」, 成均館 大學校大學院 博士學位論文, 1996.

張閏洙, 「張載 氣哲學의 理論的 構造」, 慶北大學校大學院 博士學位論文, 1993.

千晤俊, 「淸代哲學의 理解」, 『東洋哲學의 理解』, 釜山: 小康出版社, 1996.

千晤俊, 「王船山 氣哲學의 本體論」, 『徐羅伐大學論文集』(第14輯), 1998.

崔丞灝, 「戴震의 氣論」, 『哲學研究』(第32輯), 韓國哲學研究會, 1981.

河岐洛, 「主理論의 展望」, 『哲學研究』(第32輯), 韓國哲學研究會, 1981.

2) 중국 논문

葛榮晉, 「試論農民階級在哲學思想的地位和作用」, 『中國哲學史法論討論 集特刊』, 1980.

南開大學化學系理論研究所, 「王夫之的物質及其歷史地位」, 化學通報(第2 期), 1975.

唐明邦, 「王船山論學易和占易的認識意義」, 船山學報(第1期), 1984.

戴匡平, 「王夫之抗淸失敗後隱居地點和流亡地域考」, 湖南師院學報, 1994.

羅　光,「朱熹的形上結構論」, 中國哲學史研究 (季刊, 第2期), 1983.

范　陽,「論王船山歷史觀的新要素」,『中國哲學研究』(季刊第3期), 1983. 7.

舒金城,「王夫之論誠」, 船山學報(第3期), 1984.

徐泰來,「論船山史觀的唯物主義體系」, 湘潭大學學報 社會科學版, 1992. 4.

蕭萐父,「王夫之的人類史觀」, 求索(第1期), 1983.

蕭萐父,「王夫之的自然史觀」, 武漢大學學報 社會科學版(第5期), 1982.

蕭萐父,「淺論王夫之的歷史哲學」, 江漢學報, (第11期) 1962.

吳乃恭,「王夫之的自然觀和辨證法」, 吉林日報, 1962. 9. 25.

王興國·陳遠寧, 「研究王船山生平思想資料的一介重要新發現」,『中國哲學研究』(季刊 第3期), 1983. 7.

王　敔,「大行府君行述(手抄本)」, 中國哲學史研究 (季刊, 第2期), 1983.

劉文英,「王夫之對中國古代意識論的貢獻」, 蘭州大學學報 社會科學版(第2期), 1983.

李明友,「王船山的唯物主義哲學與自然科學的關係」,『中國哲學史研究』(季刊 第3期), 1983. 7.

李中華,「動과 靜」,『中國哲學研究』(季刊第3期), 1983. 7.

張岱年,「論王船山哲學的基本精神」, 社會科學版 哲學(第3期), 1983.

張岱年,「王船山的歷史地位」, 中國哲學史研究 (季刊, 第2期), 1983.

曹福敬,「損與益 (因與革)」, 中國哲學史研究 (季刊, 第2期), 1983.

朱伯崑,「王夫之論主觀和客觀」, 北京大學學報 人文科學版(第5期), 1962.

馮友蘭,「王夫之的唯物主義哲學和辨證法思想」, 北京大學學報人文科學版(第3期), 1961.

賀　麟,「王船山的歷史哲學」,『中國哲學評論』(第10卷 1期), 1983.

稽文甫,「王船山與李卓吾」, 歷史研究(第6期), 1961.

稽文甫,「王船山的學術淵源的探討」, 人民日報, 1962. 9. 13.

稽文甫,「船山的唯物主義思想及其唯心義的雜質」,『王船山學術論叢』, 三
　　　聯書店, 1962.

侯外廬,「王夫之的哲學思想」, 人民日報, 1962. 7. 17.

湖南省博物館 湖南歷史資料,「王船山未刊稿」(第3期), 1959.

· 저자 ·

천병준   · 약 력 ·
(千昞俊)
대구교육대학교 졸업
경북대학교 대학원 철학과 문학석사
경북대학교 대학원 철학과 철학박사
서라벌대학 교수
경북대학교 인문대학 철학과 외래교수

· 주요논저 ·

「청대 철학의 이해」
「왕선산 기철학의 본체론」
「왕부지 기철학의 내재관적 화생론」
「원시유가의 조화론」
「퇴계의 사칠론에서 인설에 대응한 대설의 논리」

『동양철학의 이해』 (공저)
『강좌 동양철학사상』

외 다수

◑ 왕부지의 내재적 기 철학

· 초판 인쇄 │ 2006년 3월 30일
· 초판 발행 │ 2006년 3월 30일

· 지 은 이 │ 천병준
· 펴 낸 이 │ 채종준
· 펴 낸 곳 │ 한국학술정보㈜
            경기도 파주시 교하읍 문발리 526-2
            파주출판문화정보산업단지
            전화 031) 908-3181(대표) · 팩스 031) 908-3189
            홈페이지 http: //www.kstudy.com
            e-mail(e-Book사업부) ebook@kstudy.com
· 등   록 │ 제일산-115호(2000. 6. 19)
· 가   격 │ 25,000원

ISBN   89-534-4850-6 93150 (Paper Book)
       89-534-4851-4 98150 (e-Book)